山东政法学院出版基金资助出版

# 合同纠纷
# 诉讼指引与案例解析

徐贵一　著

HETONG JIUFEN
SUSONG ZHIYIN YU
ANLI JIEXI

法律出版社
LAW PRESS · CHINA
北京

**图书在版编目(CIP)数据**

合同纠纷诉讼指引与案例解析 / 徐贵一著. -- 北京：
法律出版社，2023
ISBN 978 -7 -5197 -7629 -9

Ⅰ. ①合… Ⅱ. ①徐… Ⅲ. ①合同纠纷－案例－中国
Ⅳ. ①D923.65

中国国家版本馆 CIP 数据核字(2023)第 036526 号

**合同纠纷诉讼指引与案例解析**
**HETONG JIUFEN SUSONG ZHIYIN YU ANLI JIEXI**

徐贵一 著

责任编辑 李 群 陈 熙
装帧设计 鲍龙卉

**出版发行** 法律出版社
**编辑统筹** 法规出版分社
**责任校对** 张红蕊
**责任印制** 耿润瑜
**经　　销** 新华书店

**开本** 710 毫米×1000 毫米 1/16
**印张** 19.25 **字数** 323 千
**版本** 2023 年 4 月第 1 版
**印次** 2023 年 4 月第 1 次印刷
**印刷** 三河市兴达印务有限公司

地址:北京市丰台区莲花池西里 7 号(100073)
网址:www.lawpress.com.cn
投稿邮箱:info@lawpress.com.cn
举报盗版邮箱:jbwq@lawpress.com.cn

销售电话:010 - 83938349
客服电话:010 - 83938350
咨询电话:010 - 63939796



**书号**:ISBN 978 -7 -5197 -7629 -9
**定价**:58.00 元

凡购买本社图书,如有印装错误,我社负责退换。电话:010 - 83938349

## 徐贵一

1987年毕业于华东政法大学经济法专业。现任山东政法学院案例研究院院长、教授、研究生导师，山东齐鲁律师事务所兼职律师，黄河水利委员会山东黄河河务局常年法律顾问，兼任中国财税法学研究会理事、中国经济法学研究会理事、中国案例法学研究会理事和山东省金融财税法学研究会副会长。曾任山东政法学院教务处处长、经济法学院院长等职务。

主要研究方向：合同法、经济法、案例法学和黄河立法执法。主讲“合同法案例研究”和“经济法案例研究”课程，多次受邀到厦门、郑州、兰州等地讲学和学术交流。

主要科研成果：主编、出版全国、省级教材和著作36部；发表学术论文28篇。有20项科研成果获得全国、省级、校级一、二、三等奖。代表性教材和著作有：《经济法案例研究》《市场管理法教程》《反不正当竞争法》等。代表性学术论文有：《山东省黄河立法的热点和难点问题研究》（《人民黄河》2021年第5期，全国中文核心期刊、中国科技核心期刊）；《合同纠纷案件程序处理与实体处理的实证研究》（《政法论丛》2016第5期，CSSCI中文来源期刊、全国中文核心期刊）；《关于高等学校处分学生的法律程序及机制构建研究》（《中国高教研究》2007第8期，全国中文核心期刊）等。

主要研究课题：主持和参加国家、省和学校研究课题9项，其中主持省级和学校研究课题8项，参加1项国家级重点课题“外向型经济法律环境研究”。主持的代表性课题有：2016—2019年主持山东黄河河务局横向课题“《山东省黄河条例》立法研究”；2009年主持山东省省级重点课题“高等学校特色专业建设研究”；2003年主持山东省教育厅人文社会科学研究计划课题“高等教育教学的热点法律问题研究”。

主要法律实务：1988年通过全国律师资格考试，1990年起从事兼职律师业务，曾23次被授予“优秀律师”称号，擅长处理合同纠纷等民商事案件和法律顾问事务，主要办理省内外的建设工程施工合同（多是水利水电工程）、银行借贷担保等重大疑难经济纠纷和行政诉讼案件，成功办理过多起江苏、新疆、山东、福建等高级人民法院和最高人民法院审理的重大经济纠纷案，如新疆高级人民法院审理的聊城黄河工程局与和田某建管局建设工程承包分包合同纠纷、最高人民法院审理的菏泽某黄河河务局与河南开封某公司建设工程施工合同纠纷、厦门某机械股份有限公司诉山东某黄河河务局出资补充责任纠纷、盛安建设集团公司诉山东某供热公司建设工程施工合同及优先受偿权确认纠纷等。先后担任山东省工商局、山东黄金集团公司、山东黄河河务局、武警山东消防总队、山东省公安厅警卫局和部分地市人民政府的常年法律顾问，自2003年起已担任黄河水利委员会山东黄河河务局常年法律顾问20年。

2013年6月7日，新疆维吾尔自治区高级人民法院第一次上诉开庭

2013年7月22日，和田地区中级人民法院一审开庭

2014年3月7日，新疆维吾尔自治区高级人民法院第二次上诉开庭

2019年5月10日，福建省高级人民法院二审开庭

# 前　言

一部《合同法》伴半生。也许是生来就喜欢交换的诚实与平等，我从1983年9月考入华东政法学院（2007年更名为华东政法大学）学习法律开始，就对《合同法》"一见钟情"。1987年7月，我大学毕业被分配到山东政法学院，开始讲授《合同法》。1988年11月，我通过全国律师资格考试并开始做兼职律师，主要代理合同纠纷案件。可以说，一部《合同法》，成就了我的学业、职业和事业，也丰富了我的生活。至今，我的法律生涯恰好四十年。

在较长一段时间里，我身兼山东政法学院经济法学院院长、教授和兼职律师三个角色，虽然职位有时间上的矛盾，但本人克服重重困难，促进了理论教学与司法实践的有机结合。1983年至1998年，是我学习、讲授、研究法学理论的阶段。1999年，以《合同法》颁布施行和代理中国某银行章丘支行借款担保合同纠纷案为标志，我开始转向法律实务教学和办理重大疑难法律实务。2006年至2011年，我开始研究、编写案例教材，主编并由法律出版社出版了《经济法案例研究》一书。

编纂案例，记录历史，惠及后人。从1990年至今，我做兼职律师已三十多年。前十年是法律实务成长期，主要是为山东省工商局、济南市工商局、山东省黄金公司、济南市建筑设计院、济南市北园镇沃家居委会等单位做法律顾问，办理零星案件。中间十年是法律实务成熟期，办了许多普通案件。后十多年是法律实务精准期，办了一些大案要案或代表性案件。本书收集的主要是我在中后期代理的经典案例。

半生经验，倾囊而出。作为一名大学教授兼律师，我一直信守一种朴素的价值观，就是要用自己的法律专业知识、专业技能和人格魅力，为需要法律的学生和当事人提供最优良的专业帮助。在读大学期间，我深受上海精致文化和法学专业训练的影响，加之家庭教育传承和性格特点，形成了严谨、专业、敬业、忠诚的教学和办案风格，这也使我在教学、律师执业的三十多年中受益匪浅。令我欣慰的是，在办案中，我的代理意见往往能够得到办案法官、检察官的尊重、认可和采纳，这既帮助当事人实现了比较理想的诉讼结果，当事人有获得感，我也有专业成就感，互利双赢，皆大欢喜！

本书共七编，即七大类合同案例。每一编的开头都集中总结出这类合同纠纷的通用办案方法。案例基本采用焦点问题、当事人诉求、律师辩论、法院或仲裁委裁判、结案评析、相关法条的体例，力图让读者读起来感到循序渐进、拨云见日。本书既可作为法官、律师、检察官办理合同纠纷案件的参考资料，又可作为高校法学专业合同案例教学的辅助教材，也可作为机关、企事业单位防范合同风险的可读之物。

在收集的案例中，当年与我共同办案的有窦衍瑞、张宁宁、罗旱雷、王义松、王建明等律师，在相关案例中均有记载。

本书从开始编写到正式出版，历经数年。在编写过程中，本校学生朱立菊（2004 级，现为北京市某央企法务）、王建明（2008 级，现为潍坊市律师）、王延庆（2006 级，现为济南市市中区人民法院法官）、秦玉文（2020 级研究生）等帮助整理资料、校对书稿，在此一并向他们表示感谢。

由于本人水平和经验有限，本书的缺点和错误在所难免，欢迎读者批评指正。

徐贵一

二〇二三年一月于泉城济南茂岭山下

# 目　录

# 第一编　借款担保合同案例

## 诉讼指引

借款合同，是借款人向贷款人借款，到期返还借款并支付利息的合同。借款合同的内容一般包括借款种类、币种、用途、数额、利率、期限和还款方式等条款。

保证合同，是为保障债权的实现，保证人和债权人约定，当债务人不履行到期债务或者发生当事人约定的情形时，保证人履行债务或者承担责任的合同。

办理借款担保合同案件，一般应注意以下问题：

1. 审查借款担保合同纠纷的受理法院是否有管辖权。发现受理法院存在违法管辖的，权利人应当在答辩期内及时提出管辖异议，本编案例一涉及这一问题。若因当事人超出法定时间提出管辖异议，导致法院不再受理，则代理律师难辞其咎，本编案例四涉及这一问题。

2. 审查借款人、贷款人、保证人各自持有的合同原件是否一致，防止某一方当事人在其他当事人盖章后的合同文本上私自添加有利于自己的合同条款。本编案例一中，借款人、贷款人和保证人持有的合同原件不一致，有一方当事人在其他当事人加盖公章的合同上又私自添加了担保条款，即属于此情形。

3. 审查借款人、贷款人、保证人在合同原件上的盖章、签字是否齐全、真实，是否有附条件生效的合同条款，以此判断涉案合同形式上的有效性。本编案例二中，原告当庭提供的债权转让合同上缺少债权转让人的公章，导致被告律师对原告的主体资格提出异议。

4. 审查借款人、贷款人是否按照约定的日期、数额提供借款、收取借款。发现贷款人未按照约定的日期、数额提供借款，造成借款人损失的，借款人可以要求赔偿损失。借款人未按照约定的日期、数额收取借款的，贷款人应当要求按照约定的日期、数额支付利息。本编案例一涉及这一问题。

5. 审查是否存在借款利息预先在本金中被扣除的情况。发现利息预先在本金中被扣除的，借款人应当请求按照实际借款数额返还借款并计算利息。本编案例五涉及这一问题。

6. 审查贷款人主张的逾期还款利息是否计算了复利。发现贷款人主张的逾期还款利息计算了复利的，借款人和担保人应根据中国人民银行的利率管理规定，对贷款人计算逾期还款利息的复利提出抗辩。本编案例二涉及这一问题。

7. 审查借款合同是不是以新贷偿还旧贷，并根据不同情况作出相应处理。借贷双方是以新贷偿还旧贷的，债权人请求旧贷的担保人承担担保责任的，法院不予支持；债权人请求新贷的担保人承担担保责任的，按照下列情形处理：(1)新贷与旧贷的担保人相同的，法院应予支持；(2)新贷与旧贷的担保人不同，或者旧贷无担保新贷有担保的，法院不予支持，但是债权人有证据证明新贷的担保人提供担保时对以新贷偿还旧贷的事实知道或者应当知道的除外；(3)借贷双方协议以新贷偿还旧贷，旧贷的物的担保人在登记尚未注销的情形下，同意继续为新贷提供担保，在订立新的贷款合同前又以该担保财产为其他债权人设立担保物权，其他债权人主张其担保物权顺位优先于新贷债权人的，法院不予支持。本编案例三涉及这一问题。

8. 审查借款人和贷款人在履行合同期间是否存在未经保证人同意变更借款合同的情况。发现借款人和贷款人未经保证人同意变更借款合同内容，减轻债务的，保证人仍对变更后的债务承担保证责任；加重债务的，保证人对加重的部分不承担保证责任，保证人应当及时提出不承担保证责任的抗辩。借款人和贷款人变更借款合同的履行期限，未经保证人书面同意的，保证期间不受影响。本编案例二涉及这一问题。

9. 审查贷款人是否在保证期间内以正确的方式向保证人主张过权利。贷款人未在保证期间内以正确的方式向保证人主张权利的，保证人可以依法主张免除保证责任。本编案例二涉及这一问题。

# 案例一　中国某银行章丘支行借款担保合同纠纷案

1999—2000 年,本案经四川省眉山市中级人民法院判决驳回原告的诉讼请求结案。

**一、焦点问题**

1. 借款担保合同的诉讼管辖地如何确定?

2. 一方当事人在他人已盖章的借款合同上添加担保条款,效力应当如何认定? 适用什么法律条文?

**二、当事人诉求**

原告:中国某银行井研县支行(以下简称井研支行)

被告:海南 B 实业公司(以下简称海南 B 公司)

被告:中国某银行章丘支行(以下简称章丘支行)

委托代理人:徐贵一,山东法正律师事务所律师

1999 年 5 月 12 日,章丘支行收到四川省眉山市中级人民法院送达的原告为井研支行的民事起诉状(起诉状落款时间为 1999 年 3 月 23 日)、应诉通知书和开庭传票(开庭日期为 1999 年 6 月 3 日 8 时 39 分)。

原告井研支行诉称:1993 年 5 月 20 日,海南 B 公司因建筑工程急需资金,向井研支行贷款,章丘支行作为担保人。经反复协商,最终三方达成贷款协议并签订书面《协议书》。《协议书》约定:由井研支行在 1 年内向海南 B 公司提供 1500 万元以内贷款,年利率为 18%;贷款期限暂定为 1 年,到期由海南 B 公司一次性还本付息,如不能按期偿还,经双方协商合同可延期;如合同到期海南 B 公司还款有困难时,由章丘支行代其还本付息。协议签订后,井研支行自同年 12 月 3 日至

1995 年 3 月 24 日先后 8 次向海南 B 公司提供贷款 1554.9 万元。贷款到期后，海南 B 公司以资金紧张为由要求延长贷款期限，1996 年 12 月 31 日，井研支行同意将该笔贷款延长到 1997 年 6 月 30 日偿还，月利率调整为 0.765%；1997 年 6 月 28 日，借贷双方又签订《人民币短期借款合同》，将贷款归还期限再延长 6 个月，延至 1997 年 12 月 28 日，约定月利率为 0.765%，逾期按日 4‰收取违约金。从贷款至今，海南 B 公司未偿还过本息。井研支行请求判令海南 B 公司偿还 29,395,473.45 元（其中本金 15,549,000 元，利息 9,847,653.45 元，截至 1999 年 3 月的违约金 2,798,820 元，经济损失 150 万元）；章丘支行承担保证责任，代海南 B 公司清偿借款本金 1554.9 万元及利息。

## 三、管辖权异议

海南 B 公司未答辩。

章丘支行在答辩期内未答辩，而是在答辩期内于 1999 年 5 月 21 日向四川省眉山市中级人民法院提出管辖异议。代理律师认为：1. 按照法律规定，合同案件应由被告所在地或者合同履行地法院管辖，本案被告所在地在海南省和山东省，井研县隶属四川省乐山市（地级市），非眉山地区管辖，因此眉山地区既非被告所在地，也非合同履行地，甚至也不是原告所在地。2. 本案标的高达 29,395,473.45 元，超过四川省眉山市中级人民法院的级别管辖标准，且原告诉状是致四川省高级人民法院的，因此眉山市中级人民法院对本案无管辖权。请依法将本案移交有管辖权的人民法院。

1999 年 6 月 8 日，眉山市中级人民法院作出（1999）眉中经初字第 2 号民事裁定。法院认为，经审查，1993 年 5 月 20 日，原告与被告达成贷款协议并已实际履行，合同履行地即贷款方所在地在四川省井研县。1999 年 3 月 23 日，原告以被告未归还借款本金及利息等共计 29,395,473.45 元为由，向四川省高级人民法院提起诉讼。1999 年 4 月 14 日，四川省高级人民法院以（1999）川立管字第 28 号函，将本案交由我院审理，故我院对本案有管辖权。裁定驳回被告章丘支行对本案管辖权提出的异议。

1999 年 7 月 2 日，章丘支行提起上诉，代理律师认为，按照《民事诉讼法》[①]的

① 为方便阅读，本书中法律法规均使用简称。

规定，上级人民法院有权审理下级人民法院管辖的第一审民事案件，也可以把本院管辖的第一审民事案件交下级人民法院审理，转移管辖权虽然是上级人民法院的职权，但是管辖权的转移必须依照一定的条件进行，上级人民法院将自己受理的第一审民事案件交下级人民法院审理，主要是指经过审查认为没有必要由自己审理的案件，如案件比较简单、标的较小、影响较小等。本案诉讼标的额已超过四川省中级人民法院级别管辖标准近3倍，且本案案情十分复杂，又涉及四川、海南、山东三省，影响甚大，因此，本案不宜交由眉山市中级人民法院审理。

1999年9月16日，四川省高级人民法院作出(1999)川立管字第66号民事裁定。法院认为，本案诉讼争议金额为29,395,473.45元，原系本院交由四川省眉山市中级人民法院审理。现根据1999年4月9日最高人民法院发布的文号为法发〔1999〕11号通知的规定，该争议金额也未超过中级人民法院级别管辖标准(该通知将四川省中级人民法院受理民商事案件标的由1000万元以下扩大为3000万元以下)。故四川省眉山市中级人民法院对本案有管辖权。上诉人的上诉理由不能成立，故裁定驳回上诉，维持原裁定。

## 四、律师辩论

在1999年12月10日庭审中，海南B公司到庭说明：海南B公司是济南某铁合金实业公司在海口市的派驻企业，性质为集体企业，该公司已于1998年10月12日因连续两年未参加年检被海口市工商行政管理局吊销营业执照。

原告井研支行当庭提出申请，以海南B公司已被工商机关吊销营业执照、丧失法人资格为由，请求撤回对海南B公司的起诉，被告章丘支行对此无异议。同日，法庭作出民事裁定书，准许原告撤回对海南B公司的起诉。

在1999年12月13日第二次庭审中，原告井研支行向法院提出申请，因井研支行降格为井研分理处，请求将原告主体由井研支行变更为中国某银行乐山市分行(以下简称乐山分行)。章丘支行对此无异议，法院予以认可。章丘支行原行长、现济南市分行营业部办公室主任李某某经法院允许作为章丘支行证人出庭作证。

本案的争议焦点：借款合同中的担保条款是否成立、有效？

原告乐山分行的代理人举证并认为借款合同中的担保条款成立且有效。理由如下：1. 1993年5月20日《协议书》内容为甲方井研支行，乙方海南B公司、丙方章丘支行，三方经协商达成借款和担保协议，该协议书上盖有井研支行、海南B

公司、章丘支行的公章。（见图1－1）2. 1993年10月6日井研支行向海南B公司提供贷款1000万元，海南B公司以济南某铁合金实业公司固定资产净值900万元及E公司固定资产净值300万元作为贷款抵押。3. 1993年10月25日至1994年6月11日井研支行付款凭证，金额共计1484万元。4. 1997年6月28日井研支行与海南B公司签订的借款金额为1554.9万元、到期日为同年12月28日、月利率为0.765%的《人民币短期借款合同》及井研支行向海南B公司支付金额为1554.9万元借款的《借款支取凭证》。

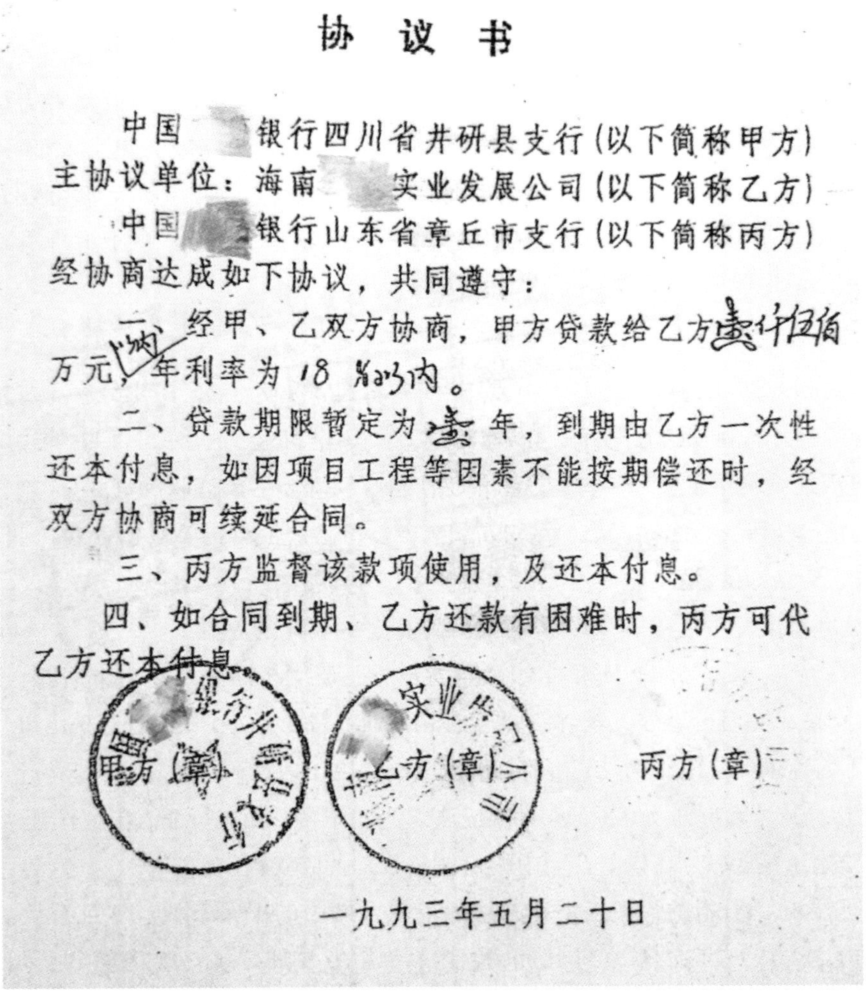

协　议　书

中国[redacted]银行四川省井研县支行（以下简称甲方）
主协议单位：海南[redacted]实业发展公司（以下简称乙方）
中国[redacted]银行山东省章丘市支行（以下简称丙方）
经协商达成如下协议，共同遵守：

一、经甲、乙双方协商，甲方贷款给乙方壹仟伍佰万元，年利率为18‰以内。

二、贷款期限暂定为壹年，到期由乙方一次性还本付息，如因项目工程等因素不能按期偿还时，经双方协商可续延合同。

三、丙方监督该款项使用，及还本付息。

四、如合同到期、乙方还款有困难时，丙方可代乙方还本付息

甲方（章）　乙方（章）　丙方（章）

一九九三年五月二十日

**图1－1　本案《协议书》**

被告章丘支行的代理律师答辩认为借款合同中的担保条款不成立。理由是：章丘支行与井研支行、海南B公司于1993年5月20日签订过一份《协议书》(见图1－1)属实,但其中并未约定由章丘支行为海南B公司借款提供担保,仅是监督借款使用和还款。当时章丘支行在《协议书》上盖章时没有原告现在提供的《协议书》中的第四条,且《协议书》第四条文体格式、字形、字号与第一、二、三条文体格式、字形、字号明显不同,合理怀疑是此条为章丘支行在《协议书》上盖章后,合同相对人单方添加,现申请对此进行文字和盖章先后顺序鉴定。因此,原告要求章丘支行承担担保责任的诉讼请求不能成立,应予驳回。

**五、法院裁判**

1999年12月14日,眉山市中级人民法院委托四川省高级人民法院司法技术鉴定中心对原告乐山分行提交的书证——井研支行、海南B公司和章丘支行于1993年5月20日签订的《协议书》原件进行鉴定,要求鉴定送检的《协议书》第四条与井研支行印文的先后顺序。

该鉴定中心于2000年1月6日作出川高法鉴文(2000)字第06号《文件检验鉴定书》,鉴定结论是:《协议书》中第四条与井研支行印文先后顺序是先盖印后打印的第四条。

2000年1月11日,四川省眉山市中级人民法院依法作出(1999)眉中经初字第28号民事判决书。

法院认为,本案性质属借款担保合同纠纷。原告乐山分行以《协议书》第四条为依据,主张其与被告章丘支行间存在担保关系的依据是1993年5月20日井研支行、海南B公司、章丘支行签订的《协议书》第四条的约定,此系本案中原告诉讼请求能否成立的关键证据,章丘支行对《协议书》第四条的真实性提出了异议,且该证据本身存在疑点。法院依照《民事诉讼法》第七十二条第一款之规定,委托四川省高级人民法院司法技术鉴定中心对此《协议书》原件中第四条与井研支行印章先后顺序进行鉴定,该鉴定中心向本院出具的《文件检验鉴定书》载明:协议书中第四条与“中国某银行井研支行”印文先后顺序是先盖印后打印的第四条。鉴定结论表明第四条系在章丘支行盖章后添加,此条款内容是对原协议内容所作的实质性变更,对章丘支行而言属新要约。现原告乐山分行无证据证明其已向章丘支行发出了此新要约,亦无证据证明章丘支行对此予以了认可。故此,现无证

据表明原、被告间存在成立且有效的担保关系。原告的诉讼请求不能成立,法院不予支持。判决如下:

驳回原告乐山分行对被告章丘支行的诉讼请求。本案案件受理费 143,000 元,全部由原告乐山分行负担。

一审判决后,原告乐山分行和被告章丘支行均没有提起上诉,一审判决生效。

**六、结案评析**

1. 作者代理被告章丘支行在答辩期内果断提出管辖权异议是及时的;四川省高级人民法院将本院收到的案件交由眉山市中级人民法院审理不合法,应当将本案交由乐山市中级人民法院审理。按照《民事诉讼法》规定,上级人民法院有权审理下级人民法院管辖的第一审民事案件,也可以把本院管辖的第一审民事案件交下级人民法院审理,转移管辖权虽然是上级人民法院的职权,但是管辖权的转移必须依照一定的条件进行,上级人民法院将自己受理的第一审民事案件交下级人民法院审理,不应当改变地域管辖的规定,即合同纠纷应当由被告所在地或合同履行地法院管辖。眉山市中级人民法院民事裁定书认为,1993 年 5 月 20 日原告与被告达成贷款协议并已实际履行,合同履行地即贷款方所在地在四川省井研县。照此逻辑,既然井研县是合同履行地,井研县隶属乐山市,四川省高级人民法院应当将本案交由乐山市中级人民法院管辖,但四川省高级人民法院民事裁定书对此没有谈及。

2. 作者对本案实体部分的应诉思路准确、有效,与法院裁判思路一致。法官的裁判说理简单、直接,判决结果正确。该案的关键争议点是《协议书》第四条是否为后盖章的一方在其他方已盖章的合同上又擅自添加的。经文字鉴定,该条款是丙方章丘银行在合同上盖章后添加的,未经丙方章丘支行同意。根据法律规定,章丘支行不是保证人,无须承担保证责任。

3. 在合同签订前,合同当事人要做好充分的资信、调查工作,对合同相对人的诚信度、履行合同的能力进行全面、科学的评估,预判可能出现的问题和纠纷。在签订合同过程中,合同各方应做到自愿、公平、诚实信用,倡导"先小人后君子",特别是经济、商业类合同,因其往往涉及巨大的商业利益,当事人的商业道德、商业信誉有时会受到挑战,不能为了单方利益,在签订的合同上擅自添改。

4. 法律的生命和价值在于维护公平正义,在于引导人们追求真、善、美。任何人都不能妄想通过非法证据或虚假诉讼而获得不正当、非法利益。

5. 思考题

(1)原告乐山分行是否应该对一审判决提起上诉？如果原告对一审判决不服而提起上诉，二审结果会怎样？

(2)如果本案不在擅自添加合同条款上突破，被告还有哪些思路可以争取胜诉？

(3)如果是本案原告擅自添加了《协议书》第四条，其应负什么法律责任？

**七、相关法条**

**1.《民事诉讼法》(1991 年 4 月 9 日公布)**

第十九条[①]　中级人民法院管辖下列第一审民事案件：

(一)重大涉外案件；

(二)在本辖区有重大影响的案件；

(三)最高人民法院确定由中级人民法院管辖的案件。

第三十八条[②]　人民法院受理案件后，当事人对管辖权有异议的，应当在提交答辩状期间提出。人民法院对当事人提出的异议，应当审查。异议成立的，裁定将案件移送有管辖权的人民法院；异议不成立的，裁定驳回。

第七十二条[③]　人民法院对专门性问题认为需要鉴定的，应当交由法定鉴定部门鉴定；没有法定鉴定部门的，由人民法院指定的鉴定部门鉴定。

**2.《民法通则》(1986 年 4 月 12 日公布)**

第四条[④]　民事活动应当遵循自愿、公平、等价有偿、诚实信用的原则。

---

① 对应《民事诉讼法》(2021 年 12 月 24 日修正)第十九条。对于编者办理案件时涉及的相关条文，本书出版时法律条文内容已修改的，以注释的形式列出现行条文内容，便于读者比照应用；对于条文内容未修改、仅是条文序号不相同的，只以注释形式列出现行法律条文序号。下同。

② 对应《民事诉讼法》(2021 年 12 月 24 日修正)第一百三十条。

③ 对应《民事诉讼法》(2021 年 12 月 24 日修正)第七十九条："当事人可以就查明事实的专门性问题向人民法院申请鉴定。当事人申请鉴定的，由双方当事人协商确定具备资格的鉴定人；协商不成的，由人民法院指定。当事人未申请鉴定，人民法院对专门性问题认为需要鉴定的，应当委托具备资格的鉴定人进行鉴定。"

④ 对应《民法典》第五条："民事主体从事民事活动，应当遵循自愿原则，按照自己的意思设立、变更、终止民事法律关系。"第六条："民事主体从事民事活动，应当遵循公平原则，合理确定各方的权利和义务。"第七条："民事主体从事民事活动，应当遵循诚信原则，秉持诚实，恪守承诺。"

**3.《担保法》(1995 年 6 月 30 日公布)**

第五条[①] 担保合同是主合同的从合同,主合同无效,担保合同无效。担保合同另有约定的,按照约定。

担保合同被确认无效后,债务人、担保人、债权人有过错的,应当根据其过错各自承担相应的民事责任。

第二十四条[②] 债权人与债务人协议变更主合同的,应当取得保证人书面同意,未经保证人书面同意的,保证人不再承担保证责任。保证合同另有约定的,按照约定。

---

① 对应《民法典》第三百八十八条:“设立担保物权,应当依照本法和其他法律的规定订立担保合同。担保合同包括抵押合同、质押合同和其他具有担保功能的合同。担保合同是主债权债务合同的从合同。主债权债务合同无效的,担保合同无效,但是法律另有规定的除外。担保合同被确认无效后,债务人、担保人、债权人有过错的,应当根据其过错各自承担相应的民事责任。”

② 对应《民法典》第三百九十一条:“第三人提供担保,未经其书面同意,债权人允许债务人转移全部或者部分债务的,担保人不再承担相应的担保责任。”

# 案例二　山东某黄河河务局借款担保合同纠纷案

2007—2011 年,本案历经山东省泰安市中级人民法院一审、山东省高级人民法院二审、山东省高级人民法院重审、最高人民法院提审最终结案。

## 一、焦点问题

1. 事业单位担保银行贷款是否应当承担担保责任?

2. 借款合同约定分期还款的保证期间应当怎样计算?

3. 银行对逾期还款的利息应当按什么标准计算?计算复利是否符合法律规定?

## 二、当事人诉求

原告:中国某资产管理公司青岛办事处(以下简称青岛办事处)

被告:山东黄河水泥厂(以下简称黄河水泥厂)

被告:山东某黄河河务局(以下简称黄河河务局)

委托代理人:徐贵一,山东齐鲁律师事务所律师(代理一审、二审)

委托代理人:张宁宁,山东齐鲁律师事务所律师(代理二审)

2007 年 1 月 12 日,原告青岛办事处向泰安市中级人民法院提起诉讼,诉求:1. 依法判令黄河水泥厂偿还贷款本金 1183 万元,利息 8,452,917.55 元,合计 20,282,917.55 元(2003 年 12 月 31 日后的利息及复利按中国人民银行公布的同期贷款利率计至黄河水泥厂实际履行完毕之日)。2. 依法判令黄河河务局连带承担黄河水泥厂应履行的上述还款业务及保证合同约定的其他义务。3. 依法判令黄河水泥厂承担本案案件受理费、财产保全费、律师代理费及青岛办事处为实现债权支付的其他费用。

2007 年 1 月 16 日,泰安市中级人民法院查封冻结黄河河务局银行账户资金

20,282,917.55 元。

原告青岛办事处诉称,1995 年 12 月 31 日,中国某银行东平县支行(以下简称东平支行)为支持被告黄河水泥厂建设 10 万吨水泥项目的资金需要,与黄河水泥厂筹建办公室(以下简称黄河水泥厂筹建办)签订编号为 95026、贷款账号为 402200120 的借款合同,合同约定黄河水泥厂筹建办向东平支行借款人民币 1000 万元,年利率为 15.12%,按季结息,借款期限为 1995 年 12 月 31 日至 2000 年 12 月 31 日。合同约定黄河水泥厂筹建办分 4 次还款:1997 年 12 月还款 200 万元;1998 年 12 月还款 300 万元;1999 年 12 月还款 300 万元;2000 年 12 月还款 200 万元。黄河水泥厂筹建办、东平支行双方在合同上加盖公章及法定代表人私章。1995 年 12 月 31 日,东平支行、黄河水泥厂筹建办、黄河河务局三方签订保证合同,合同约定黄河河务局为黄河水泥厂筹建办、东平支行签订的编号 95026 借款合同项下 1000 万元人民币承担连带清偿责任,保证期限自主合同生效开始至主合同失效时止,三方均加盖公章及法定代表人私章。借款、担保合同签订后,东平支行以贷款转存凭证将 1000 万元划入黄河水泥厂筹建办的账户。

1997 年 4 月 21 日,东平支行又与黄河水泥厂筹建办签订了编号为 97042101 的借款合同,该合同约定,黄河水泥厂筹建办向东平支行借款 200 万元,年利率为 11.7%,按季结息,借款用途为建设 10 万吨水泥厂,借款期限为 1997 年 4 月 21 日至 2002 年 4 月 21 日。黄河水泥厂筹建办、东平支行加盖公章,双方法定代表人也签字盖章。同日,东平支行与黄河河务局双方签订编号 97 - 4 - 21 - 1 的保证合同,合同约定,黄河河务局为黄河水泥厂向东平支行贷款人民币 200 万元承担连带保证责任。保证期间为自本合同生效之日起至借款合同履行期限届满之日后两年止,双方在保证合同上加盖公章,法定代表人也分别签字盖章。借款、担保合同签订后,东平支行以贷款转存凭证将 200 万元划入黄河水泥厂筹建办的账户。

东平支行分别于 1997 年 12 月 26 日、1999 年 4 月 21 日、2000 年 2 月 21 日以书面形式通知黄河水泥厂(黄河水泥厂筹建办变更后的名称,下同)调整贷款利率。

2002 年 7 月 23 日,黄河河务局、黄河水泥厂、中国某银行泰安分行资产保全部、东平支行四方对黄河水泥厂的借款以会议纪要的方式制订了还款计划。该纪要记载:会议议题:黄河水泥厂还款计划。参加单位:黄河河务局、黄河水泥厂、中国某银行泰安分行资产保全部、东平支行。经四方与会人员认真分析讨论,就黄河水泥厂归还东平支行贷款一事达成以下意向:1. 先期还款 1500 万元本金,剩余部分贷款本息签订还款计划,于 2003 年前还清。2. 东平支行对黄河水泥厂欠息给予挂账 179 万元,东平支行对 179 万元欠息及 179 万元的新生利息不再催收。3. 剩余贷款本金仍执行原贷款合同。4. 该意见争取 7—8 月付诸实施。上述纪要由各方参会人员分别签字。

2002 年 12 月 25 日,黄河水泥厂、中国某银行泰安分行资产保全部、东平支行三方对黄河水泥厂的借款以会议纪要的方式制订了还款计划。该纪要记载:会议议题:黄河水泥厂还款计划。参加单位:黄河水泥厂、中国某银行泰安分行资产保全部、东平支行。经与会三方人员共同分析讨论,就黄河水泥厂归还东平支行贷款一事达成如下意向:1. 由黄河水泥厂于 2002 年 12 月 31 日以前先期归还贷款 1000 万元(大写壹仟万整)。2. 东平支行对黄河水泥厂的剩余贷款在 2003 年执行正常贷款利率。3. 东平支行对黄河水泥厂欠息 179 万元给予挂账。上述纪要由各方参会人员分别签字。

2002 年 12 月 29 日,黄河水泥厂、东平支行双方签订《贷款清偿协议》,协议记载:黄河水泥厂为甲方,东平支行为乙方,为尽快解决黄河水泥厂有关基建贷款清偿问题,经甲乙双方平等协商,达成以下协议:1. 甲方于 2002 年 12 月 31 日前先期归还贷款 1000 万元(壹仟万元整)。2. 东平支行对黄河水泥厂的剩余贷款在 2003 年执行正常贷款利率。3. 东平支行对黄河水泥厂欠息 179 万元给予挂账。甲、乙双方加盖公章,法定代表人也分别签字确认。

2003 年 6 月 17 日,东平支行出具编号为(2003)0601 号的逾期贷款催收通知书,内容是:"借款单位:黄河水泥厂。担保单位:黄河河务局。你单位在我行贷款 2200 万元除已经归还 1017 万元外,截止 2003 年 6 月 16 日,尚欠我行贷款本金 1183 万元,请接此通知后,抓紧落实还款来源,偿还贷款本息。"同年 6 月 28 日,借款单位黄河水泥厂在通知书上加盖公章,担保单位栏未加盖印鉴也未签字,即为空白状态。

2004 年 6 月 28 日,东平支行依照国家有关政策规定与中国某资产管理公司济南办事处(以下简称某公司济南办事处)签订债权转让协议,将上述两笔借款本息的债权转让给某公司济南办事处,即借款本金 983 万元、利息 2,986,001.48 元的 95026

号合同和借款本金200万元、利息1,402,886.32元的97042101号合同,上述两借款合同共计本金1183万元,利息4,388,887.80元,并于2004年11月8日在《大众日报》上刊登公告。

2004年11月29日,某公司济南办事处又用同样方式、方法将上述两笔借款本息的债权转让给本案原告青岛办事处。2005年5月9日,某公司济南办事处与中国某银行股份有限公司山东省分行及办事处在《大众日报》上刊登声明,声明以上两笔债权已转让给青岛办事处,并进行了催收。

青岛办事处作为上述债权的合法拥有人,多次要求黄河水泥厂和黄河河务局履行上述贷款的还本付息义务,但二者至起诉时仍未履行。青岛办事处为维护其合法权益,避免国有资产流失,以黄河水泥厂、黄河河务局为被告向泰安市中级人民法院提起诉讼。

## 三、律师辩论和法院裁判

### (一)一审

2007年3月7日,泰安市中级人民法院对本案进行开庭审理。

本案的争议焦点问题为:1. 青岛办事处作为本案的原告是否适格;2. 主债权及担保债权是否已过诉讼时效;3. 事业单位黄河河务局所签订的担保合同是否有效。

原告青岛办事处诉称,2004年6月28日,东平支行依照国家有关政策,将编号为95026的借款合同及保证合同和编号为97042101的借款合同及保证合同的债权转让给信达公司济南办事处。2004年11月29日,某公司济南办事处又将该两笔债权转让给青岛办事处,青岛办事处成为上述债权的合法债权人,有权要求债务人偿还到期债务。

被告黄河水泥厂辩称:1. 原告青岛办事处不是本案债权的合法所有人,不具有原告主体资格。因为某公司济南办事处与青岛办事处签订的债权转让协议没有某公司济南办事处的盖章,也没有授权委托人签字的授权委托书,所以该协议不具有法律效力。同时,编号为97042101的借款合同和编号为95026的借款合同第九条明确约定“本合同生效后,甲乙任何一方不得擅自变更和解除本合同”。东平支行擅自变更合同主体的行为违反合同约定,属于无效行为。东平支行与某公司济南办事处的转让协议无效,某公司济南办事处没有债权处分的权利,那么某公司济南办事处与青岛办事处的转让协议当然也无效。2. 东平支行的扣款通知和转账凭证能够充分证明黄河水泥厂已偿还95026号借款合同的贷款本金617万元，剩余本金383万元。95026号借款合同的贷款期限并非5年期贷款，而是分4个期限，而黄河水泥厂已偿还97042101号合同和95026号合同贷款的部分利息。3. 原告起诉的利息应当减去东平支行已经放弃的179万元利息。2002年《贷款清偿协议》和《会议纪要》中明确记载“东平支行对黄河水泥厂欠息给予挂账179万元，对179万元欠息及179万元的新生息不再催收”，意即东平支行放弃179万元欠息及179万元的新生利息。东平支行将债权转让给某公司济南办事处时本金及利息都计算错误，转让的本金及利息不仅是本案争议合同的本金及利息，其中还包括其他贷款的本金及利息，因此原告对包含的其他贷款的本金及利息不享有权利，应当减去。4. 原告青岛办事处提供的《中国某资产管理公司欠息通知单》是其自己单方形成的，没有提供计算的事实和法律依据。东平支行与黄河水泥厂于2002年12月29日签订的《贷款清偿协议》明确记载：“东平支行对黄河水泥厂的剩余贷款执行正常贷款利息。”某公司济南办事处与东平支行的债权转让协议的真实签署日期不是2004年6月28日，应当是在2004年7月29日之后。故原告要求被告承担律师费和原告实现债权的其他费用没有事实和法律依据。

被告黄河河务局辩称：1. 原告青岛办事处的主体身份不适格，应当依法驳回起诉。原告在诉状中主张的债权是2004年10月29日从某公司济南办事处受让的，但双方的债权转让书上没有某公司济南办事处加盖的公章，因此双方的债权转让协议无效，原告没有取得该笔债权。2. 东平支行和原告青岛办事处对被告的主债权诉讼时效已过，且已经查明无中止、中断延长事由，应判决驳回其诉讼请求。被告黄河河务局依法已免除担保责任，原告不能再向被告黄河河务局主张诉权。2002年12月29日，东平支行与黄河水泥厂未经保证人黄河河务局同意，重新对贷款偿还期和利润达成新的《贷款清偿协议》，根据法律规定，保证人对原担保的借款合同已经免除保证责任。同时，保证人黄河河务局的保证期间已经超过法律规定的除斥期间，保证人依法不再承担保证责任。95026号保证合同的保证期间是自主债务履行期限届满之日起6个月即到2001年6月止保证期间届满，但在2001年6月以前的保证期间内东平支行未向保证人主张过担保责任，因此保证责任免除。97－4－21－1号担保合同的保证期间是主债务履行期限届满之后两年，即到2004年4月20日保证期间届满，在此期间东平支行与原告都未向担保人主张过担保责任，保证期间已过，因此保证人保证责任免除。3. 保证人黄河河务局是国家水利部和黄河水利委员会核定的具有行政职能的公益性事业单位，根据法律规定公益性事业单位所做的担保无效。

2007年12月6日，泰安市中级人民法院作出(2007)泰民二初字第10号民事判决书。法院认为，东平支行与某公司济南办事处于2004年6月28日签订的债权转让协议、某公司济南办事处又于同年11月29日与青岛办事处签订的债权转让协议，未违背法律、法规禁止性的规定，应系有效协议。协议签订后，青岛办事处享有东平支行的权利，具有原告的资格。1995年12月31日、1997年4月21日东平支行与黄河水泥厂签订的贷款合同，系双方当事人的意思表示，符合法律规定，应认定为合同有效。东平支行按约发放贷款，而黄河水泥厂未按约还本付息，应承担违约责任。黄河水泥厂辩称95026号借款合同项下已偿还617万元，东平支行对已偿还17万元无异议，但对于其中的600万元，黄河水泥厂提交的东平支行会计账册未加盖公章，缺少银行还贷的必备手续，并且青岛办事处有异议不予质证，单凭东平支行工作人员谈话记录，对如此巨大贷款数额予以确认显然证据不足，法院不能采信。黄河水泥厂又始终认可1183万元的贷款本金，因此黄河水泥厂对应付利息应按约定予以支付。青岛办事处对黄河水泥厂借款应付利息未按会议纪要、贷款清偿协议约定计算，且按贷款逾期日2.1‱计付不妥，黄河水泥厂理应在1183万元范围内支会利息，期内按约定利率，逾期按中国人民银行公布的同期贷款利率、复利分段计算。东平支行与黄河河务局分别于1995年12月31日、1997年4月21日签订上述两笔连带责任保证合同，虽然其系水利部和黄河水利委员会在山东省的派出机构，属于具有行政职能的公益性事业单位，但在提供保证时提交了鲁黄财发〔1994〕24号文件，从文件内容上看，黄河河务局是从事经营活动的事业性保证人，在未有其他无效证据证实的情况下，应当认定保证合同有效。东平支行与黄河水泥厂于1995年12月31日签订的95026号借款合同约定分4期偿还，黄河水泥厂对承担全部本息无异议，但保证人黄河河务局对该笔借款的保证期限为“从主合同生效开始至主合同失效时止”，根据《最高人民法院关于适用〈中华人民共和国担保法〉若干问题的解释》第三十二条第二项的规定，保证合同约定保证人承担保证责任直至主债务本息还清时为止等类似内容的，视为约定不明,保证期间为主债务履行期届满之日起两年,该情形属于双方约定不明;最高人民法院还发布了《关于分期履行的合同中诉讼时效应如何计算问题的答复》即法函〔2004〕23 号。以上述规定计算保证期间,对于被告 1997 年 12 月的应还款 200 万元,1998 年 12 月的应还款 300 万元,1999 年 12 月的应还款 300 万元,该三期原告均未有合法有效证据证实向保证人黄河河务局催收过,已超过保证期限,保证人黄河河务局应相应免除保证责任。关于 2000 年 12 月的 200 万元应还款及 1997 年 4 月 21 日东平支行与黄河水泥厂、黄河河务局签订担保借款合同的本金 200 万元,依据原告提交的 2002 年 7 月 23 日有黄河河务局工作人员签字的会议纪要可知,上述两笔担保借款在 2002 年 7 月 23 日已发生保证期间中断的事宜,应认定未超过法律规定的担保期间,故保证人黄河河务局应对两个合同项下在借款本金 400 万元及相应利息的范围内承担连带责任。原告诉求的律师代理费、为实现债权支付的其他费用缺乏事实和法律依据,且证据不足,法院应予驳回。依照《合同法》第五条、第六条、第一百九十六条、第二百零五条,《最高人民法院关于适用〈中华人民共和国担保法〉若干问题的解释》第十六条、第三十二条第二项及《最高人民法院关于分期履行的合同中诉讼时效应如何计算问题的答复》(法函〔2004〕23 号)的规定,判决如下:

1. 被告黄河水泥厂偿还原告青岛办事处借款本金 1183 万元及相应利息(期内按约定利率,逾期按中国人民银行公布的同期贷款利率、复利,分段计算至本判决生效之日止);

2. 被告黄河河务局在上述借款本金 400 万元及相应利息范围内承担连带清偿责任。上述两项于本判决生效后 10 日内付清;

3. 驳回原告青岛办事处的其他诉讼请求。

如不服本判决,可在判决书送达之日起 15 日内,上诉于山东省高级人民法院。

(二)二审

2007 年 12 月 13 日,被告黄河河务局不服一审判决,向山东省高级人民法院提出上诉,请求法院依法撤销一审法院(2007)泰民二初字第 10 号的民事判决书第二项判决,依法改判免除上诉人的全部担保责任;免除上诉人与黄河水泥厂共同负担的本案各项费用。

2007 年 12 月 18 日，原审原告青岛办事处不服一审判决，向山东省高级人民法院提出上诉，请求法院依法撤销一审法院（2007）泰民二初字第 10 号的民事判决书第二项；依法改判黄河河务局在借款本金 1183 万元及相应利息范围内承担连带清偿责任。

2007 年 12 月 24 日，原审被告黄河水泥厂不服一审判决，向山东省高级人民法院提出上诉，请求法院撤销一审法院（2007）泰民二初字第 10 号的民事判决书第一项，依法改判上诉人山东黄河水泥厂偿还被上诉人青岛办事处借款本金 583 万元及减去 2,131,790.50 元利息后的相应贷款利息（不计算复利）；一、二审诉讼费用由青岛办事处承担。

黄河河务局上诉称：1. 一审判决认定事实不清，依照事实应当免除担保人的全部担保责任。2002 年 12 月 29 日，东平支行与黄河水泥厂达成变更借款合同的新协议，协议内容为："1. 甲方黄河水泥厂于 2002 年 12 月 31 日前先归还贷款 1000 万元。2. 东平支行对黄河水泥厂的剩余贷款在 2003 年执行正常贷款利率。3. 东平支行对黄河水泥厂欠息 179 万元给予挂账。"该协议的签订未取得上诉人黄河河务局的书面同意，按照我国《担保法》第二十四条的规定，债权人和债务人协议约定变更主合同的，应当取得保证人的书面同意，未经保证人书面同意的，保证人不再承担保证责任，以及《最高人民法院关于人民法院审理借贷案件的若干意见》第十六条第二款的规定，借期届满，债务人未偿还欠款，借贷双方未征求保证人同意重新对偿还期限和利率达成协议，保证人不再承担担保责任，上诉人的担保责任应当免除。2. 一审判决适用法律不当，一审判决以《会议纪要》认定担保期间中断违反法律规定，应当免除保证人的全部担保责任。按照《最高人民法院关于适用〈中华人民共和国担保法〉若干问题的解释》第三十一条的规定"保证期间不因任何事由发生中断、中止、延长的法律后果"，保证期间是除斥期间，不发生担保期间中断情形，本案黄河河务局保证期间已过，一审判决黄河河务局应在借款本金 400 万元及相应利息的范围内承担连带责任属于法律适用错误。3. 一审判决的程序违法，被上诉人青岛办事处的原告主体身份不适格，应当依法驳回起诉。青岛办事处在诉状中称其主张的债权是在 2004 年 10 月 29 日从某公司济南办事处受让的，但从其提供的债权转让协议看，某公司济南办事处在转让协议上未加盖单位公章。因此，上诉人有理由相信债权转让协议无效，被上诉人未取得该笔债权，被上诉人青岛办事处的原告主体身份不适格。根据《最高人民法院关于审理〈中华人民共和国民事诉讼法〉若干问题的意见》第一百三十九条的规定“起诉不符合受理条件的，人民法院应当裁定不予受理。立案后发现起诉不符合受理条件的，裁定驳回起诉”，因此，一审判决应当裁定驳回青岛办事处的起诉。

青岛办事处上诉称：1. 编号为 95026、金额为 1000 万元的贷款合同约定的债务具有整体性，原审法院判决分别起算割裂了合同的整体性，损害了上诉人的合法权益，增加了上诉人的诉累，是错误的。根据三方签订的《借款合同》第一条的约定，该笔借款金额为 1000 万元。该合同第三条约定：“该 1000 万元的借款期限是五年，自 1995 年 12 月 31 日至 2000 年 12 月 31 日。”第六条约定：“甲方的分次还款计划为 1997 年 12 月还 200 万元、1998 年 12 月还 300 万元、1999 年 12 月还 300 万元、2000 年 12 月还 200 万元。”但被上诉人黄河水泥厂并未按约定还款。因为同一合同所约定的债务具有整体性，合同作为一个整体，其权利义务是不可分的，故基于全部贷款 1000 万元五年的借款期限和被上诉人在合同期限内并未还款的事实，应当认定该全部 1000 万元的到期日是 2000 年 12 月 31 日，其诉讼时效期间应从债务履行期满之日 2000 年 12 月 31 日的次日开始计算。2. 因为同一合同所约定的债务具有整体性，合同作为一个整体，其权利义务是不可分的。根据本案的事实，适用最高人民法院发布的文号为法经〔2000〕244 号文件更具针对性，本案合同诉讼时效的计算应适用该规定，而非最高人民法院法函〔2004〕22 号。法经〔2000〕244 号批复是最高人民法院于 2000 年 10 月 26 日对山东省高级人民法院鲁法经〔1999〕25 号《关于借款合同中约定借款分期偿还应如何计算诉讼时效期间的问题的请示》作出的批复。该批复称：“在借款、买卖等合同中，当事人约定分期履行合同债务的，诉讼时效应当从最后一笔债务履行届满之次日开始计算。”山东省高级人民法院请示的问题与本案同属借款分期偿还应如何计算诉讼时效期间的问题，而法函〔2004〕22 号是对云南省高级人民法院关于房屋租金分期支付诉讼时效的答复，借款与租金显然属于两个性质不同的事实。适用法函〔2004〕22 号答复割裂了合同的整体性，损害了债权人的合法权益。《最高人民法院关于适用〈中华人民共和国合同法〉若干问题的解释（二）》（草案）第二十六条也规定“分期履行的合同，以最后一期履行期限届满之次日起计算诉讼时效。”3. 被上诉人黄河河务局于 2002 年 7 月 23 日在《会议纪要》上签字，是对该保证责任的重新认可。后原债权人东平支行于2003年6月17日发送逾期贷款催收通知书，黄河河务局虽然无盖章行为，但是不影响其承担保证责任。后某公司济南办事处和青岛办事处作了债权转让和催收公告，债权人在保证期间和保证时效内向保证人主张过债权。因此保证人黄河河务局的保证责任不能免除，应当对该笔贷款全额承担连带清偿责任。

黄河水泥厂上诉称：1. 上诉人黄河水泥厂已经偿还95026号合同的借款本金617万元，仅欠383万元本金。东平支行工作人员谈话记录、贷款明细、东平支行特种转账借方凭证能够充分证明该主张。一审判决认定上诉人"未有银行还贷的必备手续，并且办事处有异议不予质证"是严重错误的，因为黄河水泥厂在举证期间提交了两份2003年6月9日东平支行特种转账借方凭证的原件，被上诉人对其真实性没有异议。2. 黄河水泥厂于2004年3月29日已偿还95026号合同贷款利息141,790.95元，应当从起诉利息中扣除；97042101号合同贷款利息的计算错误，转让时利息余额应为504,910.01元。黄河水泥厂于2004年5月31日偿还了借款合同编号为97042101贷款的20万元利息，应当从起诉利息中扣除，有东平支行特种转账借方凭证证明。原告起诉的利息应当减去东平支行已经放弃的179万元利息，《会议纪要》明确记载"东平支行对黄河水泥厂欠息给予挂账179万元，对179万元欠息及179万元的新生利息不再催收"。一审判决计算复利是错误的，《贷款清偿协议》中明确约定"东平支行对黄河水泥厂的剩余贷款执行正常贷款利息"，因此不能计算复利。3. 一审法院认定"单凭东平支行工作人员的谈话记录，对如此巨大的贷款数额予以确认显然证据不足，本院不能采信"，是严重违反以事实为根据、以法律为准绳和法律面前人人平等的法律原则的。一审判决以"黄河水泥厂又始终认可1183万元系在建设10万吨黄河水泥厂时的贷款，贷款后至今未能偿还"为由认定上诉人拖欠被上诉人1183万元本金是严重错误的，与事实不符。4. 被上诉人青岛办事处主体不适格。因为在债权转让协议上没有某公司济南办事处的盖章。

2008年5月23日，山东省高级人民法院作出(2008)鲁商终字第72号民事判决。法院认为，本院查明的事实与原审法院查明的事实一致，认为各方当事人争议的焦点主要有以下三点：一是青岛办事处作为本案的原告是否适格。本院认为，2004年6月28日，东平支行依照国家有关政策规定，将黄河水泥厂97042101

号借款合同和95026号借款合同项下的贷款本金1183万元和利息4,388,887.8元转让给某公司济南办事处,并签订了债权转让协议书,且于同年11月8日在《大众日报》上刊登公告,同年11月29日某公司济南办事处将该笔债权转让给青岛办事处。2005年5月9日,某公司济南办事处与青岛办事处及东平支行在《大众日报》上刊登公告声明,以上两笔债权已转让给青岛办事处并进行催收,青岛办事处依此取得债权人地位,其作为本案原告主张权利是合格的。故黄河水泥厂、黄河河务局主张的某公司济南办事处在债权转让协议上没有盖章、该协议无效、青岛办事处没有取得该笔债权,无诉讼主体资格的理由不能成立,本院不予采纳。二是黄河水泥厂是否偿还了借款本金617万元及213万元的利息。本院认为,东平支行将95026号和97042101号借款合同项下的本金1183万元及利息转让给某公司济南办事处时,债权是具体明确的,黄河水泥厂并未提出异议,青岛办事处取得该笔债权后,黄河水泥厂主张已偿还了617万元本金及213万元利息,但所提供的还款证据没有明确记载所借款合同的编号,故主张理由不充分,证据不足,法院不予支持。三是黄河河务局应否承担本案的担保责任,应在何范围内承担担保责任。法院认为,95026号借款合同项下借款本金为1000万元,合同约定该笔借款分4期偿还,在分期还款到期后,债权人未向保证人主张前3期到期债权的担保责任,原审法院作出担保已超出保证期限,保证人黄河河务局免除担保责任的认定不当,适用法律错误,应予以纠正。计算借款合同的诉讼时效及保证期间,无论其系分期还款还是一次性还款,均应按整个合同到期来认定,至于每期借款到期还款还是整个合同到期还款,债权人如何主张权利,是债权人诉讼权利的选择,依据最高人民法院法经〔2000〕244号文的规定,黄河河务局应当承担该笔贷款的保证责任。对黄河河务局所担保的97-4-21-1号合同项下的200万元贷款,债权人未在保证期间主张权利,已超过黄河河务局承担保证责任的期限,故黄河河务局该笔借款的保证责任应当免责。依照《民事诉讼法》第一百五十三条第一款第一项、第三项及最高人民法院法经〔2000〕244号批复之规定,判决如下:

1. 维持泰安市中级人民法院(2007)泰民二初字第10号民事判决第一项、第三项;

2. 变更泰安市中级人民法院(2007)泰民二初字第10号民事判决第二项为黄河河务局在上述借款本金983万元及相应利息范围内承担连带清偿责任。

上述一、二项判决内容于本判决生效后10日内付清。本判决为终审判决。

（三）重审

2008年8月25日，黄河水泥厂、黄河河务局不服山东省高级人民法院（2008）鲁商终字第72号民事判决，向最高人民法院申请再审。

2008年12月18日，最高人民法院作出（2008）民申字第867号民事裁定：1.指令山东省高级人民法院再审；2.再审期间，中止原判决的执行。

黄河水泥厂申请再审称，黄河水泥厂已偿还涉案合同项下本金617万元，证据确凿。一、二审法院判令黄河水泥厂再偿还1183万元本金及相应利息是错误的。黄河水泥厂一审阶段提交复印自东平支行的贷款明细账，证明2003年6月9日黄河水泥厂归还了两笔借款，金额均为300万元，该贷款明细账载明的贷款起止日期分别是1995年12月31日至1998年12月31日和1995年12月31日至1999年12月31日，与本案争议的95026号借款合同约定的时间和金额是一致的，说明上述还款与95026号合同存在唯一的对应关系。据此，黄河水泥厂请求撤销原一、二审判决，确认黄河水泥厂已偿还95026号合同项下本金617万元的事实。

黄河河务局申请再审称，二审判决计算95026号保证合同的保证期间缺少法律依据，属适用法律错误。最高人民法院法经〔2000〕244号复函仅规定了分期还款诉讼时效的起算问题，并未涉及保证期间的问题，即使按照95026号借款合同最后一期还款届满日次日起算，黄河河务局的保证责任亦应免除。涉案保证合同至2002年12月31日保证期间届满，债权人在此期间并未主张权利。故请求再审法院驳回青岛办事处对黄河河务局承担保证责任的诉讼请求。

2009年11月17日，山东省高级人民法院作出（2009）鲁民再字第32号民事判决。法院再审认为，原二审判决认定事实清楚，适用法律正确。本案经审判委员会讨论决定，依照《民事诉讼法》第一百八十六条第一款、第一百五十三条第一款第一项的规定，判决如下：

维持山东省高级人民法院（2008）鲁商终字第72号民事判决。本判决为终审判决。

（四）提审

黄河水泥厂、黄河河务局不服山东省高级人民法院（2009）鲁民再字第32号民事判决，向最高人民法院申诉。

2010 年 12 月 16 日，最高人民法院作出（2010）民监字第 516 号民事裁定：提审本案。

黄河水泥厂、黄河河务局申诉称：1. 山东省高级人民法院（2009）鲁民再字第 32 号民事判决认定黄河水泥厂未归还 95026 号合同项下 600 万元本金缺乏证据证明，系事实认定错误，黄河水泥厂已偿还了 95026 号合同项下的欠款 600 万元；黄河水泥厂认可欠东平支行 1183 万元系包括涉案合同及案外其他合同在内的全部欠款，再审判决错误认定该金额系涉案合同欠款有误。2. 再审判决判令申请人偿还利息的计算标准违反当事人约定，判决支付复利违反法律规定，对青岛办事处已自认的 2004 年所偿还的利息 341,790.95 元未认定，应予纠正。3. 再审庭审期间，黄河水泥厂提交新证据，用以证明其已另外偿还利息 863,209.05 元。4. 黄河河务局属于基础性事业单位，认定黄河河务局承担担保责任属法律适用错误，黄河河务局的担保责任依法应当免除。请求撤销山东省高级人民法院（2009）鲁民再字第 32 号民事判决、（2008）鲁商终字第 72 号民事判决，改判黄河水泥厂偿还青岛办事处本金 583 万元及部分利息，免除黄河河务局的保证责任。

青岛办事处辩称：1. 黄河水泥厂并未偿还 95026 号合同项下的 600 万元贷款本金，二审法院判令其偿还 1183 万元贷款本金及利息事实清楚、证据充分。东平支行将 95026 号合同项下的 600 万元作为不良资产转让，如果该笔资金已经偿还就不会再转让。在东平支行的账页上，黄河水泥厂的负债为零，而黄河水泥厂的资产负债表、银行往来账上，仍欠东平支行 1183 万元。贷款明细账同样不能证明已偿还该款，黄河水泥厂负有提供已经还款的凭证、银行扣款或收款的对账单或回单及其与银行的逐笔交易记录的义务。2. 青岛办事处在保证期间和保证诉讼时效内向黄河河务局主张了担保责任，黄河河务局应当承担 1183 万元的保证责任。黄河河务局在保证时效内与债权人达成了还款协议且黄河河务局签字认可。黄河水泥厂 2003 年 6 月 9 日偿还的 1000 万元就是黄河河务局拨款支付的，说明其对自己的担保责任是明知的且其已经履行了还款义务。另外，青岛办事处在保证期间和保证诉讼时效内通过债权转让和催收公告的方式，向保证人黄河河务局主张了债权，二审法院判决依据最高人民法院法经〔2000〕244 号文的规定，判定黄河河务局应当承担该笔借款的担保责任是正确的。3. 黄河水泥厂和黄河河务局提交的新证据不属于证据规则中的新证据。综上，青岛办事处认为原审判决认定事实清楚，适用法律正确，请求驳回再审请求，维持原审判决。

2011 年 11 月 14 日，最高人民法院作出(2011)民提字第 199 号民事判决。法院认为，本案再审争议的焦点问题有三个：一是黄河水泥厂是否偿还了 95026 号借款合同项下的 600 万元本金？二是贷款利息应如何计算？三是黄河河务局的保证责任能否免除？

第一，关于黄河水泥厂是否偿还了 95026 号借款合同项下的 600 万元本金问题。黄河水泥厂称，其于 2003 年 6 月 9 日分两笔各 300 万元偿还了 95026 号合同项下借款 600 万元，并提交东平支行贷款明细账、贷款归还凭证复印件及原审法院对东平支行相关人员的询问笔录加以证明。但青岛办事处对东平支行相关人员的询问笔录有异议，认为贷款明细账、贷款归还凭证复印件并未加盖东平支行的公章，亦未与原件相核对，青岛办事处对其真实性不予认可，故不能作为证据使用。黄河水泥厂主张 2003 年 6 月 9 日偿还了 95026 号借款合同项下的 600 万元本金证据不足，最高人民法院不予支持。

第二，关于贷款利息如何计算问题。原一审期间，黄河水泥厂举出证据证明已偿还部分利息，共计 341,790.95 元，青岛办事处予以认可，故对该笔利息应在计算利息余额时相应扣减。95026 号、97042101 号借款合同对期内贷款利率作出了明确约定，与法不悖，应认定为合法有效。但逾期贷款利率因中国人民银行有法定的利率计算标准，故应按照中国人民银行规定的逾期贷款罚息利率标准计算。因黄河水泥厂在本案中的贷款为基本建设贷款，根据《利率管理暂行规定》第十八条的规定，对基本建设贷款不能支付的利息不应计收复利，原审法院判定黄河水泥厂支付复利不当，应予纠正。黄河水泥厂申诉认为青岛办事处根据债权转让协议只能主张 2003 年 12 月 31 日之前的利息，但债权转让协议约定的截止日期 2003 年 12 月 31 日仅是确定债权转让金额的截止日期，根据债权转让协议第三条的约定及法理，主债权转让，利息等从权利也相应转让，故黄河水泥厂的该项申诉理由不能成立。黄河水泥厂申诉认为依据《会议纪要》及《贷款清偿协议》，青岛办事处已豁免其 179 万元欠息，且对 2003 年的利息应按正常利率计算。最高人法院认为，《会议纪要》及《贷款清偿协议》的首要内容是黄河水泥厂应在 2002 年先期偿还一定欠款，作为让步，东平支行在利息方面相应给予一定优惠，但黄河水泥厂事实上未按《会议纪要》及《贷款清偿协议》履行偿还欠款义务，在此情形下，却主张依据《会议纪要》及《贷款清偿协议》享受利息优惠，有违权利义务相一致原则和公平原则。况且，《会议纪要》及《贷款清偿协议》对179万元欠息只是约定给予"挂账"，"挂账"并不等于"豁免"，黄河水泥厂申诉主张青岛办事处已豁免其179万元欠息证据不足，本院不予支持。再审期间，黄河水泥厂提供了东平支行从其账户划款的原始凭证，以证明自2003年3月31日至2004年3月29日其已另外偿还95026号合同项下的利息863,209.05元。青岛办事处认为上述证据不属于新证据且对该证据的真实性无法确认。法院认为，上述划款原始凭证在原审庭审之前确已存在，但黄河水泥厂系在原审庭审结束后才发现，根据《最高人民法院关于民事诉讼证据的若干规定》(法释〔2001〕33号)第四十一条的规定，划款凭证属于新证据。青岛办事处虽对上述划款原始凭证的真实性不予确认，但并未提供相应的证据予以佐证，故本院对该证据的真实性和证明效力予以确认。黄河水泥厂提出的已偿还95026号借款合同项下利息863,209.05元的主张证据充分，最高人民法院予以支持。

第三，关于黄河河务局应否承担保证责任的问题。黄河河务局为黄河水泥厂提供保证担保时，是从事经营活动的事业单位，根据《最高人民法院关于适用〈中华人民共和国担保法〉若干问题的解释》第十六条的规定，其对外签订的保证合同并不因此无效。黄河河务局主张保证合同无效于法无据，不足采信。1995年12月31日签订的保证合同约定，黄河河务局为95026号借款合同承担保证责任的保证期限从主合同生效开始至主合同失效时止，属于约定不明，根据《最高人民法院关于适用〈中华人民共和国担保法〉若干问题的解释》第三十二条第二项的规定，保证期间应为主债务履行期届满之日起二年。95026号借款合同虽约定分期还款，但依据最高人民法院法经〔2000〕244号答复，借款合同无论分期还款还是一次性还款，诉讼时效应从最后一笔债务履行期限届满之日起开始计算。95026号借款合同于2000年12月31日履行期届满，故其保证期间为2000年12月31日至2002年12月31日。黄河河务局为97042101号借款合同承担连带保证责任的保证期限约定为"自本合同生效之日起至借款合同履行期限届满之日后两年止"，97042101号借款合同的履行期至2002年4月21日届满，故保证期间应为2002年4月22日至2004年4月22日。2002年7月23日，黄河河务局参加了黄河水泥厂还款协调会并在《会议纪要》上签字。虽然《会议纪要》中并没有明确要求保证人黄河河务局承担保证责任,但在借款期限届满后,东平支行要求保证人黄河河务局参加还款协调会,商讨欠款清偿事宜,足以表明东平支行并未放弃对黄河河务局的债权,对该行为进行目的解释,能够得出东平支行具有向保证人告知保证义务并主张权利的意思表示,参加还款协调会并在《会议纪要》上签字应视为保证人对其保证义务的确认。上述事实对保证期间和诉讼时效产生了相应的法律效力,即自2002年7月23日起,保证合同的保证期间完结,保证合同的诉讼时效开始计算。2004年6月28日,东平支行将95026号、97042101号借款合同项下的债权转让给了某公司济南办事处;2004年11月8日,中国某银行山东分行和信达公司济南办事处联合发布了债权转让暨催收公告,向黄河水泥厂和黄河河务局进行了催收。根据《最高人民法院对〈关于贯彻执行最高人民法院"十二条"司法解释有关问题的函〉的答复》(法函〔2002〕3号)"金融资产管理公司在全国或省级有影响的报纸上发布的有催收内容的债权转让公告或通知所构成的诉讼时效中断,可以溯及至金融资产管理公司受让原债权银行债权之日"的规定,故在2004年6月28日,上述保证合同的诉讼时效中断。2005年5月9日,信达公司济南办事处与中国某银行股份有限公司山东省分行及青岛办事处在《大众日报》上联合刊登债权转让声明,并对担保人黄河河务局进行了催收,2007年1月22日,青岛办事处以黄河水泥厂、黄河河务局为被告向人民法院提起诉讼。上述证据证明,青岛办事处在诉讼时效内连续向保证人黄河河务局主张了债权,黄河河务局的保证债务并未罹于时效,保证责任不能免除。黄河河务局主张其担保责任应依法免除证据不足,最高人民法院不予支持。黄河河务局承担保证责任后,依法有权向黄河水泥厂追偿。

综上,最高人民法院认为,再审申请人黄河水泥厂关于其已偿还了95026号合同项下的欠款本金600万元、再审申请人黄河河务局关于其担保责任应依法免除的主张证据不足,不予支持。但黄河水泥厂关于案涉欠款不应计收复利、其已偿还的利息341,790.95元、863,209.05元应相应予以扣减的主张有理,本院予以认可。原再审、二审判决认定事实正确,但适用法律部分有误。依照《最高人民法院关于适用〈中华人民共和国担保法〉若干问题的解释》第三十二条第二项、《最高人民法院对〈关于贯彻执行最高人民法院"十二条"司法解释有关问题的函〉的答复》、《最高人民法院关于民事诉讼证据的若干规定》第四十一条以及《民事诉讼法》第一百五十三条第一款第三项、第一百八十六条第一款的规定，判决如下：

1. 撤销山东省高级人民法院（2009）鲁民再字第32号、山东省高级人民法院（2008）鲁商终字第72号、山东省泰安市中级人民法院（2007）泰民二初字第10号民事判决。

2. 黄河水泥厂偿还青岛办事处借款本金1183万元及相应利息（期内利息按约定利率计算，逾期利息按中国人民银行规定的逾期贷款罚息利率标准计算至本判决生效之日止；已经偿还的利息341,790.95元、863,209.05元相应扣减；不得计算复利）。

3. 黄河河务局在上述借款本金983万元及相应利息范围内与黄河水泥厂承担连带清偿责任。黄河河务局承担清偿责任后，有权向黄河水泥厂追偿。

4. 驳回青岛办事处其他诉讼请求。

上述第二项、第三项给付义务应自本判决生效之日起10日内履行完毕。逾期给付的，给付人应按照《民事诉讼法》第二百二十九条之规定，加倍支付迟延履行期间的利息。本判决为终审判决。

**四、结案评析**

在本案中，作者代理第二被告黄河河务局参加了一审、二审。

1. 本案经历泰安市中级人民法院一审判决后，三方当事人均提起上诉并且由省高级人民法院改判。两被告不服山东省高级人民法院终审判决，申诉到最高人民法院，最高人民法院指令山东省高级人民法院重审，山东省高级人民法院维持终审判决。后两被告又向最高人民法院申诉，最高人民法院决定提审，并改变了一审、二审和重审的判决结果。本案从起诉到结案，历时5年，漫长的诉讼过程，不仅给当事人带来巨大的时间和金钱成本，也过多运用了司法资源。这不能不使我们想起一句名言："迟来的正义非正义"，也不得不重提诉讼效率这个老话题。

2. 本案的典型意义是如何处理事实、证据、法律三者之间的关系，以及律师、法官在这三者关系中所起的作用。实践证明，我们不得不对律师、法官的素养和能力提出更高的期望。

3. 法庭就是法律人的战场。在法庭上，虽然律师、法官的立场、角度不同，但信念和目标是一致的：还事实以真相、还当事人以清白、捍卫社会公平正义。

4. 就本案来说，显然原告在保证期间内未以正确的方式向保证人主张权利，保证人理应免除保证责任。贷款人和借款人达成了协议，未经保证人同意就变更了主合同，故即使在变更的范围内保证人也不应当再承担保证责任。但是，《最高人民法院对〈关于贯彻执行最高人民法院“十二条”司法解释有关问题的函〉的答复》规定“金融资产管理公司在全国或省级有影响的报纸上发布的有催收内容的债权转让公告或通知所构成的诉讼时效中断，可以溯及至金融资产管理公司受让原债权银行债权之日”，故本案第一份保证合同的诉讼时效中断，黄河河务局仍需承担担保责任；第二份保证合同的诉讼时效过期，黄河河务局不需要承担担保责任。

5. 本案的提示意义在于，若当事人怠于行使自己权利，超过约定或法定期间就不再享有权利。这正如法谚所说，“法律不保护权利上的睡眠者”。当事人应当善待自己所享有的权利，及时、合理地行使权利，避免在失去权利以后再付出不必要的诉讼成本维权，更何况有时还达不到目的。

## 五、相关法条

**1.《担保法》(1995 年 6 月 30 日公布)**

第九条[①] 学校、幼儿园、医院等以公益事业为目的的事业单位、社会团体不得为保证人。

第二十二条[②] 保证期间，债权人依法将主债权转让给第三人的，保证人在原保证担保的范围内继续承担保证责任。保证合同另有约定的，按照约定。

第二十四条[③] 债权人和债务人协议变更主合同的，应当取得保证人书面同意，未经保证人书面同意的，保证人不再承担保证责任。保证合同另有约定的，按照约定。

---

① 对应《民法典》第六百八十三条：“机关法人不得为保证人，但是经国务院批准为使用外国政府或者国际经济组织贷款进行转贷的除外。以公益为目的的非营利法人、非法人组织不得为保证人。”

② 对应《民法典》第六百九十六条：“债权人转让全部或者部分债权，未通知保证人的，该转让对保证人不发生效力。保证人与债权人约定禁止债权转让，债权人未经保证人书面同意转让债权的，保证人对受让人不再承担保证责任。”

③ 对应《民法典》第六百九十五条：“债权人和债务人未经保证人书面同意，协商变更主债权债务合同内容，减轻债务的，保证人仍对变更后的债务承担保证责任；加重债务的，保证人对加重的部分不承担保证责任。债权人和债务人变更主债权债务合同的履行期限，未经保证人书面同意的，保证期间不受影响。”

第二十五条第一款[①]　一般保证的保证人与债权人未约定保证期间的，保证期间为主债务履行期届满之日起六个月。

在合同约定的保证期间和前款规定的保证期间，债权人未对债务人提起诉讼或者申请仲裁的，保证人免除保证责任。

**2.《最高人民法院关于适用〈中华人民共和国担保法〉若干问题的解释》(2000年12月8日公布)**

第十六条　从事经营活动的事业单位、社会团体为保证人的，如无其他导致保证合同无效的情况，其所签定的保证合同应当认定为有效。

第三十条　保证期间，债权人与债务人对主合同数量、价款、币种、利率等内容作了变动，未经保证人同意的，如果减轻债务人的债务的，保证人仍应当对变更后的合同承担保证责任；如果加重债务人的债务的，保证人对加重的部分不承担保证责任。

债权人与债务人对主合同履行期限作了变动，未经保证人书面同意的，保证期间为原合同约定的或者法律规定的期间。

债权人与债务人协议变动主合同内容，但并未实际履行的，保证人仍应当承担保证责任。

第三十一条　保证期间不因任何事由发生中断、中止、延长的法律后果。

第三十二条　保证合同约定保证人承担保证责任直至主债务本息还清时为止等类似内容的，视为约定不明，保证期间为主债务履行期届满之日起2年。

**3.《最高人民法院关于人民法院审理借贷案件的若干意见》(1991年8月13日公布)**

第十六条　借期届满，债务人未偿还欠款，借、贷双方未征求保证人同意而重新对偿还期限或利率达成协议的，保证人不再承担责任。

**4.《最高人民法院关于借款合同中约定借款分期偿还应如何计算诉讼时效期间的答复》(2000年10月26日公布)**

在借款、买卖等合同中，当事人约定分期履行合同债务的，诉讼时效应当从最后一笔债务履行届满之次日开始计算。

---

① 对应《民法典》第六百九十三条："一般保证的债权人未在保证期间对债务人提起诉讼或者申请仲裁的，保证人不再承担保证责任。连带责任保证的债权人未在保证期间请求保证人承担保证责任的，保证人不再承担保证责任。"

# 案例三　山东某热电公司借款担保合同纠纷案

2008—2009年，本案先经淄博市中级人民法院一审，后经山东省高级人民法院二审，二审中当事人和解并以撤诉结案。

## 一、焦点问题

1. 银行提供的借款担保格式合同有瑕疵应当如何承担责任？

2. 借贷合同变更对保证人的保证责任有什么影响？

3. "以新贷还旧贷"在什么情形下可以免除担保人的责任？

## 二、当事人诉求

原告：某银行淄博分行（以下简称淄博分行）

被告：山东某钢板有限公司（以下简称钢板公司）

被告：山东某纺织股份有限公司（以下简称纺织公司）

被告：山东某热电有限公司（以下简称热电公司）

委托代理人：徐贵一，山东齐鲁律师事务所律师

委托代理人：罗早雷，山东某律师事务所律师

2008年6月，原告淄博分行向淄博市中级人民法院提起诉讼，诉讼请求：1. 判定被告钢板公司偿还所欠原告的借款本金1000万元及至本金偿还之日的利息（截至2008年5月20日共拖欠利息209,990元）；2. 判令被告纺织公司、热电公司对上述欠款承担连带清偿责任；3. 判令被告承担本案的一切诉讼费用。

原告诉称，2007年12月20日，淄博分行与钢板公司签订编号为（2007）鲁淄银贷第719067号的《人民币借款合同》一份，合同约定：淄博分行向钢板公司发放短期贷款人民币1000万元，贷款期限为11个月，自2007年12月20日起至2008年11月19日止，用途是流动资金，利率为8.019%，按月结息，结息日为每月的20

日;逾期偿还本金,根据逾期天数,按合同届时适用的贷款利率加收50%的罚息利率计收利息。同日,淄博分行分别与纺织公司、热电公司分别签订(2007)鲁淄银保字第719067－1号《保证合同》和(2007)鲁淄银保字第719067－2号《保证合同》。两保证人均为上述贷款提供连带责任保证担保,保证期间为主合同项下债务履行期限届满之日起两年,即自2008年11月19日至2010年11月18日,两保证人另约定:"按法律、法规规定或主合同约定或主合同双方协议主合同债务提前到期的,则主合同债务提前到期日为主合同项下债务履行期限届满之日。"合同签订后,淄博分行于2007年12月20日将借款1000万元支付给钢板公司。钢板公司仅付部分利息,自2008年1月起开始欠息,截至2008年5月20日,钢板公司共拖欠淄博分行借款利息209,990元。

### 三、律师辩论和法院裁判

#### (一)一审

2008年6月3日,淄博分行向淄博市中级人民法院提交诉讼保全申请书。申请人称,申请人已对钢板公司、纺织公司、热电公司提起诉讼,为防止被申请人转移财产造成判决将来不能执行或难以执行,申请采取诉讼保全措施,查封冻结被申请人银行账户1000万元存款或查封被申请人相等价值的财产,申请人将以其自有的财产提供担保。

2008年6月5日,法院作出(2008)淄商初字第104－1号民事裁定书。法院认为,淄博分行的申请符合法律规定,依照《民事诉讼法》第九十二条第一款、第九十四条之规定,裁定冻结被申请人的银行存款1000万元或查封其相应价值的财产。

热电公司不服(2008)淄商初字第104－1号民事裁定及查封冻结该公司银行存款180万元的措施,于2008年7月21日提出复议申请。热电公司认为,其承担着整个高青县城区居民生活及工业生产供热供电任务,是具有公益性的政府国有独资热电企业,对地方经济建设、人民群众的生活起着至关重要的作用。近年来随着石油、煤炭价格的不断上涨,企业运营举步维艰,到目前只能勉强亏损维持。由于本案查封了公司180万元流动资金,给公司带来了运营困难,企业随时会因流动资金断流而停产停电,给高青县经济建设带来不利影响。根据《最高人民法院关于人民法院民事执行中查封、扣押、冻结财产若干问题的规定》,对具有鲜明的社会管理性、服务性和公益性的财产，应当给予特殊保护。因此，为了社会的稳定和企业的正常运转，请求法院解除对公司存款180万元的诉讼保全。

本案的争议焦点有两个：一是被告钢板公司与原告淄博分行的借款合同是否应当解除，二是被告纺织公司、被告热电公司是否应当承担保证责任。

被告钢板公司辩称，借款合同未到期，原告淄博分行要求提前偿还借款及利息的理由不成立，我公司要求继续履行合同，请求法院驳回原告淄博分行的诉讼请求。

被告纺织公司辩称，该笔贷款于2008年11月19日到期，现在尚未到期，我公司不能承担连带清偿责任。

被告热电公司辩称，请依法驳回原告淄博分行对热电公司提前承担保证责任的诉求。具体理由是：第一，被告钢板公司未按约定结算利息应属于轻微违约，不能作为原告淄博分行解除合同和催要本金及未到期利息的理由。在借款合同未解除之前，原告淄博分行无权要求我公司提前承担保证责任。被告钢板公司已对借款到期和提前还款提出异议，表明我公司的保证责任尚未到期。保证合同约定保证期间为2008年11月19日到2010年11月18日，淄博分行于2008年6月3日起诉债务人和保证人，明显还不到保证期间。且原告淄博分行与被告热电公司签订的《保证合同》文本是由原告淄博分行提供的统一格式、统一内容、统一印刷并多次使用的格式条款合同。《合同法》第四十条中规定："提供格式条款一方免除其责任、加重对方责任、排除对方主要权利的，该条款无效。"本案中，原告主张按合同特别约定，可在贷款不到期、担保不到期时要求借款人钢板公司提前偿还借款，这不仅缩短了借款人钢板公司使用该款的期限，同时加重了保证人热电公司的保证责任，并且原告无证据证明在订立过程中对保证人进行了必要的提示，因此，应依法认定《保证合同》无效，被告热电公司不承担保证责任。第二，《保证合同》第九条第四款明确约定：发生借款违约的情况由原告淄博分行承担保证责任。《合同法》第四十一条中规定："对格式条款有两种以上解释的，应当作出不利于提供格式条款一方的解释。"原告作为《保证合同》的提供方，法院应当按照《合同法》规定作出不利于原告淄博分行的解释，即保证责任由原告淄博分行自行承担而不是由热电公司承担。第三，2008年5月，在当地政府协调下，被告钢板公司和被告热电公司曾多次通知原告淄博分行加入钢板公司以资抵债、实现债权的行列,但原告淄博分行置之不理,错过了第一次清偿的良机。根据《担保法》及解释的规定,至少应当免除我公司提前承担的保证责任,请求依法驳回原告对我公司提前承担保证责任的诉求。

2008年9月17日,淄博市中级人民法院作出(2008)淄商初字第104号民事判决。法院认为,原、被告所签借款合同及《保证合同》合法有效。依据借款合同第十二条第四款第一项的约定,借款人未按期偿还合同项下的贷款本金、利息,原告淄博分行有权要求借款人立即偿还所有贷款、应付利息及其他费用,并且原告淄博分行要求借款人偿还前述款项之日即为本合同项下的债务提前到期之日。所以原告淄博分行要求钢板公司按合同约定归还借款本息,符合法律规定,法院予以支持。驳回被告钢板公司要求继续履行合同的诉求。依据《保证合同》第五条第一款的规定,主合同债务提前到期日为主合同项下债务履行期限届满之日,两保证人应及时履行保证义务。被告热电公司辩称保证合同第九条第四项约定“乙方有权……要求乙方承担保证责任”是原告淄博分行有权要求原告自己承担保证责任,本院认为担保合同双方当事人为原告淄博分行与被告热电公司,原告淄博分行让自己承担保证责任显然不可能,应为笔误,即应由甲方即被告热电公司承担担保责任,所以原告淄博分行要求被告纺织公司、被告热电公司按合同约定承担连带清偿保证担保责任,符合法律规定,法院予以支持。综上,依照《民法通则》第一百零六条第一款,《合同法》第一百零六条、第二百零五条、第二百零六条,《担保法》第十八条、第三十一条的规定,判决如下:

1.被告钢板公司偿还原告淄博分行借款本金1000万元本金及利息(2008年5月20日前欠息209,990元,以后发生利息按合同约定利率计算后随本支付)。

2.被告纺织公司、被告热电公司对本判决第1项承担连带清偿责任,其承担连带清偿责任后,有权向被告钢板公司追偿。如果未按判决指定的期间履行给付金钱义务,应当依照《民事诉讼法》第229条之规定,加倍支付迟延履行期间的债务利息。

3.一审案件受理费83,060元及诉讼保全费5000元由三被告共同负担。

如不服本判决,可在判决书送达之日起15日内上诉于山东省高级人民法院。

(二)二审

2008年11月26日,热电公司不服淄博市中级人民法院(2008)淄商初字第

104 号民事判决，向山东省高级人民法院提起上诉。请求撤销淄博市中级人民法院(2008)淄商初字第 104 号民事判决，将本案发回重审或依法直接改判。

热电公司上诉称：1. 被上诉人淄博分行明知借贷给钢板公司的 1000 万元贷款是用于偿还纺织公司的旧贷款(转贷)，都是 2007 年 12 月 20 日当日借款、当日还款，而并非按借款协议约定作为钢板公司的流动资金使用。上诉人热电公司在签订《保证合同》时，被上诉人淄博分行与原审被告钢板公司也未将 1000 万元贷款的真实用途和真实意思告知上诉人热电公司，被上诉人淄博分行和原审被告钢板公司的恶意串通行为已经构成欺诈，因而担保合同无效，上诉人热电公司不应承担担保责任。2. 本案第一次开庭后，上诉人将收集的新证据(证明淄博分行与钢板公司的恶意串通行为的证据)提交一审法院，但一审法院收到证据后未作任何处理，未查清案件事实真相便作出判决，程序违法，应撤销判决。3. 被上诉人淄博分行与钢板公司的借款合同未到期，原审被告钢板公司未按约定结算利息应属于轻微违约，不能作为淄博分行要求钢板公司提前还款的理由。4. 被上诉人淄博分行提前收贷并要求保证人承担保证责任，是以格式合同滥用强势权利，不仅侵犯了借款人的资金使用权，也侵犯了上诉人热电公司的财产权；淄博分行与热电公司签订的《保证合同》免除被上诉人淄博分行的责任、加重上诉人热电公司的责任，且在《保证合同》签订过程中未履行必要的提醒义务，根据《合同法》的规定，《保证合同》的相应条款应当认定无效，上诉人热电公司不承担保证责任。5. 2008 年5 月 6 日，钢板公司资金链断裂，当地政府组织金融机构研究解决集团的信贷风险，并拟订了处理信贷风险方案，其中包括原审被告钢板公司在淄博分行所贷的 1000 万元贷款。热电公司和钢板公司曾多次通知被上诉人加入钢板公司以资抵债、实现债权的行列，但被上诉人淄博分行置之不理，错过第一次清偿良机。根据《担保法》及相关司法解释的规定，应当免除上诉人热电公司的担保责任。6. 被上诉人淄博分行在签订《保证合同》中有重大过错，合同第九条规定，发生借款人违约还本付息等情形，由乙方(被上诉人淄博分行)承担保证责任，而非甲方(上诉人热电公司)承担保证责任，这是《保证合同》的关键条款。《合同法》第四十一条中规定："对格式条款有两种以上解释的，应当作出不利于提供格式条款一方的解释。"根据民法过错责任原则，被上诉人淄博分行理应为自己的过错承担责任，同时应当减轻或免除上诉人热电公司的保证责任。

在山东省高级人民法院二审期间，上诉人热电公司与被上诉人淄博分行于2009年3月25日达成和解协议。协议约定："上诉人热电公司与被上诉人淄博分行担保纠纷一案，一审判决上诉人热电公司与纺织公司共同向上诉人承担1000万元及利息的连带清偿责任。二审期间，上诉人与被上诉人友好协商，已通过继续贷款、上诉人补偿被上诉人的方式，目前已完全消化和补偿了被上诉人的1000万元及利息，为此双方达成以下和解协议：1.被上诉人淄博分行放弃一审判决书（2008）淄商初字第104号第二项上诉人热电公司承担1000万及其利息连带责任的追偿，放弃对该项的强制执行申请。2.被上诉人淄博分行申请淄博市中级人民法院解冻已查封的上诉人热电公司的两个银行账号。3.上诉人热电公司在被上诉人承诺并完成以上两个条件下，同意二审调解结案，不再要求继续开庭审理。4.上诉人与被上诉人关于本案1000万及利息连带清偿纠纷彻底息诉，以后互不追究。"

2009年3月31日，上诉人热电公司向山东省高级人民法院申请撤回上诉。

2009年4月1日，山东省高级人民法院作出（2009）鲁商终字第31号民事裁定书。法院认为，上诉人热电公司以双方于2009年3月25日自行达成和解协议为由，于2009年4月1日申请撤回上诉，经审查上诉人热电公司的申请符合法律规定，应予准许。依照《民事诉讼法》第一百五十六条的规定，裁定如下：

准许上诉人热电公司撤回上诉。二审案件受理费83,060元，减半收取41,530元，由上诉人热电公司负担。本裁定为终审裁定。

**四、结案评析**

1.关于上诉人热电公司是否应当免予承担连带担保责任的问题，是存在自由裁量空间的。

首先，银行提供的格式条款存在瑕疵，银行必须承担其相应的责任；其次，银行与借款人存在恶意串通行为，即用新贷款还旧贷款而没有事先告知并经担保人同意，据此担保人可以依法不承担担保责任；再次，借款人钢板公司和保证人热电公司曾多次邀请银行参与到公司以资抵债、实现债权的行列中来，而银行并未理会，以致错失清偿良机，因此银行理应承担相应责任；最后，借款人与银行约定的贷款还款期限并未到期，借款人未按时付息只是轻微违约，并不必然导致银行要求借款人提前还本付息，银行要求提前还本付息是对合同履行期限的变更，根据

《最高人民法院关于适用〈中华人民共和国担保法〉若干问题的解释》第三十条第二款规定:“债权人与债务人对主合同履行期限作了变动,未经保证人书面同意的,保证期间为原合同约定的或者法律规定的期间。”故本案中保证人的保证期限依旧为原合同约定的期间。最终,银行与保证人热电公司在二审期间达成和解协议,很大可能是出于双方在本案中的共同过错和双方之间都有贷款业务的需求。

2. 关于在借款担保合同中,借贷双方商定“借新还旧”,新贷款保证人是否承担担保责任的问题。

《最高人民法院关于适用〈中华人民共和国担保法〉若干问题的解释》第三十九条规定:“主合同当事人双方协议以新贷偿还旧贷,除保证人知道或者应当知道的外,保证人不承担民事责任。新贷与旧贷系同一保证人的,不适用前款的规定。”因此,对借新还旧的保证责任可以区别以下情况分别处理:

(1)在旧贷与新贷均有保证人,且保证人为同一人的情况下,由于借款人用新贷款偿还了旧贷款,从而免除了保证人对旧贷的保证责任,保证人承担的风险和责任就只是针对新贷款的,较之债务人按照实际贷款用途使用新贷款对保证人产生的风险和责任要小。由此,改变贷款用途借新还旧的,即使保证人不知道贷款用途是借新还旧,由于新贷款合同没有加重保证人的负担,不构成对保证人的利益的损害,保证合同合法有效。因而,无论保证人是否知晓债权人与债务人借新还旧,均应承担对后一贷款的保证责任。从公平的角度看,这种处理方式对保证人也不会产生有失公允的结果。

(2)在旧贷没有担保或旧贷与新贷的保证人不是同一人的情况下,新贷的保证人如果不知道主合同双方当事人是借新还旧的,保证人不承担民事责任。因为在这种情况下的借新还旧,不仅是债权人与债务人串通实际变更主合同的贷款用途、未征得保证人的同意,而且保证人承担保证的贷款有可能是一笔“呆账”,如果是一笔银行本来就不能收回的贷款,还让保证人担保并承担保证责任,有违民法上的公平原则。

(3)在新贷的保证人知道该笔贷款的用途是用于偿还旧贷款的情况下,如借款合同的贷款用途一栏明确写明是“借新还旧”,或者有证据证明保证人提供保证时已经知晓该笔贷款的真实用途,由于不存在对保证人的欺诈,故保证合同合法有效,保证人应该承担保证责任。在诉讼或仲裁中,保证人主张不知道主合同双方借新还旧的，应当举证。保证人的举证的证据就是主合同，因为主合同没有写明借新还旧，故应认定为保证人不知借新还旧。如果银行或借款人主张保证人知道借新还旧的情况并提供保证的，应当由银行或借款人举证，如不能举证，应认定保证人不知主合同借新还旧的事实。

（4）在银行不直接贷款给原借款人，而是通过贷款给第三人，第三人又将款项转给原借款人用以清偿旧贷款的情况下，不能因为款项转给原借款人用以清偿贷款，就推断保证人不承担保证责任。因为《最高人民法院关于适用〈中华人民共和国担保法〉若干问题的解释》第三十九条适用的是新旧贷款合同为同一当事人的情况，且贷款人监督借款人的贷款用途是权利，而不是义务或职责。

在借新还旧的保证担保中，保证人是否知道贷款用途是借新还旧是关键，如果借款合同的贷款用途中已注明了借新还旧，保证人已签字的，应承担保证责任。如果只是口头告知而在借款合同中没有注明款项的真实用途，或写作其他，如流动资金等，则保证人不承担担保责任。银行发放借新还旧贷款时，应该坚持诚实信用原则，告知保证人贷款的真实情况，在借款合同的贷款用途条款中注明是借新还旧或者流动资金贷款，不应该虚构贷款用途，防止合同欺诈。

## 五、相关法条

**1.《民法通则》(1986年4月12日公布)**

第一百零六条[①]　公民、法人违反合同或者不履行其他义务的，应当承担民事责任。

公民、法人由于过错侵害国家的、集体的财产，侵害他人财产、人身的，应当承担民事责任。

没有过错，但法律规定应当承担民事责任的，应当承担民事责任。

**2.《合同法》(1999年3月15日公布)**

第三十九条[②]　采用格式条款订立合同的，提供格式条款的一方应当遵循公

---

① 对应《民法典》第五百九十二条："当事人都违反合同的，应当各自承担相应的责任。"

② 对应《民法典》第四百九十六条："格式条款是当事人为了重复使用而预先拟定，并在订立合同时未与对方协商的条款。采用格式条款订立合同的，提供格式条款的一方应当遵循公平原则确定当事人之间的权利和义务，并采取合理的方式提示对方注意免除或者减轻其责任等与对方有重大利害关系的条款，按照对方的要求，对该条款予以说明。提供格式条款的一方未履行提示或者说明义务，致使对方没有注意或者理解与其有重大利害关系的条款的，对方可以主张该条款不成为合同的内容。"

平原则确定当事人之间的权利和义务,并采取合理的方式提请对方注意免除或者限制其责任的条款,按照对方的要求,对该条款予以说明。

格式条款是当事人为了重复使用而预先拟定,并在订立合同时未与对方协商的条款。

第四十条① 格式条款具有本法第五十二条和第五十三条规定情形的,或者提供格式条款一方免除其责任、加重对方责任、排除对方主要权利的,该条款无效。

第四十一条② 对格式条款的理解发生争议的,应当按照通常理解予以解释。对格式条款有两种以上解释的,应当作出不利于提供格式条款一方的解释。格式条款和非格式条款不一致的,应当采用非格式条款。

第一百零六条③ 债权和债务同归于一人的,合同的权利义务终止,但涉及第三人利益的除外。

第二百零五条④ 借款人应当按照约定的期限支付利息。对支付利息的期限没有约定或者约定不明确,依照本法第六十一条的规定仍不能确定,借款期间不满一年的,应当在返还借款时一并支付;借款期间一年以上的,应当在每届满一年时支付,剩余期间不满一年的,应当在返还借款时一并支付。

第二百零六条⑤ 借款人应当按照约定的期限返还借款。对借款期限没有约定或者约定不明确,依照本法第六十一条的规定仍不能确定的,借款人可以随时返还;贷款人可以催告借款人在合理期限内返还。

---

① 对应《民法典》第四百九十七条:"有下列情形之一的,该格式条款无效:(一)具有本法第一编第六章第三节和本法第五百零六条规定的无效情形;(二)提供格式条款一方不合理地免除或者减轻其责任、加重对方责任、限制对方主要权利;(三)提供格式条款一方排除对方主要权利。"

② 对应《民法典》第四百九十八条。

③ 对应《民法典》第五百七十六条:"债权和债务同归于一人的,债权债务终止,但是损害第三人利益的除外。"

④ 对应《民法典》第六百七十四条:"借款人应当按照约定的期限支付利息。对支付利息的期限没有约定或者约定不明确,依据本法第五百一十条的规定仍不能确定,借款期间不满一年的,应当在返还借款时一并支付;借款期间一年以上的,应当在每届满一年时支付,剩余期间不满一年的,应当在返还借款时一并支付。"

⑤ 对应《民法典》第六百七十五条:"借款人应当按照约定的期限返还借款。对借款期限没有约定或者约定不明确,依据本法第五百一十条的规定仍不能确定的,借款人可以随时返还;贷款人可以催告借款人在合理期限内返还。"

**3.《担保法》(1995年6月30日公布)**

第十八条[①]　当事人在保证合同中约定保证人与债务人对债务承担连带责任的,为连带责任保证。

连带责任保证的债务人在主合同规定的债务履行期届满没有履行债务的,债权人可以要求债务人履行债务,也可以要求保证人在其保证范围内承担保证责任。

第三十条[②]　有下列情形之一的,保证人不承担民事责任:

(一)主合同当事人双方串通,骗取保证人提供保证的;

(二)主合同债权人采取欺诈、胁迫等手段,使保证人在违背真实意思的情况下提供保证的。

第三十一条[③]　保证人承担保证责任后,有权向债务人追偿。

**4.《最高人民法院关于适用〈中华人民共和国担保法〉若干问题的解释》(2000年12月8日公布)**

第三十条　保证期间,债权人与债务人对主合同数量、价款、币种、利率等内容作了变动,未经保证人同意的,如果减轻债务人债务的,保证人仍应当对变更后的合同承担保证责任;如果加重债务人的债务的,保证人对加重的部分不承担保证责任。

债权人与债务人对主合同履行期限作了变动,未经保证人书面同意的,保证期间为原合同约定的或者法律规定的期间。

债权人与债务人协议变动主合同内容,但并未实际履行的,保证人仍应当承担保证责任。

第三十九条　主合同当事人双方协议以新贷偿还旧贷,除保证人知道或应当知道的外,保证人不承担民事责任。

新贷与旧贷系同一保证人的,不适用前款的规定。

---

① 对应《民法典》第六百八十八条:"当事人在保证合同中约定保证人和债务人对债务承担连带责任的,为连带责任保证。连带责任保证的债务人不履行到期债务或者发生当事人约定的情形时,债权人可以请求债务人履行债务,也可以请求保证人在其保证范围内承担保证责任。"

② 对应《民法典》第一百四十六条:"行为人与相对人以虚假的意思表示实施的民事法律行为无效。以虚假的意思表示隐藏的民事法律行为的效力,依照有关法律规定处理。"第一百五十四条:"行为人与相对人恶意串通,损害他人合法权益的民事法律行为无效。"

③ 对应《民法典》第七百条:"保证人承担保证责任后,除当事人另有约定外,有权在其承担保证责任的范围内向债务人追偿,享有债权人对债务人的权利,但是不得损害债权人的利益。"

# 案例四　烟台某钢铁公司借款质押合同纠纷抗诉案

2008—2009 年，本案历经烟台市人民检察院抗诉、烟台市中级人民法院再审结案。

## 一、焦点问题

1. 股份有限公司股权质押的生效条件是什么？

2. 原审法院超越级别管辖权作出的民事判决是否应该撤销？

3. 应该怎样认定借款性质？

## 二、原审判决和执行

原告：王某

被告：烟台某钢铁公司（以下简称钢铁公司）

2004 年 11 月 16 日，原告王某向山东省烟台市芝罘区人民法院起诉。

王某诉称，其与被告钢铁公司于 2003 年 12 月 28 日、2004 年 6 月 1 日和 2004 年 7 月 1 日签订质押借款合同和借贷合同，共出借给被告人民币本金 2200 万元，借期为 3 个月，年利率为 7.34%，被告同意将其持有的山东三海股份有限公司（以下简称三海公司）的 1000 万股股权（流水号：法人 001、002）质押给原告优先受偿，而原告起诉时被告借款已逾期，借款本息仍分文未付。请求：1. 被告偿付借款本金人民币 2200 万元及利息 557,636.11 元；2. 确认原告对被告质押的三海公司的 1000 万股股权享有优先受偿权。

2004 年 11 月 16 日，烟台市芝罘区人民法院立案。同日，由一名审判员适用简易程序开庭审理本案。

庭审中，钢铁公司对王某诉称的事实没有异议，承认王某提出的全部诉讼请求。同日，烟台市芝罘区人民法院当庭作出(2005)芝民二初字第20号民事判决，判决:1. 限被告钢铁公司于本判决生效之日起2日内偿付给王某借款本金人民币2200万元及利息557,636.11元(自2004年4月15日、6月25日、6月29日、6月30日起，分段按年利率7.34%计算至2004年10月30日止)；2. 确认原告王某对被告钢铁公司质押的三海公司1000万股股权享有优先受偿权。

判决生效后，钢铁公司未能履行判决确认的给付义务，王某向一审法院申请强制执行。在执行过程中，一审法院于2006年6月13日依法冻结了钢铁公司所持有的三海公司2000万股股权，后于2007年6月23日委托烟台某拍卖公司依法拍卖了钢铁公司持有的三海公司1500万股股权。2007年7月12日，原审法院裁定将1500万股股权交付给买受人烟台某石化材料有限公司，该案执行完毕。

**三、申诉和抗诉**

申诉人(原审被告)：烟台某钢铁公司

委托代理人：徐贵一，山东齐鲁律师事务所律师

被申诉人(原审原告)：王某

2008年12月12日，申诉人钢铁公司不服烟台市芝罘区人民法院作出的(2005)芝民二初字第20号民事判决书和(2005)芝执字第24-3号民事裁定，向山东省人民检察院申诉。山东省人民检察院将本案交由山东省烟台市人民检察院审查。

钢铁公司申诉称，申诉人钢铁公司与被申诉人王某质押借贷合同纠纷一案，由烟台市芝罘区人民法院审理并作出判决，该判决已生效。在执行过程中，申诉人发现该案有伪造证据、违法判决和违法执行的严重问题。申诉人向烟台市两级法院申诉未果，现申请抗诉，请求：1. 依照审判监督程序，依法对烟台市芝罘区人民法院(2005)芝民二初字第20号民事判决和(2005)芝执字第24-3号民事裁定提出抗诉，指令原审法院或烟台市中级人民法院再审；2. 中止原判决执行，依法纠正本案执行过程中的严重错误。具体事实和理由如下：

(一)本案审理程序严重违法

1. 原审法院没有管辖权，当事人涉嫌伪造《质押借款合同》协议管辖条款。2003年12月28日，钢铁公司与王某签订质押借款合同一份，以其持有的三海公司1000万股国有股权作质押，向王某借款1000万元。钢铁公司持有的《质押借

款合同》第5条载明“本合同发生纠纷，首先由双方协商解决。协商不成，任何一方均可到烟台市中级人民法院诉讼解决”。原告王某提供的《质押借款合同》第5条载明：“本合同发生纠纷，首先由双方协商解决。协商不成，任何一方均可到烟台市芝罘区人民法院诉讼解决。”当事人涉嫌伪造合同“约定管辖”问题，原审法院对此未依法审查。同时，本案诉讼标的为2255万元，已经远远超过了烟台市芝罘区人民法院受理诉讼标的不超过70万元的级别管辖规定，而且卷宗中也没有上级法院指定原审法院管辖的法律文书。原审法院以一份借款金额1000万元、有约定管辖的合同受理本案，同时合并审理另两份借款金额合计1200万元、未约定管辖的合同，严重违反了最高人民法院关于级别管辖的禁止性规定。因此原审法院对本案没有管辖权，所作出的民事判决因程序违法应予以撤销。

2. 诉讼标的2255万元的案件，一审法院当日立案，当日开庭，当日判决，当日送达，适用简易程序审理，程序严重违法。原告王某起诉被告钢铁公司质押借贷合同纠纷一案的诉讼标的为2255万元，原审法院于2004年11月16日立案，于2004年11月18日传票通知钢铁公司开庭时间为2004年11月18日14时，实际开庭时间却是2004年11月16日，并于当日作出（2005）芝民二初字第20号民事判决且当日送达当事人。根据《民事诉讼法》及相关规定，法院审理民事案件，应当给予被告15日答辩期和30日左右的举证期，并应当在开庭3日前通知当事人和其他诉讼参与人，公告当事人姓名、案由和开庭的时间、地点。原审法院审理本案完全违反法律规定的立案、送达、答辩、举证、开庭和判决等基本诉讼程序，严重侵害了申诉人的诉讼权利，致使申诉人没有足够的时间完成证据的收集和提交，审理过程极不规范，判决结果难保公正。同时，本案标的额巨大，案由为质押借款合同纠纷，涉及借贷法律关系和担保法律关系，特别是质押物为股份有限公司的国有股权，质押是否有效，是否需要审批，都需法院严格审查，本案属于复杂的民事案件，不应适用简易程序。

（二）本案事实认定不清，应当再审

1. 诉讼主体和借款事实的认定有重大错误。申诉人在查阅审判档案时，发现被申诉人王某向法院提交的证明双方借贷2200万元的收款收据中，有1000万元的收款收据属于案外人的证据。该收款收据清楚写着申诉人收到山东某石化新技术有限公司的借款人民币1000万元整，说明这1000万元借款与被申诉人王某无关,原审法院不应判决钢铁公司归还被申诉人王某。该借款应认定为企业之间的借贷,《中国人民银行贷款通则》第六十一条规定“企业之间不得违反国家规定办理借贷或者变相借贷融资业务”,1996 年 3 月 26 日最高人民法院发布的司法解释也明确规定“企业之间相互借贷,出借人所取得的利息应予以收缴”,而原审法院违背事实和法律规定作出申诉人偿还被申诉人 2200 万元、利息 55.76 万元的错误判决,致使被申诉人从本案错误判决中获得了不属于他的 1000 万元及利息,这种违反法律的判决,必须依法撤销。

2. 当事人双方的质押合同未办理出质登记,应为无效合同,被申诉人王某不享有对 1000 万股股权的优先受偿权。申诉人与被申诉人于 2003 年 12 月 28 日签订的借款 1000 万元的质押借款合同,约定用三海公司 1000 万股股权作质押,按照《担保法》第 78 条“以依法可以转让的股票出质的,出质人与质权人应当订立书面合同,并向证券登记机构办理出质登记”的法律规定必须依法办理质押登记,质押合同自登记之日起生效。该质押权未依法登记,王某对 1000 万股股权没有优先受偿权。原审法院(2005)芝民二初字第 20 号民事判决书判决“王某对钢铁公司质押的三海公司之 1000 万股股权享有优先受偿权”,属于实体判决错误。

(三)原审法院违法执行本案错误判决,造成国有资产流失

2004 年 12 月,被申诉人王某向原审法院申请强制执行。2004 年 12 月 6 日,原审法院向钢铁公司送达执行通知书,责令钢铁公司自动履行应承担的法律义务。2007 年 6 月 23 日,原审法院将钢铁公司持有的三海公司 1500 万股股权进行拍卖,被申诉人王某担任法定代表人的烟台某石化材料有限公司以每股 4.01 元、总价款 6015 万元的价格竞得。原审法院拍卖股权使用了过期的资产评估报告书,且该资产评估报告书只评估了 1000 万股而不是 1500 万股,属程序严重违法。该评估报告书载明:“七、本评估报告有效期为一年,自评估基准日 2005 年 9 月 30 日至 2006 年 9 月 29 日”,而拍卖成交时间是 2007 年 6 月 23 日。同时,评估报告评估的是 1000 万股,而不是 1500 万股。原审法院的执行裁定违法改变生效判决,不顾申诉人要求“只拍卖 1000 万股、不足部分以现金方式偿还”的执行异议,违法将执行标的改为 1500 万股,超标的拍卖申诉人的国有股权,造成申诉人以 6015 万元拍卖款偿还被申诉人 2200 万元本金及相应利息的错误事实,且造成申诉人国有大股东地位的丧失和国有资产的流失。

综上所述,原审法院(2005)芝民二初字第 20 号案件在审理程序和执行程序上均存在严重问题,不仅申诉人对法院判决和执行方式不服,省国有资产管理部门也认为问题严重而做过多次交涉,还引发了申诉人多次申诉、三海公司职工上访、人大代表介入质询等社会问题。2007 年《民事诉讼法》第一百七十九条规定"当事人的申请符合下列情形之一的,人民法院应当再审:(一)有新的证据,足以推翻原判决、裁定的;(二)原判决、裁定认定的基本事实缺乏证据证明的;(三)原判决、裁定认定事实的主要证据是伪造的;……(七)违反法律规定,管辖错误的",原审法院认定事实不清,管辖错误,符合再审条件。由于法院不受理申诉人的再审请求,特向检察院申请抗诉,请求指令有管辖权的烟台市中级人民法院重新审理;中止原判决执行,防止国有资产流失,维护国有企业职工的合法权益,维护社会稳定。

2009 年 1 月 6 日,山东省烟台市人民检察院作出烟检民抗(2009)2 号民事抗诉书。

检察院查明:2003 年 12 月 28 日,钢铁公司与王某签订质押借款合同一份,以其持有的三海公司 1000 万股国有股权作质押,向王某借款 1000 万元。钢铁公司持有的质押借款合同载明,"本合同发生纠纷,首先双方协商解决。协商不成,任何一方均可到烟台市中级人民法院诉讼解决"。王某持有的质押借款合同载明"本合同发生纠纷,首先由双方协商解决。协商不成,任何一方均可到烟台市芝罘区人民法院诉讼解决"。2004 年 6 月 1 日和 2004 年 7 月 1 日,钢铁公司与王某又分别签订两份借款合同,向王某借款 1200 万元。上述借款期限均为 3 个月,按年利率 7.34% 计算利息,逾期按年息 7.34% 的双倍加计利息。钢铁公司分别于 2004 年 4 月 15 日、6 月 25 日、6 月 29 日、6 月 30 日、7 月 1 日向王某出具了 5 份收款收据,其中 2004 年 4 月 15 日的收款收据写道:"兹收到山东某石化新技术有限公司人民币 1000 万元整",其他四份收款收据分别写道,"兹收到王某人民币 200 万元整""兹收到王某人民币 150 万元整""兹收到王某人民币 150 万元整""兹收到王某人民币 700 万元整"。因钢铁公司逾期未能还款,2004 年 11 月 16 日,王某诉至烟台市芝罘区人民法院,要求判令钢铁公司偿付借款本金 2200 万元及利息 557,636.11 元,确认其对钢铁公司质押的 1000 万股股权享有优先受偿权。

2004 年 11 月 16 日,烟台市芝罘区人民法院立案并决定适用简易程序审理本案,同日开庭审理。庭审中,钢铁公司对王某诉称的事实没有异议,承认王某提出的全部诉讼请求。烟台市芝罘区人民法院当庭作出(2005)芝民二初字第20号民事判决:1.限被告钢铁公司于本判决生效之日起2日内偿付给原告王某借款本金人民币2200万元及利息557,636.11元(自2004年4月15日、6月25日、6月29日、6月30日起,分段按年利率7.34%计算至2004年10月30日止);2.确认原告王某对被告钢铁公司质押的三海公司1000万股股权享有优先受偿权。

检察院认为,烟台市芝罘区人民法院(2005)芝民二初字第20号民事判决适用法律确有错误,且违反法律规定,管辖错误。理由如下:

1.本案涉及的股权质押未办理出质登记,法院判决王某对钢铁公司质押的三海公司1000万股股权享有优先受偿权,属适用法律确有错误。《担保法》第七十八条规定:“以依法可以转让的股票出质的,出质人与质权人应当订立书面合同,并向证券登记机构办理出质登记。质押合同自登记之日起生效。”本案中,钢铁公司与王某签订质押借款合同后,虽将股权证交给了王某,但未办理出质登记,因此,该质押借款合同中的质押部分尚未生效,在此情况下,法院判决“确认原告王某对被告钢铁公司质押的三海公司之1000万股股权享有优先受偿权”,属适用法律确有错误。

2.烟台市芝罘区人民法院审理本案违反法律规定,属于管辖错误。根据《各高级人民法院辖区内各级人民法院受理第一审民事、经济纠纷案件级别管辖标准》的规定,烟台市中级人民法院受理以财产为内容的争议金额在70万元以上至3000万元的国内民事案件,基层人民法院受理以财产为内容的争议金额分别在其所属中级人民法院管辖争议金额最低限额以下的民事案件。本案争议金额为2255余万元,根据上述规定,烟台市芝罘区人民法院没有管辖权,并且当事人协议管辖不能违反级别管辖的规定。虽然钢铁公司和王某分别持有的质押借款合同对选择解决争议法院的约定不一致,但无论王某是否私自改动了合同中对该项内容的约定,烟台市芝罘区人民法院对本案均没有管辖权。《民事诉讼法》第三十六条规定,“人民法院发现受理的案件不属于本院管辖的,应当移送有管辖权的人民法院”,因此,烟台市芝罘区人民法院审理本案违反法律规定,属于管辖错误。

综上所述,烟台市芝罘区人民法院(2005)芝民二初字第20号民事判决适用法律确有错误,且违反法律规定,管辖错误。依照2007年《民事诉讼法》第一百七十九条第一款第六项、第七项以及第一百八十七条第一款规定,烟台市人民检察院向烟台市中级人民法院提出抗诉，请依法再审。

2009 年 1 月 12 日，烟台市中级人民法院依照《民事诉讼法》第一百八十五条、第一百八十八条的规定，作出(2009)烟民抗字第 2 号民事裁定，裁定如下：

1. 本案由本院进行提审；

2. 再审期间，中止原判决的执行。

**四、再审**

2009 年 6 月 5 日，烟台市中级人民法院开庭再审本案。

再审庭审中，钢铁公司将其持有的质押借款合同提交法院，并主张：1. 原审判决在程序上违反级别管辖的规定，并按简易程序审理本案是错误的。该合同除第五条约定的"本合同发生纠纷，首先由双方协商解决。协商不成，任何一方均可到烟台市中级人民法院诉讼解决"外，其他内容均与王某所持有的质押借款合同的内容一致。按照该条约定，本案应由烟台市中级人民法院管辖。2. 1000 万股股权出质并未记载于股东名册，因此该质押合同未生效，原审判决在实体上把未生效的质押合同认定为有效，并判令王某享有优先受偿权是错误的。3. 钢铁公司出具的 2004 年 4 月 15 日收款收据注明的"兹收到山东某石化新技术有限公司人民币 1000 万元整"，并在其提交的关于钢铁公司借山东某石化新技术有限公司 1000 万元款项的情况说明中称，2004 年 4 月 15 日，钢铁公司的财务人员是按照当时王某之妻刘某要求出具了该收款收据，后根据刘某的安排找到王某提取了现金 1000 万元，证明钢铁公司收到的是王某开办的山东某石化新技术有限公司的款项，并不是收到王某的款项。该笔借款属于企业之间的拆借，应为无效。4. 拍卖违法。拍卖国有股权没有征得有关部门批准，拍卖依据的评估报告已经失效，原审法院强行超额拍卖 1500 万股国有股权，其后果是钢铁公司丧失了国有控股地位，导致国有资产流失。请求依法撤销原审判决，由有管辖权的烟台市中级人民法院审理。

王某辩称：1. 原审法院并不存在违反法律规定及管辖错误的情形。钢铁公司在答辩期内没有对本案的管辖依法提出异议，也未对王某提交的质押借款合同第五条提出异议，根据《民事诉讼法》的规定，应视为钢铁公司已经接受了原审法院的管辖。况且根据《民事诉讼法》的规定，上下级法院之间管辖权的转移也属于正常的诉讼程序，因此并不存在原审法院违反法定的专属管辖或专门管辖的事实，更不存在严重违法行使管辖权的情形。2. 依据最高人民法院的有关司法解释,以非上市公司的股票或股权证出质的质押合同,并不适用出质登记生效的规定,而应该以记载于股东名册为生效条件。钢铁公司在订立质押借款合同后,不仅将股权证实际交付给王某持有,而且其作为股权证发行公司的实际控制人负有将质押记载于股东名册的义务,在整个诉讼过程中,钢铁公司也始终承认质押合同的效力。根据有关法律规定,钢铁公司在诉讼上的自认,排除了王某就此事实的举证责任。据此原审法院判决王某对质押权利享有优先受偿权并不存在违背当事人约定和法律规定之处,不存在适用法律确有错误的情形。3. 钢铁公司为王某出具的 1000 万元收款收据注明的"兹收到山东某石化新技术有限公司人民币 1000 万元整",是因为王某系该公司的董事长,钢铁公司在开出收据时写成了该公司,实质上该 1000 万元款项是从王某个人股票账户提取的,不存在钢铁公司向山东某石化新技术有限公司借款的事实。4. 钢铁公司应当对原审判决后果承担完全责任。钢铁公司在原审过程中,对起诉的事实没有任何异议,承认了王某在诉讼中提出的全部诉讼请求,在判决生效后的法定期限内也没有提起上诉和申请再审,事实上其已在原审过程中完全处分了自己的民事权利和诉讼权利,应当对原审判决的后果承担完全责任。王某请求依法维持原审判决。

2009 年 8 月 10 日,烟台市中级人民法院作出(2009)烟民再终字第 12 号再审民事判决。

法院再审查明,王某在原审审理过程中,向原审法院提交了如下证据:

1. 2003 年 12 月 28 日钢铁公司与王某签订的质押借款合同。2. 2004 年 7 月 1 日钢铁公司与王某签订的两份借贷合同。3. 钢铁公司给王某出具的 5 份收款收据。4. 钢铁公司质押给王某的两份三海公司股权确认书,共计 1000 万股。其中,2003 年 12 月 28 日钢铁公司与王某签订的质押借款合同载明:1. 王某同意借给钢铁公司人民币 1000 万元整。2. 借款期:本合同经双方签字盖章后 4 个月内,王某付给钢铁公司人民币 1000 万元整,钢铁公司收到王某给付的 1000 万元之日起 3 个月内一次性全额归还王某人民币 1000 万元整。逾期不还加计利息,利息按年利率 7.34% 计算。3. 钢铁公司同意以所持有的三海公司 1000 万股股权(国家股)作为本合同载明借款的质押物,质押担保内容如下:(1)质押担保期限自设定质押之日起至担保范围内全部借款清偿完毕止。(2)钢铁公司收到王某 1000 万元整人民币的同时,应将质押物权利证书交付王某保管。钢铁公司全额归还借款时,王某应将质押物权利凭证退还给钢铁公司。(3)质押期间,钢铁公司不得以质押物清偿其他债务。质押人如需转让质押物,应提前通知王某,并应取得王某的同意。4. 借款到期,钢铁公司应首先以货币资金归还王某,不能归还或不足归还的部分,王某有权按不低于届时账面每股净资产的价值处理质押物,收回借款本金。如果钢铁公司股权价值低于账面净资产价值,钢铁公司应及时归还借款本金和利息,也可以由王某、钢铁公司双方重新商定股本价格。抵押借款不足部分,钢铁公司以现金方式补齐。5. 本合同发生纠纷,首先由双方协商解决。协商不成,任何一方均可到烟台市芝罘区人民法院诉讼解决。6. 本合同一式两份,钢铁公司、王某各执一份。本合同自各方签字盖章后生效。该合同落款处分别有王某签名和钢铁公司法定代表人签名,并加盖了钢铁公司公章。合同签订后的 2004 年 4 月 15 日,王某与钢铁公司分别按照合同约定,由王某向钢铁公司履行了出借款 1000 万元以及钢铁公司将其所持有的流水号分别为法人 001、002 的三海公司股权确认书中各 500 万股,共计 1000 万股的股权质押给王某。同年 6 月 25 日、6 月 29 日、6 月 30 日、7 月 1 日,钢铁公司又向王某借款 1200 万元。2004 年 7 月 1 日,钢铁公司与王某又分别补签了两份借贷合同,一份借款 500 万元,另一份借款 700 万元,两份借款合同约定了钢铁公司向王某借款共计 1200 万元,借款期限均为 3 个月,按年利率 7.34% 计算利息,逾期按年息 7.34% 的双倍加计利息。其间,钢铁公司分别于 2004 年 4 月 15 日、6 月 25 日、6 月 29 日、6 月 30 日、7 月 1 日,分别向王某出具了 5 份收款收据,其中 2004 年 4 月 15 日的收款收据注明“兹收到山东某石化新技术有限公司人民币 1000 万元整”,其他 4 份收据分别注明“兹收到王某人民币 200 万元整”“兹收到王某人民币 150 万元整”“兹收到王某人民币 150 万元整”“兹收到王某人民币 700 万元整”。因钢铁公司到期未能还款,王某于 2004 年 11 月 16 日诉至原审法院。当日,原审法院立案后,原审承办人在向钢铁公司送达起诉状副本及相关手续时,钢铁公司的委托代理人在接受原审法院的调查笔录中称:因事实很清楚,我方不要求答辩期及举证期限,要求尽快开庭解决此事。原审承办人遂告知钢铁公司定于当日 14 时开庭审理此案。同日 14 时,原审法院按照简易程序开庭审理了本案。庭审中,钢铁公司对王某主张的上述事实及提供的相关证据均未提出异议。

另查明，三海公司是1994年经山东省体改委（1994）第25号文批准，由钢铁公司为发起人，以定向募集方式设立的股份制企业，目前总股本为5572万股。其中，钢铁公司持有2072万股，社会公众持有3500万股。

另外，原审判决生效后，因钢铁公司未能履行判决确认的给付义务，王某向原审法院申请执行。执行过程中，原审法院于2006年6月13日依法冻结了钢铁公司所持有的三海公司2000万股股权，后于2007年6月23日委托烟台拍卖行有限责任公司依法拍卖了钢铁公司所持有的三海公司1500万股股权。2007年7月12日，原审法院裁定将1500万股股权的拍卖款交付给买受人烟台基业石化材料有限公司，该案执行完毕。

法院再审认为，被申诉人王某按照与申诉人钢铁公司签订的质押借款合同和借贷合同共计出借给申诉人人民币本金2200万元，申诉人取得借款至借款期限届满未还，被申诉人请求按合同偿还借款本金及利息，应予支持。申诉人在再审中主张2004年4月15日收款收据中注明的“兹收到山东某石化新技术有限公司人民币1000万元整”是企业之间的拆借，应为无效，本院认为，被申诉人借款给申诉人2200万元人民币，系根据被申诉人与申诉人签订的质押借款合同与借贷合同，合同出借方为被申诉人王某，并且申诉人主张的山东某石化新技术有限公司1000万元的收款收据款项来源，申诉人亦认可是从被申诉人处提取的现金，申诉人以其出具的收款收据主张借款系企业拆借，依据不充分，法院不予支持。关于质押效力问题，本案质押的股权证系三海公司于1994年经山东省体改委（1994）第25号文批准，由申诉人钢铁公司为发起人，以定向募集的方式发行的，至今未在证券交易所上市交易，不属于法律规定的出质登记客体。但是，按照《担保法》第七十八条第三款“以有限责任公司的股份出质的，适用公司法股份转让的有关规定，质押合同自股份出质记载于股东名册之日起生效”和《最高人民法院关于适用〈中华人民共和国担保法〉若干问题的解释》第一百零三条第三款“关于以非上市公司的股份出质的，质押合同自股份出质记载于股东名册之日起生效”的规定，由于申诉人钢铁公司未能履行1994年7月1日起施行的《公司法》第三十六条“股东依法转让其出资后，由公司将受让人的姓名或名称、住所以及受让的出资额记载于股东名册”之规定，且在原审庭审中，申诉人钢铁公司对被申诉人王某起诉的事实没有任何异议，并对被申诉人王某在诉讼中提出的全部诉讼请求予以认可,故原审判决认定王某对钢铁公司质押的1000万股股权享有优先受偿权并无不当。关于管辖权问题,虽然本案争执的标的数额较大,但由于申诉人钢铁公司在原审审理过程中,并未对该案的管辖权提出异议,也未对被申诉人王某提交的《质押借款合同》第五条提出异议,而且申诉人钢铁公司在接受原审法院的书面调查笔录中称不要求答辩期及举证期限,要求尽快开庭解决此事。在此情况下,原审法院依照2007年《民事诉讼法》第一百四十二条"基层人民法院和它派出的法庭审理事实清楚、权利义务关系明确、争议不大的简单的民事案件,适用本章规定"之规定,适用简易程序开庭审理了本案并作出判决,并不存在违法行使管辖权的情形。关于执行问题,原审判决生效后,由于申诉人钢铁公司未能自动履行原审判决确认的给付义务,原审法院根据被申诉人王某的申请,冻结了申诉人钢铁公司持有的三海公司股权并将冻结的1500万股股权委托拍卖公司予以拍卖,该执行措施并未因第三人主张权利而对被申诉人王某要求确认的优先受偿权产生影响。况且,根据《民事诉讼法》的相关规定,申诉人钢铁公司关于执行问题这一申诉理由不属于再审的审理范围。综上,本案经审判委员会讨论决定,依照《民事诉讼法》第一百八十六条第一款、第一百五十三条第一款第一项之规定,判决如下:

维持(2005)芝民二初字第20号民事判决。本判决为终审判决。

**五、结案评析**

在本案中,作者只代理钢铁公司申请检察院抗诉环节,未代理再审环节。从本案总体来看,虽然涉案金额很大,但案情并不复杂,由于当事人法律意识淡薄和一审法院级别管辖诉讼程序失当,导致后来出现问题申请再审时有很大的阻力甚至得不到法律的保护。因此,需要引起我们注意的是,要重视法律程序的保障作用,没有程序正义何来实体正义?

在司法实践中,一些法院不重视程序正义,就本案的一审来说,该案涉案标的额巨大而且在实体上又存在多个法律关系,还有几个比较复杂、比较有争议的问题需要调查,而原审法院不但受理该案、没有移送上一级法院,而且适用简易程序简单结案,极易造成当事人事后的申诉维权,给当事人、法院都增加了负担。

## 六、相关法条

**1.《担保法》(1995 年 6 月 30 日公布)**

第七十八条第三款[①] 以有限责任公司的股份出质的,适用公司法股份转让的有关规定。质押合同自股份出质记载于股东名册之日起生效。

**2.《公司法》(2004 年 8 月 28 日修正)**

第三十六条[②] 股东依法转让其出资后,由公司将受让人的姓名或名称、住所以及受让的出资额记载于股东名册。

**3.《民事诉讼法》(2007 年 6 月 27 日修正)**

第三十六条[③] 人民法院发现受理的案件不属于本院管辖的,应当移送有管辖权的人民法院。

第一百四十二条[④] 基层人民法院和它派出的法庭审理事实清楚、权利义务关系明确、争议不大的简单的民事案件,适用本章规定。

第一百五十三条[⑤] 第二审人民法院对上诉案件,经过审理,按照下列情形,分别处理:

(一)原判决认定事实清楚,适用法律正确的,判决驳回上诉,维持原判决;

(二)原判决适用法律错误的,依法改判;

(三)原判决认定事实错误,或者原判决认定事实不清,证据不足,裁定撤销原

---

① 对应《民法典》第四百四十三条第一款:"以基金份额、股权出质的,质权自办理出质登记时设立。"

② 对应《公司法》(2018 年 10 月 26 日修正)第七十三条:"依照本法第七十一条、第七十二条转让股权后,公司应当注销原股东的出资证明书,向新股东签发出资证明书,并相应修改公司章程和股东名册中有关股东及其出资额的记载。"

③ 对应《民事诉讼法》(2021 年 12 月 24 日修正)第三十七条:"人民法院发现受理的案件不属于本院管辖的,应当移送有管辖权的人民法院,受移送的人民法院应当受理。受移送的人民法院认为受移送的案件依照规定不属于本院管辖的,应当报请上级人民法院指定管辖,不得再自行移送。"

④ 对应《民事诉讼法》(2021 年 12 月 24 日修正)第一百六十条。

⑤ 对应《民事诉讼法》(2021 年 12 月 24 日修正)第一百七十七条:"第二审人民法院对上诉案件,经过审理,按照下列情形,分别处理:(一)原判决、裁定认定事实清楚,适用法律正确的,以判决、裁定方式驳回上诉,维持原判决、裁定;(二)原判决、裁定认定事实错误或者适用法律错误的,以判决、裁定方式依法改判、撤销或者变更;(三)原判决认定基本事实不清的,裁定撤销原判决,发回原审人民法院重审,或者查清事实后改判;(四)原判决遗漏当事人或者违法缺席判决等严重违反法定程序的,裁定撤销原判决,发回原审人民法院重审。原审人民法院对发回重审的案件作出判决后,当事人提起上诉的,第二审人民法院不得再次发回重审。"

判决，发回原审人民法院重审，或者查清事实后改判；

（四）原判决违反法定程序，可能影响案件正确判决的，裁定撤销原判决，发回原审人民法院重审。

当事人对重审案件的判决、裁定，可以上诉。

第一百八十六条[①] 人民检察院提出抗诉的案件，人民法院应当再审。

① 对应《民事诉讼法》（2021 年 12 月 24 日修正）第二百一十八条："人民检察院提出抗诉的案件，接受抗诉的人民法院应当自收到抗诉书之日起三十日内作出再审的裁定；有本法第二百零七条第一项至第五项规定情形之一的，可以交下一级人民法院再审，但经该下一级人民法院再审的除外。"

# 案例五　潍坊某房地产公司民间借贷纠纷案

2014—2015年,本案经潍坊市中级人民法院一审判决生效。

## 一、焦点问题

1. 民间借贷的利率远高于银行利率应如何裁决?

2. 贷款人预扣利息合法吗?

3. 本息计算复利合法吗?

## 二、原告诉求

原告:蔡某

第一被告:潍坊某房地产投资公司(以下简称地产公司)

委托代理人:徐贵一,山东齐鲁律师事务所律师

第二被告:李某,潍坊某房地产投资公司法定代表人

委托代理人:徐贵一,山东齐鲁律师事务所律师

2014年3月,原告蔡某向潍坊市中级人民法院提起诉讼。请求:1. 依法判令第一被告偿还原告借款61,585,000元及违约金(自2013年11月1日起至实际还款之日止,按1.5‰计算);2. 依法判令第二被告李某对上述债务承担连带清偿责任;3. 律师代理费、诉讼费、保全费等费用由被告承担。

原告诉称,2011年6月13日,第一被告潍坊某房地产投资公司与潍坊某典当有限公司(以下简称典当公司)签订借款合同一份,约定地产公司向典当公司借款16,000,000元;借款期限为2011年6月13日至7月13日;月综合费用率4.2%,借款月利率为1.8%;到期不偿还合同项下借款本金和利息的,从逾期之日起按欠款本息总额1%/天计收逾期费用及罚息。双方还对其他事项进行了约定。同日,地产公司出具借据一份,载明:今借到潍坊某典当公司人民币(大写)壹仟陆佰万

元整,(小写)16,000,000 元整;借期1个月(自2011年6月13日至2011年7月13日止);月利率6%。签订合同之日,蔡某通过蔡某本人及郗某、刘某、王某账户分别转入第二被告李某尾号为48900的银行账户3,000,000元、4,400,000元、260,000元、6,000,000元,以上共计16,000,000元。李某于当日支取960,000元存入蔡某账户。蔡某为典当公司法定代表人王某之妻,郗某、刘某、王某为典当公司员工。

2011年6月19日,地产公司与典当公司签订借款合同一份,约定地产公司向典当公司借款20,000,000元;借款期限为2011年6月20日至9月20日;月综合费用率3.8%,借款月利率为1.8%;到期不偿还合同项下借款本金或利息的,从逾期之日起按欠款本息总额1%/天计收逾期费用及罚息。双方还对其他事项进行了约定。同日,地产公司出具借据一份,载明:今借到典当公司人民币(大写)贰仟万元整,(小写)20,000,000元整;借期3个月(自2011年6月20日至2011年9月20日止);月利率5.6%。蔡某于2011年6月20日分别转入李某尾号为669990的银行账户300,000元、6,200,000元,转入李某尾号为66992的中国农业银行账户2,832,000元、6,608,000元,通过刘某账户转入李某尾号为77889的银行账户2,940,000元,以上共计18,880,000元。

2011年8月9日,地产公司与典当公司签订借款合同一份,约定地产公司向典当公司借款10,000,000元;借款期限为2011年8月9日至11月9日;月综合费用率4.2%,借款月利率为1.8%;到期不偿还合同项下借款本金和利息的,从逾期之日起按欠款本息总额1%/天计收逾期费用及罚息。双方还对其他事项进行了约定。同日,地产公司出具借据一份,载明:今借到典当公司人民币(大写)壹仟万元整,(小写)10,000,000元整;借期3个月(自2011年8月9日至2011年11月9日止);月利率6%。蔡某于签订合同当日汇入李某尾号为669990的银行账户10,000,000元。

2011年8月17日,地产公司与典当公司签订借款合同一份,约定地产公司向典当公司借款18,000,000元;借款期限为2011年8月17日至11月16日;月综合费用率4.2%,借款月利率为1.8%;到期不偿还合同项下借款本金或利息的,从逾期之日起按欠款本息总额1%/天计收逾期费用及罚息。双方还对其他事项进行了约定。同日,地产公司出具借据一份,载明:今借到潍坊某典当有限公司人民币(大写)壹仟捌佰万元整,(小写)18,000,000元整;借期3个月(自2011年8

月17日至2011年11月16日止);月利率6%。蔡某于签订合同当日汇入李某尾号为669990的账户7,000,000元、1,850,000元,转入李某尾号为48900的银行账户6,000,000元,通过郗某账户转入被告李某尾号为48900的银行账户1,892,400元,以上共计16,742,400元。

2013年9月1日,因地产公司未按上述4份借款合同及借据的约定履行还款义务,共计欠款61,585,000元,由地产公司作为借款人(甲方),蔡某作为出借人(乙方),李某作为保证人(丙方)签订借款合同一份,约定甲方向乙方借款人民币61,585,000元;借款期限为两个月,若到期不偿,甲方应按逾期还款金额的日1.5‰向乙方支付违约金;李某自愿为上述借款提供担保,由保证方对本合同项下的借款、利息、违约金及实现债权的费用等承担连带保证担保责任。双方还对其他事项进行了约定。

2014年1月28日,蔡某与李某签订还款计划一份,约定:2014年2月28日前还款2000万元,2014年3月31日前还款2000万元,2014年4月30日前还款1300万元。

蔡某、典当公司于2014年11月10日作出承诺函一份,载明:2011年6月13日至2011年8月17日,蔡某以典当公司(贷款人)的名义与地产公司(借款人)签订4份《借款合同》,借款金额分别为:2011年6月13日,1600万元;2011年6月20日,2000万元;2011年8月9日,1000万元;2011年8月17日,1800万元,合同总金额人民币6400万元整。上述合同的实际履行人为蔡某和借款人地产公司、李某,蔡某可向借款人主张权利。鉴于以上事实,我公司承诺,将不以任何方式针对上述《借款合同》向地产公司、李某主张任何权利。

2011年7月11日至2014年1月22日,地产公司陆续还款若干。

**三、被告辩论**

被告地产公司、李某共同辩称:1.请求法院调取原告蔡某、第二被告李某的银行账户交易明细和地产公司、典当公司19名人员在银行通过柜面取现(未交付现金)又直接转存、转款最后到达原告蔡某或其指定账户的银行转账记录。在被告地产公司、李某与原告蔡某民间借贷纠纷一案审理过程中,发现被告在收到原告汇款后,又按照原告要求双方派遣多人持多张身份证、银行卡在银行柜台一对一转入原告或其指定账户。为查明事实,根据《民事诉讼法》等法律规定,向法院提出调查取证申请,请依法调查。2. 原告与被告之间借贷担保的部分事实不存在,原告诉求的借贷数额不实,实际借贷数额远远低于其诉求的 61,585,000 元。请求法院查明事实,依法驳回原告的部分诉讼请求。

**四、法院裁判**

2014 年 5 月 21 日,潍坊市中级人民法院开庭审理本案。

2015 年 2 月 25 日,潍坊市中级人民法院作出(2014)潍民四初字第 48 号民事判决。法院认为,被告地产公司与案外人典当公司分别于 2011 年 6 月 13 日、6 月 19 日、8 月 9 日、8 月 17 日签订 4 份借款合同,同日被告地产公司出具借据对借款金额、期限及利息予以确认。根据上述 4 份借款合同的履行情况、原告提供的承诺函及双方当事人的陈述,可以认定上述合同的实际履行人为原告蔡某和被告地产公司。2013 年 9 月 1 日,因被告地产公司未按上述 4 份借款合同及借据的约定履行还款义务,原、被告双方确认被告地产公司欠款数额后,由原告蔡某作为出借人,被告地产公司作为借款人、被告李某作为保证人以欠款数额为本金重新签订借款合同。典当公司出具承诺函确认原告蔡某系其与被告地产公司签订的借款合同的实际履行人,认可原告蔡某向借款人被告地产公司主张权利,并承诺不再以借款合同向被告地产公司、李某主张权利,因此原告蔡某作为合同主体以合同相对方地产公司、李某为被告提起本案诉讼,符合法律规定。二被告关于双方之间无借贷担保事实的抗辩理由与事实不符,法院不予采信。

原告蔡某与被告地产公司、李某于 2013 年 9 月 1 日签订的借款合同系双方当事人的真实意思表示,除约定的违约金过高之外,其他不违反法律、行政法规之规定,合法有效。因双方系以被告地产公司与案外人典当公司签订 4 份借款合同,也是根据被告地产公司出具的借据来计算的欠款数额,而上述借据中约定的利息超过银行同期贷款利率的 4 倍,超过部分依法不予支持,因此双方的借款数额不能以此为准。依法应当按照实际借款数额,从借款之日起按银行同期借款利率的 4 倍计算利息,被告地产公司偿还的款项扣除利息后,多余部分依法应抵作本金。

原告蔡某与被告地产公司、李某签订的借款合同约定李某为上述借款、利息、违约金及实现债权的费用承担连带保证责任,该约定不违反法律规定,且至原告起诉时未过保证期间,现原告要求李某对被告地产公司的本案债务承担连带清偿责任,法院依法予以支持。

原告蔡某主张的律师代理费系其实现债权的费用,应属于原告因被告违约而遭受的损失。按照有关规定,原告主张的利息、违约金等损失不能超过银行同期同类贷款利率的4倍,法院已确定按银行同期同类借款利率的4倍计算违约金,故原告主张的该费用法院依法不予支持。

综上,原告的部分诉讼请求符合法律规定,法院依法予以支持。依照《合同法》第二百零六条、第二百一十一条第二款,《担保法》第十八条、第三十一条,《民事诉讼法》第一百四十三条之规定,判决如下:

1. 被告地产公司偿还原告蔡某借款本金25,924,440.93元及利息(按照中国人民银行同期同类银行贷款利率的4倍计算,从2014年1月24日起,计算至本判决生效之日止),于本判决生效之日起15日内履行完毕;

2. 被告李某对被告地产公司上述债务承担连带清偿责任;

3. 被告李某承担保证责任后有权向被告地产公司追偿;

4. 驳回原告蔡某的其他诉讼请求。

如果未按本判决指定的期间履行给付金钱义务,应当依照《民事诉讼法》第二百五十三条之规定,加倍支付迟延履行期间的债务利息。

案件受理费349,725元,诉讼保全费5000元,共计354,725元,由原告蔡某负担196,192元,被告地产公司负担188,533元。

一审判决后,当事人均未上诉。

## 五、结案评析

民间借贷,是指自然人、法人和非法人组织之间进行资金融通的行为。其主要的形式包括:直接借贷(含企业和个人)、企业集资股份、私募基金、资金中介、小额贷款公司、典当行、担保公司、行业资金协会等合法组织以及地下钱庄等灰色组织。民间借贷主要以双方信誉为维系手段,存在手续简便、办理快捷、融资灵活、利率较高的优点,也存在手续不健全、担保抵押环节缺失、法律法规约束机制不完善等情况,这不仅会导致经常发生“高利贷”或者“高息集资”等违反金融秩序的违法犯罪行为,而且也给资金支付者带来了一定的安全风险。

本案在代理和审理过程中,涉及民间借贷的相关法律问题,本案的焦点在于利率浮动幅度以及利息和本金计算的方法等。我国法律对本案中涉及的民间借贷行为都有相关规定,因此,我们在办理此案时,应先对民间借贷纠纷有以下基本认识：

1. 关于民间借贷行为的合法性。我国法律规定，具有下列情形之一的，人民法院应当认定民间借贷合同无效：(1)套取金融机构贷款转贷的；(2)以向其他营利法人借贷、向本单位职工集资，或者以向公众非法吸收存款等方式取得的资金转贷的；(3)未依法取得放贷资格的出借人，以营利为目的向社会不特定对象提供借款的；(4)出借人事先知道或者应当知道借款人借款用于违法犯罪活动仍然提供借款的；(5)违反法律、行政法规强制性规定的；(6)违背公序良俗的。

2. 关于支付利息的计算。借贷双方没有约定利息，出借人主张支付利息的，人民法院不予支持。自然人之间借贷对利息约定不明，出借人主张支付利息的，人民法院不予支持。除自然人之间借贷的外，借贷双方对借贷利息约定不明，出借人主张利息的，人民法院应当结合民间借贷合同的内容，并根据当地或者当事人的交易方式、交易习惯、市场报价利率等因素确定利息。出借人请求借款人按照合同约定利率支付利息的，人民法院应予支持，但是双方约定的利率超过合同成立时一年期贷款市场报价利率四倍的除外。

**六、相关法条**

**1.《合同法》(1999 年 3 月 13 日公布)**

第二百零六条① 借款人应当按照约定的期限返还借款。对借款期限没有约定或者约定不明确，依照本法第六十一条的规定仍不能确定的，借款人可以随时返还；贷款人可以催告借款人在合理期限内返还。

第二百一十一条② 自然人之间的借款合同约定支付利息的，借款的利率不得违反国家有关限制借款利率的规定。

**2.《担保法》(1995 年 6 月 30 日公布)**

第十八条③ 当事人在保证合同中约定保证人与债务人对债务承担连带责任

① 对应《民法典》第六百七十五条：“借款人应当按照约定的期限返还借款。对借款期限没有约定或者约定不明确，依据本法第五百一十条的规定仍不能确定的，借款人可以随时返还；贷款人可以催告借款人在合理期限内返还。”

② 对应《民法典》第六百八十条：“禁止高利放贷，借款的利率不得违反国家有关规定。”

③ 对应《民法典》第六百八十八条：“当事人在保证合同中约定保证人和债务人对债务承担连带责任的，为连带责任保证。连带责任保证的债务人不履行到期债务或者发生当事人约定的情形时，债权人可以请求债务人履行债务，也可以请求保证人在其保证范围内承担保证责任。”

的，为连带责任保证。

连带责任保证的债务人在主合同规定的债务履行期届满没有履行债务的，债权人可以要求债务人履行债务，也可以要求保证人在其保证范围内承担保证责任。

第三十一条[①]　保证人承担保证责任后，有权向债务人追偿。

---

① 对应《民法典》第七百条："保证人承担保证责任后，除当事人另有约定外，有权在其承担保证责任的范围内向债务人追偿，享有债权人对债务人的权利，但是不得损害债权人的利益。"

# 第二编　买卖合同案例

## 诉讼指引

买卖合同，是出卖人向买受人转移标的物的所有权，买受人支付价款的合同。买卖合同的内容一般包括标的物的名称、数量、质量、价款、履行期限、履行地点和方式、包装方式、检验标准和方法、结算方式、合同使用的文字及其效力等条款。

办理买卖合同案件，一般应当注意以下问题：

1. 审查买卖合同是否有效。主要审查买卖双方的主体资格是否合法、买卖的标的物是否合法、合同的盖章或签字是否齐全、真实等。

2. 审查买卖合同对标的物的数量、质量、价款、履行期限、履行地点和方式、包装方式、检验标准和方法、结算方式等是否明确具体，双方发生纠纷是哪一项或哪几项出现了争议。

3. 分清货物数量争议的责任及处理措施。出卖人多交付标的物的，买受人可以接收或者拒绝接收多交付的部分。买受人接收多交部分的，应当按照约定的价格支付价款；买受人拒绝接收多交部分的，应当及时通知出卖人。买受人拒绝接收多交部分的，可以代为保管多交部分。买受人主张出卖人负担代为保管期间的合理费用的，或者主张出卖人承担代为保管期间非因买受人故意或者重大过失造成的损失的，人民法院应予支持。本编案例七涉及这一问题。

4. 分清发生货物质量争议的责任，及时选择退货、换货、赔偿损失及解除合同。出卖人应当按照约定的质量要求交付标的物。出卖人提供有关标的物质量说明的，交付的标的物应当符合该说明的质量要求。因标的物不符合质量要求，致使不能实现合同目的的，买受人可以拒绝接受标的物或者解除合同。买受人拒绝接受标的物或者解除合同的，标的物毁损、灭失的风险由出卖人承担。此外需注意，产品质量问题属于法定解除合同的理由。本编案例七涉及这一问题。

5. 依法分清货物丢失、毁坏的责任。标的物毁损、灭失的风险，在标的物交付之前由出卖人承担，交付之后由买受人承担，但是法律另有规定或者当事人另有约定的除外。因买受人的原因致使标的物未按照约定的期限交付的，买受人应当自违反约定时起承担标的物毁损、灭失的风险。出卖人出卖交由承运人运输的在途标的物，除当事人另有约定外，毁损、灭失的风险自合同成立时起由买受人承担。出卖人按照约定将标的物运送至买受人指定地点并交付给承运人后，标的物毁损、灭失的风险由买受人承担。当事人没有约定交付地点或者约定不明确，标的物需要运输的，出卖人将标的物交付给第一承运人后，标的物毁损、灭失的风险由买受人承担。出卖人按照约定或者依据规定将标的物置于交付地点，买受人违反约定没有收取的，标的物毁损、灭失的风险自违反约定时起由买受人承担。

6. 审查买受人是否存在逾期付款的情形。买受人应当按照约定的时间支付价款。对支付时间没有约定或者约定不明确的，买受人应当在收到标的物或者提取标的物单证的同时支付。分期付款的买受人未支付到期价款的数额达到全部价款的1/5，经催告后在合理期限内仍未支付到期价款的，出卖人可以请求买受人支付全部价款或者解除合同。出卖人解除合同的，可以向买受人请求支付该标的物的使用费。本编案例六涉及这一问题。

7. 审查合同约定的履行地和实际履行地是否一致，以及不一致时如何确定诉讼管辖法院。合同双方当事人在订立合同时，应该明确合同主要条款的内容，尤其要注意约定的交货地点与履行地点不能冲突，这样纠纷发生时就能及时有效地解决管辖问题，维护自己的合法权益。本编案例七涉及这一问题。

8. 选择承担违约责任的方式。承担违约责任的方式或者采取的其他补救措施主要有下列几种：支付违约金、损害赔偿、继续履行、定金责任、价格处罚、解除合同、其他责任或者补救措施。上述违约责任方式是按照责任类型划分的，便于当事人选择，但并不意味着每个合同案件的违约方都必须全部承担。有的案件违约方应当承担上述责任方式中的一种或几种，而有的案件违约方则应当承担其他一种或几种方式的责任。对一个合同案件而言，违约方究竟应承担一种还是几种方式的责任，应当视合同具体情况而定。

9. 及时提出解除买卖合同。因标的物的主物不符合约定而解除合同的，解除合同的效力及于从物。因标的物的从物不符合约定被解除的,解除的效力不及于主物。标的物为数物,其中一物不符合约定的,买受人可以就该物解除合同。但是,该物与他物分离使标的物的价值显受损害的,买受人可以就数物解除合同。出卖人分批交付标的物的,出卖人对其中一批标的物不交付或者交付不符合约定,致使该批标的物不能实现合同目的的,买受人可以就该批标的物解除合同。出卖人不交付其中一批标的物或者交付不符合约定,致使之后其他各批标的物的交付不能实现合同目的的,买受人可以就该批以及之后其他各批标的物解除合同。买受人如果就其中一批标的物解除合同,该批标的物与其他各批标的物相互依存的,可以就已经交付和未交付的各批标的物解除合同。如法院判决解除买卖合同,应当对货物和损失依法处理。本编案例七涉及这一问题。

# 案例六　济南某空调工程公司买卖合同纠纷案

2004—2006 年,本案先经山东省济南市历下区人民法院一审,后经济南市中级人民法院调解结案。

## 一、焦点问题

1. 被告付款的条件是否成就?

2. 合同总价款中是否应扣除安装费?

## 二、当事人诉求

原告:济南某空调工程有限公司(以下简称空调公司)

委托代理人:徐贵一,山东齐鲁律师事务所律师

委托代理人:窦衍瑞,山东齐鲁律师事务所律师

被告:中国冶金某公司(以下简称冶金公司)

2004 年 11 月 15 日,原告空调公司向济南市历下区人民法院提起诉讼。诉求:1. 判令被告支付货款 626,960 元;2. 判令被告支付违约金 43,000 元;3. 判令被告赔偿原告聘用律师费用 3 万元;4. 诉讼费用由被告承担。

原告诉称,2003 年 1 月 20 日,原告与被告签订买卖合同,约定被告向原告订购空调末端设备,用于被告承建的济南万达商业广场工程,合同总金额为 156 万元,被告在 7 个工作日内支付 20% 的预付款,货到现场且被确认后被告支付 40% 的货款,设备安装调试试运转 24 小时并经验收合格后支付 35% 的货款,剩余 5% 的货款在 2 年保修期满后 1 个月内付清;合同总价中包括设备、安装、调试、运输、保险、关税、税金;被告若延期付款,应按银行同期贷款利率向原告支付违约金;如因业主方面付款延迟,被告同时相应延迟向原告付款。原告给被告的商务承诺函中承诺付款比例不超过建设方的付款比例,同意在建设方未支付设备款时,被告

也可不支付。2003 年 3 月 13 日和 4 月 30 日，原告与被告又签订补充协议，对部分设备的型号进行了变更，并对数量进行了增加，两次增加的货款为 7400 元。合同签订后，原告积极对约定设备进行了供货，并协助用户进行了安装、调试，于 2003 年 7 月全部安装完毕。2003 年 8 月，用户对主要设备进行了调试，对质量、服务均予以认可。迄今为止，所有设备使用 1 年有余，被告对质量问题没有提出任何异议。在合同履行期间，2003 年 2 月 20 日和 6 月 16 日，被告分别支付货款 312,600 元和 628,440 元，共计 940,440 元。因被告未支付剩余工程款，原告为促其付款，向济南万达公司送达了《关于拆除设备的通知》。2003 年 12 月 14 日，济南万达公司复函称，其与被告签订的总包合同约定，由被告负责采购工程所需的设备和材料，并向供应商支付工程款，根据付款记录，其已按总包合同约定足额甚至超额向被告支付了工程进度款。2004 年 7 月 15 日，被告给原告去函，内容为："济南万达项目使用了贵司的空调末端设备，合同额为 1,567,400 元。截止到 2003 年 6 月 18 日，我方已支付贵司 940,440 元，尚有 626,960 元未付。设备于 2003 年 8 月前安装完毕，2003 年 9 月投入使用，但至今未取得业主济南万达公司、贵司及我方三方验收证明。目前济南万达公司与我方正在进行紧张的工程决算，关于尚未支付的设备款，最终以决算为准，付款时间另议。"

**三、一审辩论和裁判**

2004 年 12 月 9 日，济南市历下区人民法院开庭审理本案。

双方争论的焦点是：第一，被告付款的条件是否成就；第二，买卖合同总价款中是否应扣除安装费。

原告空调公司主张：1. 被告的付款条件已经成就，被告应当支付剩余货款。被告在庭审中多次提出，由于业主济南万达公司没有付款，因此，根据原被告的约定，其也应当相应延迟支付剩余货款。根据"谁主张，谁举证"的原则，被告应当对此承担举证责任。但是，被告对此争议只是举出了自己单方出具的催款通知等，并没有有效证据证明业主没有付款。根据原告提供的证据，业主向原告书面证明其已经全部甚至超额向被告支付了货款。2. 被告在庭审中提出原告在该项目中应当尽安装义务的主张篡改合同本意，不应得到支持。原告安装空调仅仅是提供技术支持，合同总价款中不包括安装费用。原告履行合同义务后，多次与被告协商剩余货款的支付，被告一直没有提出关于安装方面的异议，而是多次承认尚欠原告货款，被告于2004年7月出具承认欠原告货款626,960元的证明对该事实能够予以佐证。被告在双方协商付款期间从来没有提出安装问题，而且在举证期间没有提供证据证明原告没有尽到安装义务。因此，被告的这一主张完全是为了逃避付款义务而进行的狡辩，而且原、被告签订的服务承诺一览表约定：所谓合同中的安装、调试、试运行项目的内容是为安装、调试和试运行提供技术支持，因此，原告已经完成约定的义务。根据合同第三条第二项约定，设备安装、调试、试运转完成交付使用后，被告应退还原告履约保函。被告已经于2003年8月退还了原告的履约保函，从被告的这一行为可以推知，原告已经履行了合同约定的设备安装、调试、试运转的技术支持义务。

原告提交了以下证据：

1. 被告发给原告的中标通知书，证明原告与被告直接产生合同关系，与济南万达公司没有直接联系，原告中标的合同金额为156万元；

2. 原、被告签订的济南万达商业广场工程合同书，证明原、被告之间的合同合法有效，双方的权利义务约定明确；

3. 济南万达公司发给原告的《关于拆除设备的通知》复函，证明济南万达商业广场工程已竣工验收合格，济南万达公司已经按合同约定足额甚至超额向被告支付了济南万达商业广场工程款，被告应当按约定向原告支付货款；

4. 原告的售后服务登记表，证明用户对原告供应的空调设备没有异议，也没有提出原告未尽安装义务；

5. 2004年7月15日被告出具的对账函，证明被告对原告的销售、安装行为没有提出异议，承认尚欠原告货款626,960元；

6. 合同后附的服务承诺一览表，证明空调安装、调试、试运行是指为空调安装、调试和试运行提供技术支持，而不是由原告进行安装；

7. 律师收费发票一份，证明原告已缴纳律师代理费3万元。

被告冶金公司辩称，双方合同约定济南万达公司根据被告与中标厂家约定的付款方式、期限向被告付款后，被告再向中标厂家付款。由于济南万达公司未向被告付款，所以被告向原告付款的条件未成就。被告认为合同总价款中包括具体的安装费用，应当扣除安装费。

被告提交了以下证据：

1. 原、被告签订的买卖合同；

2. 2003 年 1 月 10 日原告的商务承诺函一份，证明被告向原告支付货款须以济南万达公司向被告支付货款为前提；

3. 2002 年 9 月 8 日济南万达公司与被告签订的补充协议一份，证明内容同证据 2；

4. 2003 年 9 月 1 日被告发给济南万达公司要求拨付工程款的请求报告、2003 年 9 月 11 日的申请报告、2003 年 9 月 25 日的工作联系单，证明被告向济南万达公司催要工程款，济南万达公司没有支付；

5. 被告与济南万达公司签订的确定函，证明原告中标是济南万达公司的意见，不是被告的意见；

6. 被告与鞍山某空调机电设备安装有限公司签订的空调末端安装协议书，证明被告在 2003 年 6 月另外找单位进行了安装；

7. 2004 年 5 月 10 日的工程结算书，证明被告另外支付安装费 120,394 元。

2005 年 10 月 18 日，济南市历下区人民法院作出（2004）历民初字第 3657 号民事判决。法院认为，原、被告争议的第一个焦点问题是被告付款的条件是否成就。原、被告签订的合同中约定济南万达公司如迟延向被告付款，被告可迟延向原告付款。原告提供的济南万达公司《关于拆除设备的通知》的复函表明，济南万达公司已经向被告支付了空调设备款，被告虽对此否认，但未提供证据证实。因此，被告向原告付款的条件已经成就。原、被告争议的第二个焦点问题是总价款中是否应扣除安装费。原、被告签订的合同中约定总价款中包括安装费，原告主张此处的安装仅仅是提供技术支持，被告主张应是具体的安装。《合同法》第一百二十五条规定，当事人对合同条款理解有争议的，应当按照合同所使用的词句、合同的有关条款、合同的目的、交易习惯以及诚实信用原则，确定该条款的真实意思。原、被告签订的合同中对交货时间、地点、付款时间、质量及验收、逾期交货和付款的违约责任均作了详细具体的约定，而对“安装”仅在合同第三条第二项作了“合同总价中包含设备、安装、调试、运输、保险、关税、税金”的约定，并没有具体约定安装的期限，也没有约定逾期安装的违约责任。在“质量和验收”条款中，仅仅约定了所供设备的质量标准，没有安装的标准要求，而且 2004 年 7 月 15 日被告给原告的信函中没有提及安装费的问题，而是认可欠款 626,960 元；在被告收到原告的起诉状后于 2004 年 12 月 2 日提交的书面答辩状中也没有涉及该问题。因此，原、被告签订的工程合同实际是空调末端设备的买卖合同，合同总价款中不包括具体的安装费用。被告辩称应当从总价款中扣除安装费，证据不足，理由不充分，法院不予采信。质量保证金由于履行期已届满，被告应向原告支付。综上所述，原、被告签订的合同合法有效，双方均应按合同约定履行各自的义务。被告在原告按约履行供货义务后，不按合同约定的时间付款构成违约，除向原告支付本金外，还应按合同约定支付违约金。原告要求被告赔偿律师代理费，于法无据，法院不予支持。根据《合同法》第一百零七条、第一百零九条的规定，判决如下：

1. 被告冶金公司于本判决生效之日起 10 日内支付原告空调公司设备款 626，960 元；

2. 被告冶金公司于本判决生效之日起 10 日内支付原告空调公司违约金（自 2003 年 8 月 8 日至本判决生效之日，以欠款 548，960 元按银行同期贷款利率计算）；

3. 被告冶金公司于本判决生效之日起 10 日内支付原告空调公司违约金（自 2005 年 9 月 7 日至本判决生效之日，以欠款 78，000 元按银行同期贷款利率计算）；

4. 驳回原告空调公司要求被告冶金公司赔偿律师代理费的诉讼请求。

案件受理费 14，220 元，由被告冶金公司负担。如不服本判决，可在判决书送达之日起 15 日内，向本院递交上诉状，上诉于山东省济南市中级人民法院。

**四、二审辩论和裁判**

2005 年 10 月 28 日，冶金公司不服济南市历下区人民法院作出的(2004)历民初字第 3657 号民事判决，向济南市中级人民法院提起上诉。

冶金公司上诉称，原审判决认定事实不清，适用法律不当，程序不合法。上诉人从空调公司购买空调设备是为了将工程变为实际建筑物，不是转手再销售，因此，必然要求由被上诉人具体实施空调设备的安装。空调公司没有实施安装，冶金公司又找了鞍山某空调机电设备安装有限公司安装空调设备，当然应当从空调公司总价款中扣除安装费。

空调公司辩称，原审判决认定事实清楚，适用法律正确，程序合法。1. 上诉人与被上诉人订立有合法有效的合同，合同约定了价款和付款期限，上诉人 2004 年

7月15日的函件中也明确表示，尚欠被上诉人货款626,960元。原审判决正是依据上述事实作出的判决。2.上诉人提出应当从合同总价款中扣除设备安装费用，不应得到支持。双方证据均证明，上诉人对所欠货款626,960元没有异议，被上诉人多次去函催要，上诉人均以万达公司没有付款为由拒绝。2004年7月，被上诉人被迫到上诉人处对账，上诉人承认尚欠被上诉人货款626,960元。在此期间，上诉人从来没有提出过扣除安装费的问题，并且在一审答辩状中也没有提出这一问题。因此，上诉人提出应当从合同总价款中扣除设备安装费用是无理取闹，该主张不应得到支持。另外，合同明确约定了安装的术语含义，即上诉人与被上诉人签订的是空调末端设备买卖合同，不是安装合同，合同中没有专门的安装条款，在合同所附的服务承诺一览表中明确约定了服务项目及内容，服务项目是安装、调试、试运行，服务内容是为安装、调试、试运行提供技术支持，而不是具体的安装，该一览表是合同的有机组成部分，是双方认可的。根据《合同法》第一百二十五条的规定，对合同条款理解有争议的，应当按照合同的目的、交易习惯以及诚信原则确定。本合同的目的是上诉人购买货物，被上诉人提供货物，因此，应当按照买卖合同来理解，而不应当按照安装合同理解。被上诉人对其提供的空调末端设备不负有法定的具体安装义务，也不负有约定的具体安装义务，因此，上诉人少支付货款是无理的。上诉人提交的其与鞍山某空调机电设备安装有限公司的工程结算书，与本案没有法律关系，而且在一审举证期限内没有提交，二审不予质证。3.上诉人应当承担违约金。上诉人提出没有违约，不支付货款的原因是付款条件未成就即万达公司延期付款，但上诉人对此没有提供有效证据予以证明。被上诉人提供证据证明济南万达公司已经全额甚至超额支付了该项工程款。因此，上诉人付款的条件早已成就，上诉人应当承担违约责任。4.上诉人上诉的目的是拖延付款、不履行合同义务。综上，一审判决认定事实清楚，适用法律准确，程序合法，应予维持，请依法驳回上诉。

2006年1月13日，济南市中级人民法院出具(2005)济民二终字第674号民事调解书。

经审理查明，2003年1月20日，空调公司与冶金公司签订济南万达商业广场工程合同书，冶金公司订购空调公司的空调末端设备，用于其承建的济南万达商业广场工程，合同总金额为156万元。合同约定：冶金公司在7个工作日内支付

20%的预付款,货到现场经冶金公司确认后支付40%的货款,设备安装调试试运转24小时并经验收合格后支付35%的货款,剩余5%的货款在2年的保修期满后1个月内付清;合同总价中包括设备、安装、调试、运输、保险、关税、税金;冶金公司若延期付款,应按银行同期贷款利率向空调公司支付违约金;如因业主方面付款延迟,冶金公司同时相应延迟向空调公司付款。2003年3月13日和4月30日,双方又签订补充协议,增加设备款7400元。空调公司供应的空调末端设备于2003年8月6日通过验收。合同履行期间,冶金公司于2003年2月20日、6月16日,分别支付货款312,000元、628,440元,共计940,440元。因冶金公司未支付剩余货款,空调公司提起诉讼。

本案在审理过程中,经法院主持调解,双方当事人自愿达成如下协议:

1. 上诉人冶金公司欠被上诉人空调公司货款626,960元,上诉人冶金公司于2006年1月25日前将该款一次性支付给被上诉人空调公司。

2. 其他问题双方互不追究。

3. 本案一、二审案件受理费各14,220元,均由上诉人冶金公司负担。因被上诉人空调公司已预交一审案件受理费14,220元,上诉人冶金公司在履行本协议第一项付款义务时,一并将该款支付给被上诉人空调公司。

4. 如上诉人冶金公司未按本协议约定足额按期履行付款义务,双方同意由被上诉人空调公司按原审判决申请强制执行。

上述协议符合有关法律规定,法院予以确认。本调解书经双方当事人签收后即具有法律效力。

**五、结案评析**

1. 在本案中,被告冶金公司寻找借口拖延支付货款。买方冶金公司提出付款条件未成就、合同总价款中应扣除安装费的理由,没有证据支持,所以,法院判决冶金公司必须按照合同约定支付货款。

2. 在二审期间,原告、被告和解是互利双赢。原告空调公司为了收回货款,主动放弃了冶金公司迟延付款的约定利息。被告冶金公司少付迟延付款的约定利息,但必须立即付款给空调公司。调解结果虽是空调公司无奈之举,但省去了执行判决的麻烦,最终实现了双方互利双赢。

## 六、相关法条

**1.《合同法》(1999年3月15日公布)**

第一百零七条[①] 当事人一方不履行合同义务或者履行合同义务不符合约定的,应当承担继续履行、采取补救措施或者赔偿损失等违约责任。

第一百零九条[②] 当事人一方未支付价款或者报酬的,对方可以要求其支付价款或者报酬。

第一百二十五条[③] 当事人对合同条款理解有争议的,应当按照合同所使用的词句、合同的有关条款、合同的目的、交易习惯以及诚实信用原则,确定该条款的真实意思。

第一百六十一条[④] 买受人应当按照约定的时间支付价款。对支付时间没有约定或者约定不明确,依照本法第六十一条的规定仍不能确定的,买受人应当在收到标的物或者提取标的物单证的同时支付。

**2.《民事诉讼法》(1991年4月9日公布)**

第三十八条[⑤] 人民法院受理案件后,当事人对管辖权有异议的,应当在提交答辩状期间提出。人民法院对当事人提出的异议,应当审查。异议成立的,裁定将案件移送有管辖权的人民法院;异议不成立的,裁定驳回。

---

① 对应《民法典》第五百七十七条。

② 对应《民法典》第五百七十九条:“当事人一方未支付价款、报酬、租金、利息,或者不履行其他金钱债务的,对方可以请求其支付。”

③ 对应《民法典》第一百四十二条:“有相对人的意思表示的解释,应当按照所使用的词句,结合相关条款、行为的性质和目的、习惯以及诚信原则,确定意思表示的含义。无相对人的意思表示的解释,不能完全拘泥于所使用的词句,而应当结合相关条款、行为的性质和目的、习惯以及诚信原则,确定行为人的真实意思。”第四百六十六条第一款:“当事人对合同条款的理解有争议的,应当依据本法第一百四十二条第一款的规定,确定争议条款的含义。”

④ 对应《民法典》第六百二十八条:“买受人应当按照约定的时间支付价款。对支付时间没有约定或者约定不明确,依据本法第五百一十条的规定仍不能确定的,买受人应当在收到标的物或者提取标的物单证的同时支付。”

⑤ 对应《民事诉讼法》(2021年12月24日修正)第一百三十条。

# 案例七　济南某纺织公司买卖合同纠纷案

2005—2007 年，本案经江苏省盐城市亭湖区人民法院一审、盐城市中级人民法院二审结案。

## 一、焦点问题

1. 买卖合同约定的履行地和实际履行地不一致，如何确定诉讼管辖法院？

2. 卖方所供坯布是否存在质量问题？

3. 原、被告签订的买卖合同是否应当解除？如法院判决解除买卖合同，买卖双方的货物和损失应当如何处理？

## 二、当事人诉求

原告：盐城某印染有限公司（以下简称盐城印染公司）

被告：济南某纺织有限公司（以下简称济南纺织公司）

委托代理人：徐贵一，山东齐鲁律师事务所律师

2005 年 7 月 15 日，原告盐城印染公司向江苏省盐城市亭湖区人民法院提交诉状。诉求：1. 依法解除原、被告双方于 2005 年 5 月 27 日签订的买卖合同，判令被告立即返还原告已支付的货款 20 万元，原告返还被告坯布；2. 判令被告承担原告坯布染色费 150,410.58 元及利润损失 84,990 元，合计 235,400.58 元；3. 判令被告承担本案的诉讼费用。

原告诉称，2005 年 5 月 27 日，盐城印染公司与济南纺织公司签订买卖合同，合同约定：济南纺织公司供给盐城印染公司全棉精梳高密夫绸坯布 57,936.38 米，单价 6.55 元/米，总金额 379,483.29 元；质量标准为国标一等品；交提货方式、地点为需方仓库并按需方通知发货；检验标准、方法、地点及期限为收货抽验合格后投坯，但染色后有坯布质量问题，供方包修、换、赔。如果因违约给对方造成损

失,依法赔偿。合同还对其他事项作了约定。

合同签订后,盐城印染公司按约支付货款 20 万元。济南纺织公司应盐城印染公司要求于 2005 年 5 月 31 日将坯布发到无锡某印染公司(以下简称无锡印染公司),无锡印染公司出具了收条。无锡印染公司对全部坯布进行了印染,在印染过程中,盐城印染公司发现坯布存在质量问题并与济南纺织公司联系,济南纺织公司安排质检员到无锡印染公司,认可部分坯布存在质量问题。2005 年 6 月 16 日,盐城印染公司发函给济南纺织公司要求另发好坯布 1 万米前来补数。2005 年 6 月 18 日,济南纺织公司应盐城印染公司要求发给无锡印染公司坯布 10,533.89 米。后盐城印染公司在染色过程中发现济南纺织公司发来的第一批坯布仍然存在质量问题,便暂停染色,并送有关部门检测。2005 年 7 月 11 日,盐城印染公司委托盐城市纤维检验所对济南纺织公司所供坯布进行检验。2005 年 7 月 14 日,盐城市纤维检验所出具检验报告,结论为全棉磨毛夫绸坯布不符合《棉印染布》(GBT 411—1993)中一等品的规定要求,判定该批产品不合格。盐城印染公司称,在与济南纺织公司签订合同前后,分别与无锡印染公司、威海某服装厂(以下简称威海服装厂)签订了印染合同和印染布买卖合同。由于济南纺织公司的坯布质量问题造成原告不能按约向威海服装厂提供印染布,造成原告可得利益损失 84,990 元。盐城印染公司与济南纺织公司经协商未能达成协议,盐城印染公司遂诉至江苏省盐城市亭湖区人民法院。

**三、管辖权异议**

2005 年 7 月 31 日,被告济南纺织公司向盐城市亭湖区人民法院提交管辖异议申请书。

被告济南纺织公司认为,盐城印染公司诉我公司买卖合同纠纷一案,盐城市亭湖区人民法院没有管辖权。事实与理由如下:2005 年 5 月 27 日双方签订的购销合同约定,卖方公司负责送货,价格含运费;履行地为济南或盐城。合同签订后,盐城印染公司告知送货地点改为无锡印染公司仓库,我公司按要求把货送到无锡印染公司,有无锡印染公司的仓库收条为证。按照司法解释规定,购销合同的双方当事人在合同中约定了履行地点或交货地点,但实际履行中变更约定地点的,以变更后的地点确定合同履行地;购销合同的实际履行地点与合同中约定的交货地点不一致的,以实际履行地点为合同履行地。综上所述,盐城市既不是本案的履行地也不是被告所在地,请法院裁定将此案移交到有管辖权的济南市人民法院审理。

原告盐城印染公司答辩认为,被告济南纺织公司所提管辖权异议无事实依据。原告盐城印染公司从未告知和要求被告变更合同履行地点,被告提供的证据与本案毫无关联。事实上,我公司与被告之间是严格按照双方合同约定的交货地点交接货的,被告将货直接送到我公司仓库,我公司出具了收条,现该收条在被告处。根据《最高人民法院关于在确定经济纠纷案件管辖中如何确定购销合同履行地问题的规定》第二条之规定:"当事人在合同中明确约定了履行地点或交货地点,但在实际履行中以书面方式或双方当事人一致认可的其他方式变更约定的,以变更后的约定确定合同履行地。当事人未以上述方式变更原约定,或者变更原合同而未涉及履行地问题的,仍以原合同的约定确定履行地。"盐城印染公司与被告之间从未以书面方式或其他方式约定变更履行地点或交货地点,故仍应依据双方约定的履行地点作为合同履行地。综上,盐城印染公司认为双方在购销合同中明确约定了交货地点为需方仓库(盐城),该约定真实、合法、有效,应当以该约定的地点作为购销合同履行地,故盐城市亭湖区人民法院对该案依法享有管辖权。

2005 年 9 月 12 日,盐城市亭湖区人民法院作出(2005)亭民二初字第 362 号民事裁定。法院认为,2005 年 5 月 27 日,双方签订了一份购销合同,合同中约定了履行地为济南或盐城,该合同是双方当事人真实意思的表示,合同中明确约定了交货地点为需方仓库(盐城印染公司仓库)。济南纺织公司未能提供证据证明双方在合同的实际履行中以书面方式或双方当事人一致认可的其他方式变更了合同履行地。盐城印染公司的仓库所在地为盐城市亭湖区,故亭湖区人民法院对本案有管辖权。故法院依据《民事诉讼法》第三十八条的规定,裁定驳回被告济南纺织公司对本案提出的管辖权异议。

济南纺织公司不服盐城市亭湖区人民法院作出的(2005)亭民二初字第 362 号民事裁定,向盐城市中级人民法院提起上诉。上诉理由:双方在履行合同过程中,送货地点改为无锡市,实际履行地在无锡市。上诉人的住所地在济南市。因此,盐城市亭湖区人民法院对本案不具有管辖权。请求二审法院依法裁定由济南市历下区人民法院管辖。

2005 年 10 月 25 日,盐城市中级人民法院作出(2005)盐立民终字第 0107 号民事裁定。法院认为,本案系买卖合同纠纷,根据法律规定,由合同履行地或者被告住所地人民法院管辖。本案中,双方于2005年5月27日签订的购销合同第四条约定的交货地点为需方仓库(盐城印染公司仓库),盐城印染公司的住所地、合同履行地都在盐城市亭湖区境内,因此盐城市亭湖区人民法院具有管辖权。上诉人济南纺织公司认为双方协商一致变更了合同约定的交货地点,所提供的证据不足。上诉人济南纺织公司的上诉理由不能成立,对其上诉请求法院不予支持。依照《民事诉讼法》第154条之规定,裁定如下:驳回上诉,维持原裁定。

**四、一审辩论和裁判**

盐城市亭湖区人民法院于2005年11月18日、2006年4月7日两次开庭审理本案。

法院认为,本案的争议焦点有两个:第一,被告济南纺织公司供货的坯布是否合格;第二,原告盐城印染公司是否享有合同解除权。

原告盐城印染公司认为,被告济南纺织公司供货的坯布存在严重的质量问题。经盐城市纤维检验所检验,该批坯布的质量不符合国标一等品标准,被告的违约行为造成了原告经济损失,请求解除合同、退货退款、赔偿损失。

被告济南纺织公司认为:1. 原告的起诉没有事实和法律依据。被告交付的坯布总体上是合格的,并不构成违约。根据代收代检单位无锡印染公司出具的检验抽查报告单显示,坯布质量都符合国标一等品标准。后在原告提出小部分坯布质量不符合约定、要求被告再补发1万米坯布的情况下,被告及时补换了1万多米坯布给原告,将合同履行完毕。原告由于自己的过错在收货后没有验货,直接将全部坯布加工成染色布,此时抽检坯布质量也已成为不可能。2. 原告并无证据证明现存于无锡印染公司仓库的染色布是由被告供货的坯布加工成的,且适用染色布检验标准对坯布进行检验也无法律依据。2005年8月,被告为了公司声誉和为客户负责,委托江苏省纤维检验所对原告存于无锡印染公司的染色布进行质量检验,当纤维检验所的三名检验人员到达现场时,无锡印染公司称货已被原告提走,印染费也结清,经察看仓库也确实未发现有这批货,被告只好向江苏省纤维检验所退办了委托检验手续。2006年2月28日,原告领着法官和被告到无锡印染公司仓库察看存放的染色布是否被告提供的坯布加工而成,说明原告并没有提走染色布,这形成前后矛盾的事实。3. 原告是恶意诉讼,原告起诉的真正原因是染色布的市场价格在2005年7月起诉时比2005年5月签订合同时降低了,原告作为中间商可能会赔钱才要求解除合同、退货退款。4.原告要求被告承担可得利益损失84,990元是虚构事实。被告提供威海市工商行政管理局于2005年12月7日出具的证明一份,证明经工商局查询,没有原告提供的威海服装厂的工商登记信息,原告要求的可得利益损失84,990元证据不足。综上,被告要求原告立即支付剩余的货款248,480.28元及延期付款的利息。

2006年7月19日,盐城市亭湖区人民法院作出(2005)亭民二初字第362号民事判决。法院认为,第一,被告所供坯布存在1万米的质量问题。理由:1. 2005年6月16日,原告盐城印染公司发函给被告济南纺织公司,在函件中明确提出被告供给原告的全棉精梳高密夫绸坯布在染色后发现质量问题,要求被告补发1万米的坯布补救,被告应原告的要求补发了10,533.89米的坯布进行补救,被告以行为认可供给原告的坯布有1万米存在质量问题。2.原告盐城印染公司在坯布染色后出现质量问题时向被告提出,被告安排质检人员到场,质检人员当场也认可2000多米坯布有质量问题。3.原告委托盐城市纤维检验所进行鉴定,2005年7月14日,该所出具检验报告,结论为全棉磨毛夫绸坯布不符合《棉印染布》(GBT 411—1993)中一等品的规定要求,判定该批产品不合格。以上事实相互印证,本院可以确认,被告供给原告的坯布有1万米不符合合同约定的质量要求。第二,不符合质量的1万米坯布加工成染色布的加工费24,500元由被告济南纺织公司承担。理由:原、被告双方在合同中明确约定收货抽验合格后投坯,但如染色后有坯布质量问题,济南纺织公司负责包修、换、赔。第三,原告要求解除双方于2005年5月27日签订的买卖合同,被告应立即返还原告已支付的货款20万元,原告返还坯布的诉讼请求,法院不予支持。理由:双方签订合同后,被告按约履行了供货义务,原告也按约支付了部分货款,双方均按合同履行。后原告在投坯印染后发现1万米坯布有质量问题,要求被告增加发货补救,该事实可以确认原告选择了要求被告采取更换有质量问题的坯布的方式承担违约责任,被告也补发了1万米坯布。原告收到被告补发的1万米坯布后,无锡印染公司未进行印染,被无锡印染公司直接抵充原告所欠的印染加工费而转卖了,无锡印染公司的行为应视为原告的行为。第四,原告要求被告承担可得利益损失84,990元不予支持。理由是:2005年12月7日,威海市工商行政管理局出具证明,没有威海服装厂的工商登记信息,所以原告要求的可得利益损失84,990元证据不足。

综上,依据《合同法》第60条、第107条之规定,判决如下:

1. 被告济南纺织公司在本判决生效后10日内赔偿原告盐城印染公司印染费24,500元。

2. 驳回原告盐城印染公司其他的诉讼请求。

如不服本判决,可在收到本判决之日起15日内上诉于盐城市中级人民法院。

**五、二审辩论和裁判**

原告盐城印染公司不服盐城市亭湖区人民法院(2005)亭民二初字第362号民事判决,向盐城市中级人民法院提起上诉,请求二审法院撤销一审判决,并支持其一审全部诉讼请求。

2007年2月12日,盐城市中级人民法院开庭审理本案。

盐城印染公司上诉称,第一,一审判决认定事实不清,一审判决认定被上诉人济南纺织公司所供坯布仅存1万米的质量问题明显错误。理由:1. 被上诉人后调的1万米坯布未能补救第一批布严重的质量问题,并直接造成第三方取消订单。2. 上诉人提交的质检报告,可以印证被上诉人提供的全部坯布不符合双方合同约定的质量要求。3. 根据纺织品质量检验规则,布匹类产品检验采取"抽检综合判定法",即使按照被上诉人的自认,在57,936.38米坯布中有1万米不合格,按检验标准应综合判定该批坯布为不合格。被上诉人因未能按约提供符合质量要求的坯布属于根本违约,上诉人有权主张解除双方买卖合同,要求返还已付20万元。4. 上诉人要求被上诉人赔偿可得利益损失84,990元的事实清楚,证据确凿,有第三方威海服装厂营业执照复印件为证。上诉人作为与威海服装厂买卖合同的卖方并无法定义务审查买方的法人资格情况,买方是否具备合法经营主体资格,并不影响该买卖合同的效力,威海服装厂即使未参加年检应承担的也是行政责任。第二,由于一审法院认定事实有误,最终导致适用法律不当。综上,上诉人认为,一审判决认定事实不清,适用法律错误,该判决明显有失公允,应予纠正。

被上诉人济南纺织公司辩称,一审判决事实清楚,适用法律得当,请求维持一审判决。

2007年2月12日,盐城市中级人民法院作出(2006)盐民二终字第0234号民事判决。法院认为,在二审中,上诉人申请对现存于无锡印染公司的49,579米印染布是否存在质量问题及是否符合合同约定进行司法鉴定，本院依法予以准许，委托了江苏省产品质量监督检验中心进行了司法鉴定，鉴定报告结论为：1. 被鉴定的印染布的坯布存在破洞、断经、横档等质量问题；2. 被鉴定的印染布的坯布不符合《棉本色布》（GB/T 406）标准规定的一等品要求。本院认为此鉴定结论可以作为定案的证据，可以确认该49,579米印染布的坯布存在质量问题且作为整体不符合合同约定的质量标准，被上诉人济南纺织公司已经构成根本违约，上诉人盐城印染公司依法享有合同解除权。根据双方合同约定，被上诉人济南纺织公司负有如印染后坯布存在质量问题保修、换、赔的义务。根据查明的事实，济南纺织公司所供坯布确实存在质量问题，济南纺织公司应承担相应责任，其中包括印染费的损失。但是，上诉人盐城印染公司因对自身义务的违反，应自行承担部分印染费损失，故济南纺织公司只应承担部分印染费的损失。关于可得利益损失，因上诉人盐城印染公司与威海服装厂订立的合同真实性不能得到证实，故上诉人盐城印染公司主张可得利益损失证据不足，法院不予支持。据此，依照《合同法》第六十条、第九十七条、第一百一十九条、第一百四十八条，《民事诉讼法》第一百五十三条第三项之规定，判决如下：

1. 撤销亭湖区人民法院（2005）亭民二初字第362号民事判决书。

2. 本院确认上诉人盐城印染公司与被上诉人济南纺织公司于2005年5月27日签订的买卖合同解除。

3. 被上诉人济南纺织公司返还上诉人盐城印染公司货款20万元，赔偿上诉人盐城印染公司印染费损失60,734.645元；上诉人盐城印染公司应返还被上诉人济南纺织公司18,890.97米全棉精梳高密夫绸价款123,735.85元，并将49,579米印染布返还给济南纺织公司。

4. 驳回上诉人盐城印染公司的其他诉讼请求。

## 六、结案评析

1. 合同当事人在订立合同时，应该明确约定合同的履行地，约定的交货地点与履行地点不能冲突，在发生纠纷时能有效解决管辖问题，维护自己的合法权益。本案中，被告济南纺织公司主张按照原告盐城印染公司的通知将货物送到了无锡印染公司，并提供了收货证据，要求确认无锡为合同履行地。盐城印染公司主张济南纺织公司将货物先送到了盐城印染公司、又由盐城印染公司送到了无锡印染公司,要求确认盐城为合同履行地,但没有证据支持。由此可见,事实上有一方当事人说了假话,本案存在法院管辖权之争。根据本案证据,受理法院应当依法选择将案件移交被告所在地即济南市法院或合同履行地为无锡市法院审理。

2.《合同法》第148条规定:“因标的物质量不符合质量要求,致使不能实现合同目的的,买受人可以拒绝接受标的物或者解除合同。买受人拒绝接受标的物或者解除合同的,标的物毁损、灭失的风险由出卖人承担。”产品质量问题属于法定解除合同的理由。此案中,被告未能按约提供符合质量要求的坯布直接导致其根本违约,原告有权主张解除双方买卖合同,要求退货退款。

3. 原告盐城印染公司主张济南纺织公司赔偿其可得利益损失,诉求合法,但证据不足,还涉嫌伪造证据,因此,法院判决不支持原告诉求是正确的。

## 七、相关法条

**1.《合同法》(1999年3月15日公布)**

第六十条① 当事人应当按照约定全面履行自己的义务。

当事人应当遵守诚实信用原则,根据合同的性质、目的和交易习惯履行通知、协助、保密等义务。

第九十七条② 合同解除后,尚未履行的,终止履行;已经履行的,根据履行情况和合同性质,当事人可以要求恢复原状、采取其他补救措施,并有权要求赔偿损失。

第一百零七条③ 当事人一方不履行合同义务或者履行合同义务不符合约定的,应当承担继续履行、采取补救措施或者赔偿损失等违约责任。

第一百一十九条④ 当事人一方违约后,对方应当采取适当措施防止损失的扩大;没有采取适当措施致使损失扩大的,不得就扩大的损失要求赔偿。

当事人因防止损失扩大而支出的合理费用,由违约方承担。

---

① 对应《民法典》第五百零九条。

② 对应《民法典》第五百六十六条。

③ 对应《民法典》第五百七十七条。

④ 对应《民法典》第五百九十一条。

第一百四十八条[①] 因标的物质量不符合质量要求，致使不能实现合同目的的，买受人可以拒绝接受标的物或者解除合同。买受人拒绝接受标的物或者解除合同的，标的物毁损、灭失的风险由出卖人承担。

第一百五十七条[②] 买受人收到标的物时应当在约定的检验期间内检验。没有约定检验期间的，应当及时检验。

第一百五十八条[③] 当事人约定检验期间的，买受人应当在检验期间内将标的物的数量或者质量不符合约定的情形通知出卖人。买受人怠于通知的，视为标的物的数量或者质量符合约定。

当事人没有约定检验期间的，买受人应当在发现或者应当发现标的物的数量或者质量不符合约定的合理期间内通知出卖人。买受人在合理期间内未通知或者自标的物收到之日起两年内未通知出卖人的，视为标的物的数量或者质量符合约定，但对标的物有质量保证期的，适用质量保证期，不适用该两年的规定。

出卖人知道或者应当知道提供的标的物不符合约定的，买受人不受前两款规定的通知时间的限制。

**2.《民事诉讼法》(1991 年 4 月 9 日公布)**

第三十八条[④] 人民法院受理案件后，当事人对管辖权有异议的，应当在提交答辩状期间提出。人民法院对当事人提出的异议，应当审查。异议成立的，裁定将案件移送有管辖权的人民法院；异议不成立的，裁定驳回。

第一百五十三条[⑤] 第二审人民法院对上诉案件，经过审理，按照下列情形，

---

① 对应《民法典》第六百一十条："因标的物不符合质量要求，致使不能实现合同目的的，买受人可以拒绝接受标的物或者解除合同。买受人拒绝接受标的物或者解除合同的，标的物毁损、灭失的风险由出卖人承担。"

② 对应《民法典》第六百二十条。

③ 对应《民法典》第六百二十一条。

④ 对应《民事诉讼法》(2021 年 12 月 24 日修正)第一百三十条。

⑤ 对应《民事诉讼法》(2021 年 12 月 24 日修正)第一百七十七条："第二审人民法院对上诉案件，经过审理，按照下列情形，分别处理：(一)原判决、裁定认定事实清楚，适用法律正确的，以判决、裁定方式驳回上诉，维持原判决、裁定；(二)原判决、裁定认定事实错误或者适用法律错误的，以判决、裁定方式依法改判、撤销或者变更；(三)原判决认定基本事实不清的，裁定撤销原判决，发回原审人民法院重审，或者查清事实后改判；(四)原判决遗漏当事人或者违法缺席判决等严重违反法定程序的，裁定撤销原判决，发回原审人民法院重审。原审人民法院对发回重审的案件作出判决后，当事人提起上诉的，第二审人民法院不得再次发回重审。"

分别处理：

（一）原判决认定事实清楚，适用法律正确的，判决驳回上诉，维持原判决；

（二）原判决适用法律错误的，依法改判；

（三）原判决认定事实错误，或者原判决认定事实不清，证据不足，裁定撤销原判决，发回原审人民法院重审，或者查清事实后改判；

（四）原判决违反法定程序，可能影响案件正确判决的，裁定撤销原判决，发回原审人民法院重审。

当事人对重审案件的判决、裁定，可以上诉。

第一百五十四条① 第二审人民法院对不服第一审人民法院裁定的上诉案件的处理，一律使用裁定。

① 对应《民事诉讼法》（2021年12月24日修正）第一百七十八条。

# 案例八　济南星牌建材有限公司买卖合同纠纷抗诉案

2005—2007 年，本案历经济南市天桥区人民法院一审、济南市人民检察院抗诉、济南市天桥区人民法院再审，最终以济南市中级人民法院二审结案。

## 一、焦点问题

1. 原告与被告之间是否存在买卖关系？

2. 翟某某的行为是否属于被告建筑公司授权范围内的职务行为？

## 二、一审判决

原告：济南星牌建材有限公司（以下简称星牌公司）

被告：北京某建筑公司济南分公司（以下简称建筑公司）

被告：翟某某，北京某建筑公司济南分公司装饰门业项目部原经理

2005 年 6 月 7 日，济南市天桥区人民法院作出（2005）济天民二初字第 168 号民事判决，判决：1. 被告建筑公司于本判决生效之日起 10 日内偿付原告星牌公司货款 430,363.71 元。2. 被告建筑公司于本判决生效之日起 10 日内向原告星牌公司支付利息（以欠款额 430,363.71 元为基数，自 2005 年 3 月 21 日起按中国人民银行同期流动资金贷款利率计算至本判决生效之日止）。3. 驳回原告星牌公司对被告翟某某的诉讼请求。原告、被告均未上诉，一审判决发生法律效力。

## 三、检察院抗诉

2006 年 1 月，被告建筑公司向济南市人民检察院申请抗诉。

2006 年 5 月 26 日，济南市人民检察院作出济检民抗（2006）32 号民事抗诉书，向济南市中级人民法院提起抗诉。

检察院抗诉称，被告建筑公司因与原告星牌公司、被告翟某某买卖装饰材料

合同欠款纠纷一案,不服济南市天桥区人民法院(2005)济天民二初字第168号民事判决,向我院提出申诉,我院交天桥区人民检察院审查,该院经审查提请我院抗诉。我院对该案进行了审查,现已审查终结。

经审查,被告翟某某分别于2002年7月15日和2002年8月13日以被告建筑公司装饰门业项目部(以下简称装饰项目部)的名义与原告星牌公司签订买卖合同两份,约定由星牌公司向装饰项目部提供装饰材料。合同签订后,星牌公司按照合同约定向翟某某履行了供货义务,截至2003年3月25日,装饰项目部尚欠星牌公司材料款430,363.71元。2002年12月4日,建筑公司与装饰项目部签订一份内部承包协议。协议规定建筑公司对装饰项目部实行项目结算额承包经营,装饰项目部自主经营,独立核算,自负盈亏,并按施工结算值上交管理费。装饰项目部设项目经理一人,履行管理职责,其他管理人员和技术人员的安置由装饰项目部自主决定,报建筑公司备案。装饰项目部规定的权利义务为:装饰项目部应依法经营,维护建筑公司声誉,承担在承揽工程和施工经营过程中的一切民事责任。装饰项目部以项目部名义或经理个人名义在经营过程中发生的一切经济纠纷,均由装饰项目部承担责任。2002年12月15日,建筑公司以法人授权委托书形式,授权翟某某为签订经济合同代理人,其权限是洽谈工程、装饰、门业业务事宜,授权期限为半年(2002年12月15日—2003年6月15日)。因装饰项目部尚欠星牌公司材料款430,363.71元,为索要欠款,星牌公司诉至济南市天桥区人民法院。

2005年6月7日,济南市天桥区人民法院作出(2005)济天民二初字第168号民事判决。法院认为,星牌公司与建筑公司所属的装饰项目部签订的合同系双方当事人真实意思的表示,符合法律规定,应受法律保护。翟某某提交的内部承包协议、关于项目部财务管理补充协议及法人授权委托书可以证明建筑公司授权翟某某作为装饰项目部的经理,进行装饰门业的经营活动。翟某某以建筑公司装饰项目部的名义与星牌公司发生的行为属于授权范围内的职务行为,翟某某在本案中不承担民事责任,该合同所产生的债权债务应由建筑公司承担,即合同签订后建筑公司装饰项目部的欠款由建筑公司承担清偿责任。星牌公司请求判令建筑公司偿付欠款,事实清楚,证据充分,法院予以支持。星牌公司请求判令建筑公司自欠款之日起按日2.1‰支付利息,其计算比率没有法律依据,应自向法院起诉主张权利之日起按中国人民银行同期贷款利率计算利息，由建筑公司支付给星牌公司。判决建筑公司于本判决生效之日起10日内偿付星牌公司货款430,363.71元，并支付利息（以欠款额430,363.71元为基数，自2005年3月21日起按中国人民银行同期流动资金贷款利率计算至本判决生效之日）。

检察院认为，济南市天桥区人民法院作出（2005）济天民二初字第168号民事判决认定2002年12月4日之前的债务由建筑公司承担的主要证据不足。根据卷宗材料，翟某某向法院提交的法人授权委托书、内部承包协议和项目部财务管理书的时间分别是2002年12月5日、2002年12月4日和2002年12月4日。星牌公司提交的与翟某某签订的两份买卖合同的时间分别是2002年7月15日和2002年8月13日。星牌公司提交的装饰项目部欠款表中证实，2002年7月13日至2002年11月14日，装饰项目部实际欠款390,967.48元，2002年12月4日至2003年1月16日实际欠款39,496.23元。从欠款发生的时间明显看出390,967.48元欠款是发生在建筑公司与装饰项目部签订的承包协议和法人授权委托书之前，翟某某欠星牌公司的装饰材料款完全是其个人行为，与建筑公司无关。因此原判决认定翟某某以建筑公司装饰项目部的名义与星牌公司发生的行为属于授权范围内的职务行为，认定事实的主要证据不足。

综上所述，济南市天桥区人民法院（2005）济天民二初字第168号民事判决认定事实的主要证据不足。依照《民事诉讼法》第一百八十五条第一款第一项的规定，向济南市中级人民法院提出抗诉，请依法再审。

2006年7月6日，济南市天桥区人民法院作出（2006）济天民抗字第3号民事裁定。裁定如下：

1. 本案由本院另行组成合议庭进行再审；

2. 再审期间，中止原判决的执行。

**四、再审辩论和裁决**

抗诉机关：济南市人民检察院

原审原告：济南星牌建材有限公司

委托代理人：徐贵一，山东齐鲁律师事务所律师

原审被告：北京某建筑公司济南分公司

原审被告：翟某某，北京某建筑公司济南分公司装饰门业项目部原经理

委托代理人：王义松，山东平正大律师事务所律师

济南市天桥区人民法院于2006年8月17日、2006年9月5日两次开庭再审本案。

法院认为，双方争议的焦点问题有两个：一是原告星牌公司与被告建筑公司之间是否发生过业务关系；二是翟某某与原告发生的行为是否属于被告建筑公司授权范围内的职务行为。

原告星牌公司再审诉称：我公司与被告建筑公司于2002年发生业务，由被告下属单位装饰项目部购买我公司建筑材料。原告提交了被告建筑公司项目部付款的进账单和明细表，证明被告装饰项目部的付款情况。截至2003年3月25日，经双方对账，被告建筑公司共欠我公司货款430,363.71元，证据是被告建筑公司装饰项目部出具的欠款表一份。我公司多次催要未果，故诉至法院，请求判令被告偿付货款430,363.71元，并支付逾期付款利息。济南市天桥区人民法院（2005）济天民二初字第168号民事判决认定事实清楚，证据充分，适用法律得当，原判决是完全正确的。

被告建筑公司再审辩称，被告建筑公司从未与原告发生过业务关系，被告装饰项目部的公章从未出现过，也未在有关部门备案，属于私自刻制，我公司从未收到过原告的建筑材料，也从未支付货款，被告翟某某并非我公司的职工。请求法院查明事实依法驳回原告的诉讼请求。原审判决中无任何证据证明2002年7月13日至2002年11月14日翟某某是我公司的工作人员，也无证据证明该项目部的公章是我公司授权翟某某刻制，因此，原判决认定翟某某以装饰项目部的名义与原告发生的行为属于授权范围之内的职务行为、不承担民事责任是错误的。两份买卖合同都是在我们授权之前签订的，债务也是在我们授权之前产生的，法院认为翟某某的行为属于我公司授权范围之内没有依据。济南市工商局出具证明证实该项目部的公章从来没有刻制过，属于翟某某的个人行为。应驳回原审原告的诉讼请求。

被告翟某某再审辩称：第一，其承包项目部的时间是2002年12月，本案涉及的两份合同发生的时间是2002年7月、8月，从时间对比上看，这两个买卖合同发生在翟某某承包项目部之前。在翟某某承包项目部之前，翟某某的身份是建筑公司装饰项目部的负责人，翟某某签订涉案两份合同正是履行职务行为。第二，翟

某某购买的原材料用于建筑公司在齐鲁软件园的工地,而齐鲁软件园工程恰恰是建筑公司的业务,有当初的工程分包合同作为证据,所以翟某某履行的是职务行为,不应当对本案债务承担个人责任。翟某某还提交中国人民银行开户许可证、交通银行开户申请书、银行预留印鉴卡、分包协议、送货单、业务单,以及建筑公司曾在历下区人民法院起诉翟某某的起诉状和(2005)历民初字第1921号民事判决书,以证明其主张。

2006年11月1日,济南市天桥区人民法院作出(2006)天民再初字第14号民事判决。

再审查明的事实与原审查明的事实基本一致。

原审查明,2002年7月15日和2002年8月13日,原告与被告建筑公司装饰项目部签订买卖合同两份,由原告向被告装饰项目部提供装饰材料。合同签订后,原告按照合同约定向被告履行了供货义务,至2003年3月25日,被告装饰项目部尚欠原告430,363.71元,有被告装饰项目部出具的欠款表一份。被告翟某某提交被告建筑公司授权委托书,证明被告翟某某是在被告建筑公司授权下进行装饰门业业务,期限为2002年12月15日至2003年6月25日。被告建筑公司认可被告翟某某为其单位成立的项目部经理,被告翟某某的行为系职务行为。被告翟某某提交内部承包协议和关于项目部财务管理补充协议,证明被告建筑公司明知装饰项目部的存在。被告建筑公司认为需核实被告翟某某提供的内部承包协议的真实性,并对内部承包协议中的"在有效期限"存有异议,被告建筑公司在本院指定鉴定期限内未申请鉴定。原告要求被告支付自欠款之日起按日2.1‰计算的逾期付款利息。原告提交被告建筑公司所属的项目部付款的进账单和明细表,证明被告建筑公司装饰项目部付款情况,被告建筑公司不承认付款,被告翟某某对此予以认可。上述事实,有原告提交的买卖合同两份,被告建筑公司装饰项目部欠款表1份、被告建筑公司装饰项目部付款的进账单5份和明细表1份、被告翟某某提交的内部承包协议1份、关于项目部财务管理补充协议1份、法人授权委托书1份及原、被告三方当事人的开庭陈述为证。原审认为,原告与被告建筑公司装饰项目部签订的合同,系双方当事人真实意思的表示,符合法律规定,应受法律保护。被告翟某某提交的内部承包协议、关于装饰项目部财务管理补充协议及法人授权委托书可以证明被告建筑公司授权被告翟某某作为装饰项目部的经理进行装饰门业的经营活动,被告翟某某以建筑公司装饰项目部的名义与原告发生的行为属于授权范围内的职务行为,被告翟某某在本案中不承担民事责任,该合同所产生的债权债务应由被告建筑公司承担,即合同签订后建筑公司装饰项目部所确认的欠款由被告建筑公司承担清偿责任。原告请求判令被告建筑公司偿付欠款,事实清楚,证据充分,法院予以支持。原告请求判令被告自欠款之日起按日2.1‰支付利息,其计算比率没有法律依据,应自向法院起诉主张权利之日起按人民银行同期贷款利率计算利息,由被告建筑公司支付给原告。

再审查明,2002年3月8日,建筑公司装饰项目部向交通银行济南分行申请开户时,其申请书明确载明申请开立单位全称为本案原审被告建筑公司装饰项目部,申请开户单位负责人是翟某某,建筑公司以上级部门的名义在该申请书上加盖了公章,并在该行预留了印鉴卡。2002年7月1日,翟某某作为建筑公司工作人员代表该公司与济南某建筑公司第一分公司签订了分包协议。原审判决生效后,原审被告建筑公司向济南市历下区人民法院起诉,要求原审被告翟某某偿付原审判决书所确定的货款430,363.71元及利息和其他事项。济南市历下区人民法院于2006年1月10日作出判决,由原审被告翟某某赔偿原审被告建筑公司430,363.71元,并依此款为基数,自2005年3月21日起按中国人民银行规定的同期流动贷款利率计算利息损失。

再审认为,建筑公司于2002年3月8日在交通银行济南分行为建筑公司装饰项目部申请开户时,其申请书已确认原审被告翟某某为该项目部的负责人。翟某某进行装饰业务的经营活动,以该项目部负责人的名义于2002年7月15日和2002年8月13日与原审原告签订的买卖合同,系双方当事人真实意思的表示,符合法律规定,且通过建筑公司装饰项目部在交通银行济南分行预留印鉴卡上的账户分5次向原审原告支付了部分货款。余款430,363.71元未付,故应认定其行为为职务行为,原审原告星牌公司诉至法院,要求原审被告建筑公司偿付此欠款,并支付逾期付款利息的诉讼请求,应予支持。原审被告建筑公司已在历下区人民法院向原审被告翟某某追偿此款,济南市历下区人民法院支持了原审被告建筑公司这一请求。故原审被告翟某某在本案中不承担民事责任,原审认定事实清楚,证据充分,故检察院的抗诉理由不成立。法院依照《民事诉讼法》第一百二十八条、第一百八十四条和《合同法》第一百零七条、第一百零九条、第一百五十九条规定,判决如下：

维持本院(2005)济天民二初字第168号民事判决。

如不服本判决，可在本判决送达之日起15日内向本院递交上诉状，并按对方当事人数提出副本，上诉于山东省济南市中级人民法院。

**五、二审辩论和判决**

2006年11月24日，建筑公司不服济南市天桥区人民法院作出的(2006)天民再初字第14号民事判决，向济南市中级人民法院提起上诉。

2007年1月25日，济南市中级人民法院开庭审理本案。

建筑公司上诉称：1. 原审法院在审理过程中一直没有对工商部门出具的证明材料进行认定，建筑公司从未授权被上诉人翟某某刻制装饰项目部的公章。2. 星牌公司与翟某某签订的合同是个人行为而非职务行为，交通银行济南分行开户申请书只能证明翟某某2002年3月8日在上诉人公司工作，但并不能证明2002年7月至11月在上诉人公司上班。3. 原审法院认定被上诉人翟某某的行为属于授权范围内的职务行为实属不当。星牌公司与翟某某签订合同是在2002年7月15日和2002年8月13日，而授权委托书的签发日期是2002年12月15日，故该项债务产生时被上诉人翟某某并没有受建筑公司授权委托。4. 被上诉人翟某某购买的原材料是否用于齐鲁软件园工地，齐鲁软件园工地是否为建筑公司自己的业务，原审法院认定此事实的主要证据不足。总之，原审法院认定事实不清，证据不足。

被上诉人星牌公司辩称，原审判决事实清楚，证据充分，建筑公司提出上诉的证据不足，理由不成立，请二审法院依法维持原审判决。具体理由如下：1. 关于工商证明。建筑公司申请再审时提供的济南市工商局出具的只给建筑公司刻过行政章的证明，只能证明建筑公司装饰项目部的公章不是济南市工商局刻制的，且无法律规定企业公章必须在济南市工商局刻制，建筑公司完全可以在其他地方刻制公章。翟某某在法庭上证实该公章是建筑公司刻制的。因此，建筑公司关于对刻制公章不知情的观点是不成立的。另外，再审质证时，在中国人民银行济南分行颁发给建筑公司的金融许可证和建筑公司提交给交通银行济南分行的开户申请书这两个文件上，都有建筑公司和装饰项目部两个公章。这从另外一个侧面证明，装饰项目部公章是建筑公司刻制并认可的。2. 翟某某与星牌公司签订合同的行为属于职务行为。(1)建筑公司装饰项目部是建筑公司设立的分支机构,建筑公司向中国人民银行济南分行申请金融许可证和向交通银行济南分行申请开户的事实充分证明了这一点。在2002年12月15日以前,翟某某是装饰项目部的负责人(2002年12月15日以后成为承包人),翟某某与星牌公司签订合同的行为属于履行职务的行为。(2)2002年12月15日,建筑公司将装饰项目部承包给翟某某,并且向翟某某出具授权委托书。这一事实也充分证明装饰项目部是建筑公司的分支机构。否则,就不会存在承包和授权的问题。(3)济南市历下区人民法院判决书也证明翟某某是装饰项目部的负责人,翟某某与星牌公司签订合同的行为属于履行职务的行为。(4)在济南市历下区人民法院庭审笔录中,建筑公司承认翟某某是装饰项目部负责人,且其与星牌公司签订合同的行为给建筑公司造成了损失,并以此为依据向翟某某追偿损失。3. 关于2002年12月15日的授权问题。2002年12月15日,建筑公司将装饰项目部承包给翟某某,并且向翟某某出具授权委托书。向翟某某出具授权委托书,是在翟某某承包装饰项目部以后发生的行为。星牌公司与建筑公司装饰项目部签订合同的时间为2002年7月15日和8月13日,因此,这两份合同的签订与2002年12月15日建筑公司向翟某某授权没有必然联系且不矛盾。建筑公司拿着2002年12月15日的授权来否定翟某某作为装饰项目部工作人员代表建筑公司装饰项目部于2002年7月25日和8月13日签订的合同,不具备证据的关联性。4. 关于齐鲁软件工程。齐鲁软件工程是济南某建筑公司承包的工程,该公司于2002年7月1日与上诉人建筑公司签订分包协议,将其中的装饰工程分包给建筑公司,这一事实有双方签订的书面合同为证。翟某某将从星牌公司购买的建材用于齐鲁软件园工地,正是其履行职务行为的表现。综上所述,建筑公司的上诉理由不成立,依法应予驳回,其上诉目的是通过再审程序拖延还款时间。

2007年2月7日,济南市中级人民法院作出(2006)济民再终字第82号民事判决。

经审理查明,原审判决及再审判决认定的事实属实,本院予以确认。另查明,济南市工商局于2006年1月19日出具证明,内容是,“……建筑公司于1997年9月29日在我单位刻制公章、财务章、合同章,以后再未从我单位刻制过公章”。建筑公司与装饰项目部签订的内部承包协议上,均加盖了协议双方的公章。

法院认为,2002 年 3 月 8 日,装饰项目部在交通银行济南分行开立账户时,建筑公司以上级主管部门的名义在该申请书上加盖公章的事实及在此之后建筑公司将装饰项目部承包给翟某某、使用“装饰项目部”公章的事实,均证明装饰项目部是经建筑公司批准成立的。济南市工商局只是证明建筑公司从其处刻制过公章、财务章、合同章,但并不能证明建筑公司另从他处刻制了“装饰项目部”公章。翟某某作为“装饰项目部”的负责人,于 2002 年 7 月 15 日和 2002 年 8 月 13 日与星牌公司签订买卖矿棉板合同、并加盖“装饰项目部”公章的行为,应认定是代表装饰项目部的职务行为。该买卖合同签订前,星牌公司根据装饰项目部的要求,自 2002 年 7 月 11 日将货物送至齐鲁软件园工地,双方于 7 月 15 日补签合同的行为,属于正常业务,双方均予认可。装饰项目部收货后,应按合同约定的时间支付货款,由于装饰项目部是建筑公司成立的内部机构,对外不能独立承担民事责任,其欠款责任应由建筑公司承担。原审及再审判决由建筑公司承担装饰项目部的付款责任,并无不当,建筑公司的上诉理由不能成立,不予支持。法院依照《民事诉讼法》第一百五十三条第一款第一项的规定,判决如下:

驳回上诉人建筑公司的上诉,维持济南市天桥区人民法院(2006)天民再初字第 14 号民事判决。

上诉案件受理费 8960 元,由上诉人建筑公司负担。本判决为终审判决。

**六、结案评析**

1. 公司分支机构不履行以公司分支机构名义对外签订的合同,合同相对人可以依法要求分支机构的所属公司履行合同。

公司分支机构与合同相对人发生合同纠纷,只要查明公司分支机构是所属公司设立的,就可以判决所属公司承担责任。在本案中,原告建筑公司对装饰项目部是认可的,只是对被告翟某某的身份不认可,但证据证明装饰项目部与原告星牌公司签订买卖合同时被告翟某某就是建筑公司装饰项目部的负责人,因此导致被告建筑公司在审判中败诉。

该案提示我们,一个公司应当加强对分支机构的管理,公司在委托代理方面的授权也要明确具体、有起止时限。同时,应当将公司分支机构的公章交专人保管,并按工作程序使用,不要随便授权某些公司职员使用,避免表见代理的发生,给公司运营造成损失。

2. 公司及其分支机构的公章是否备案，不是所签合同是否生效的必要条件。实践中，一些公司往往以分支机构的公章不是经公司同意刻制为由要求法院判决所签合同无效，这常见于建设工程领域中的项目部，法院的裁判规则是查明合同上所盖公章是否在公司知情的文书材料上使用过，使用过的一般会判决合同有效。在本案中，建筑公司装饰项目部的公章曾在银行开户时与建筑公司的公章一起使用过，所以，建筑公司在诉讼中再以此否认装饰项目部公章的效力是不会得到法院支持的。

3. 当事人应当及时行使上诉权利。当事人对一审判决不服，应当在法定的 15 天内提起上诉。在本案中，在一审判决后的法定期限内，被告建筑公司对一审判决没有上诉，而是选择一审判决生效后再申请检察院抗诉，这不符合常规。按照当时《民事诉讼法》规定，当事人是可以直接申请检察院抗诉的，但按照现行《民事诉讼法》规定，当事人则不能直接申请检察院抗诉，这说明法律已经弥补了这个漏洞。

## 七、相关法条

**1.《合同法》(1999 年 3 月 15 日公布)**

第一百零七条① 当事人一方不履行合同义务或者履行合同义务不符合约定的，应当承担继续履行、采取补救措施或者赔偿损失等违约责任。

第一百零九条② 当事人一方未支付价款或者报酬的，对方可以要求其支付价款或者报酬。

第一百五十九条③ 买受人应当按照约定的数额支付价款。对价款没有约定或者约定不明确的，适用本法第六十一条、第六十二条第二项的规定。

---

① 对应《民法典》第五百七十七条。

② 对应《民法典》第五百七十九条："当事人一方未支付价款、报酬、租金、利息，或者不履行其他金钱债务的，对方可以请求其支付。"

③ 对应《民法典》第六百二十六条："买受人应当按照约定的数额和支付方式支付价款。对价款的数额和支付方式没有约定或者约定不明确的，适用本法第五百一十条、第五百一十一条第二项和第五项的规定。"

**2.《民事诉讼法》(1991 年 4 月 9 日公布)**

第一百五十三条[①]　第二审人民法院对上诉案件,经过审理,按照下列情形,分别处理:

(一)原判决认定事实清楚,适用法律正确的,判决驳回上诉,维持原判决;

(二)原判决适用法律错误的,依法改判;

(三)原判决认定事实错误,或者原判决认定事实不清,证据不足,裁定撤销原判决,发回原审人民法院重审,或者查清事实后改判;

(四)原判决违反法定程序,可能影响案件正确判决的,裁定撤销原判决,发回原审人民法院重审。

当事人对重审案件的判决、裁定,可以上诉。

第一百八十四条[②]　当事人申请再审,应当在判决、裁定发生法律效力后二年内提出;二年后据以作出原判决、裁定的法律文书被撤销或者变更,以及发现审判人员在审理该案件时有贪污受贿,徇私舞弊,枉法裁判行为的,自知道或者应当知道之日起三个月内提出。

第一百八十五条[③]　按照审判监督程序决定再审的案件,裁定中止原判决的执行。裁定由院长署名,加盖人民法院印章。

第一百八十六条[④]　人民法院按照审判监督程序再审的案件,发生法律效力的判决、裁定是由第一审法院作出的,按照第一审程序审理,所作的判决、裁定,当事人可以上诉;发生法律效力的判决、裁定是由第二审法院作出的,按照第二审程

---

① 对应《民事诉讼法》(2021 年 12 月 24 日修正)第一百七十七条:"第二审人民法院对上诉案件,经过审理,按照下列情形,分别处理:(一)原判决、裁定认定事实清楚,适用法律正确的,以判决、裁定方式驳回上诉,维持原判决、裁定;(二)原判决、裁定认定事实错误或者适用法律错误的,以判决、裁定方式依法改判、撤销或者变更;(三)原判决认定基本事实不清的,裁定撤销原判决,发回原审人民法院重审,或者查清事实后改判;(四)原判决遗漏当事人或者违法缺席判决等严重违反法定程序的,裁定撤销原判决,发回原审人民法院重审。原审人民法院对发回重审的案件作出判决后,当事人提起上诉的,第二审人民法院不得再次发回重审。"

② 对应《民事诉讼法》(2021 年 12 月 24 日修正)第二百一十二条:"当事人申请再审,应当在判决、裁定发生法律效力后六个月内提出;有本法第二百零七条第一项、第三项、第十二项、第十三项规定情形的,自知道或者应当知道之日起六个月内提出。"

③ 对应《民事诉讼法》(2021 年 12 月 24 日修正)第二百一十三条:"按照审判监督程序决定再审的案件,裁定中止原判决、裁定、调解书的执行,但追索赡养费、扶养费、抚养费、抚恤金、医疗费用、劳动报酬等案件,可以不中止执行。"

④ 对应《民事诉讼法》(2021 年 12 月 24 日修正)第二百一十四条。

序审理，所作的判决、裁定，是发生法律效力的判决、裁定；上级人民法院按照审判监督程序提审的，按照第二审程序审理，所作的判决、裁定是发生法律效力的判决、裁定。

人民法院审理再审案件，应当另行组成合议庭。

第一百八十七条① 最高人民检察院对各级人民法院已经发生法律效力的判决、裁定，上级人民检察院对下级人民法院已经发生法律效力的判决、裁定，发现有本法第一百七十九条规定情形之一的，应当提出抗诉。

第一百八十八条② 人民检察院提出抗诉的案件，接受抗诉的人民法院应当自收到抗诉书之日起三十日内作出再审的裁定；有本法第一百七十九条第一款第（一）项至第（五）项规定情形之一的，可以交下一级人民法院再审。

第一百八十九条③ 人民检察院决定对人民法院的判决、裁定提出抗诉的，应当制作抗诉书。

第一百九十条④ 人民检察院提出抗诉的案件，人民法院再审时，应当通知人民检察院派员出席法庭。

---

① 对应《民事诉讼法》（2021 年 12 月 24 日修正）第二百一十五条："最高人民检察院对各级人民法院已经发生法律效力的判决、裁定，上级人民检察院对下级人民法院已经发生法律效力的判决、裁定，发现有本法第二百零七条规定情形之一的，或者发现调解书损害国家利益、社会公共利益的，应当提出抗诉。地方各级人民检察院对同级人民法院已经发生法律效力的判决、裁定，发现有本法第二百零七条规定情形之一的，或者发现调解书损害国家利益、社会公共利益的，可以向同级人民法院提出检察建议，并报上级人民检察院备案；也可以提请上级人民检察院向同级人民法院提出抗诉。各级人民检察院对审判监督程序以外的其他审判程序中审判人员的违法行为，有权向同级人民法院提出检察建议。"

② 对应《民事诉讼法》（2021 年 12 月 24 日修正）第二百一十八条："人民检察院提出抗诉的案件，接受抗诉的人民法院应当自收到抗诉书之日起三十日内作出再审的裁定；有本法第二百零七条第一项至第五项规定情形之一的，可以交下一级人民法院再审，但经该下一级人民法院再审的除外。"

③ 对应《民事诉讼法》（2021 年 12 月 24 日修正）第二百一十九条："人民检察院决定对人民法院的判决、裁定、调解书提出抗诉的，应当制作抗诉书。"

④ 对应《民事诉讼法》（2021 年 12 月 24 日修正）第二百二十条。

# 案例九　济南某空调工程公司<br>买卖安装合同纠纷案

2006—2007 年，本案经济南市高新区人民法院一审判决结案。

## 一、焦点问题

1. 合同对仲裁约定不明时，如何确定案件的管辖？

2. 买卖安装合同的欠款如何计算？

3. 买卖合同的违约责任如何确定？

## 二、当事人诉求

原告：济南某空调工程公司（以下简称空调公司）

委托代理人：徐贵一，山东齐鲁律师事务所律师

委托代理人：张宁宁，山东齐鲁律师事务所律师

被告：山东某制药公司（以下简称制药公司）

2006 年 12 月 31 日，原告空调公司向济南市高新区人民法院提起诉讼。诉求：1. 请求判令被告支付购买空调货款 516,293.79 元；2. 请求判令被告支付违约金 81,316.27 元；3. 请求判令被告赔偿鉴定费 10,000 元；4. 请求判令被告支付原告律师代理费 18,552 元；5. 诉讼费用由被告承担。

原告诉称，2003 年 8 月 1 日，原告空调公司与被告制药公司签订订货合同一份。合同约定，原告空调公司将 1 台型号为 30HC300A 的螺杆式冷水机组卖给被告制药公司，价款为 70 万元，付款方式为合同生效后被告支付合同总价款的 30%，发货前支付合同总价款的 40%，安装调试验收合格后被告支付合同总价款的 20%，质保金为合同总价款的 10%，在设备安装运行满 1 年后付清，质保期为两年。原告保证在 2003 年 8 月 30 日前交付空调设备。合同生效后，原告依约向被

告履行了供货义务，被告已向原告支付价款56万元，尚欠包括质保金7万元在内的14万元。

同年8月18日，原、被告签订建筑安装工程承包合同一份，工程名称为制药公司制剂车间空调机房。双方约定，工时造价为188,615元，施工期限为20天，根据被告工程进度确定开工日期，工程竣工结算方式为一次性包干加变更签证，付款方式为材料、人员进驻工地后被告支付合同价款的30%，安装调试验收合格后再支付合同价款的60%，剩余10%的质保金于1年后的1个月内付清。双方约定，争议的解决方式是由济南市经济合同仲裁委员会仲裁。合同生效后，原告依约向被告履行了空调机房的安装施工任务。

2004年7月30日，原、被告签订一份施工合同，工程名称为制药公司制药动力机房内的消防设备就位，消防管线安装，配电箱、柜安装和配电箱、柜至设备之间电器配管和电缆铺设工程。被告负责提供消防水泵，空压罐，配电箱、柜等设备，原告负责安装过程中除被告所供设备以外的所有材料，一次性包干，合同总价为69,521元。合同约定发生争议的解决方式为由济南市历下区人民法院管辖。该合同生效后，原告根据合同约定履行了其义务。

2004年9月11日，原、被告双方签订建筑安装工程承包合同，工程名称为制药公司室外管网，工程总造价162,018.47元，施工期限为10天，自2004年9月13日至2004年9月23日，工程竣工结算方式按实际工程量结算，工程竣工验收合格后，在半年内审计后10天之内结算完毕，审计按预算单价计算，付款方式为合同签订后支付合同价款的60%，安装完工1周内验收合格后再付20%，审计后再付10%，质保金10%验收合格满1年后支付。双方约定，争议解决方式是由经济合同仲裁委员会仲裁。该合同生效后，原告履行了合同义务。

2005年2月2日、2006年1月16日，原、被告签订操作运行协议、操作运行补充协议各一份。双方约定，由原告负责动力机房设备操作运行，操作运行费用分别为60,000元、15,000元。

2005年8月1日，原、被告双方对工程进行了竣工验收。被告自2003年5月至2006年1月分12次向原告支付98,200元。原告以被告拒付欠款516,293.19元为由向法院提起诉讼，要求被告支付欠款516,293.79元及违约金81,316.27元。

诉讼中，被告制药公司认为该纠纷不应由人民法院审理，依法提出管辖异议。理由是其与原告于2003年8月18日、2004年9月11日签订的建筑安装工程承包合同中已明确约定争议解决方式是由济南市仲裁委员会仲裁。

**三、律师辩论**

双方争议的焦点问题如下：

（一）原告空调公司与被告制药公司之间的合同是否全部履行完毕及欠款的具体数额

原告空调公司诉称，原、被告双方于2003年8月至2006年1月先后签订买卖空调设备合同、施工合同、安装合同、空调操作运行协议。上述所有合同、协议总价款为1,468,293.79元。合同生效后，原告按照合同约定已履行了全部义务。

被告制药公司辩称，原告诉被告买卖合同的欠款金额不属实且不能成立，原告所诉建筑安装工程承包合同尚未进行审计。原告与被告于2003年8月18日和2004年9月11日所签订的建筑安装工程承包合同第九条第二款第四项约定按实际工程量计算，工程竣工验收合格后，半年内审计后10日内结算完毕，审计按预算价。由于原告与被告所签订的合同实际发生了变更与签证，双方正在对工程造价涉及的签证项目进行核实确认，按照合同约定及有关规定，原告应当提供施工合同、工程变更与签证、计算报告、整体竣工图纸等技术资料，我公司上报审计部门审计，按照审计报告确认的价款进行结算。因此，原告诉讼金额不能成立。

（二）原、被告之间合同约定的仲裁条款是否有效

被告制药公司辩称，原、被告双方于2003年8月18日签订的建筑安装工程承包合同不属于受诉人民法院管辖。合同第十六条约定本合同发生争议，若协商不成，由济南市经济合同仲裁委员会仲裁。原告就该合同发生的纠纷不应当选择向人民法院提起诉讼。

原告辩称，原、被告双方在合同中约定的争议解决机关分别为济南市经济合同仲裁委员会、经济合同仲裁委员会，上述机关均不存在，应视为双方对争议解决方式约定不明，原告选择向人民法院提起诉讼并无不当。

**四、法院裁判**

2007年11月15日，济南市高新区人民法院作出（2007）高民初字第47号民事判决。

法院认为,原、被告双方在上述合同中约定的争议解决机关分别为济南市经济合同仲裁委员会、经济合同仲裁委员会,上述机关均不存在,应视为原、被告双方对争议解决方式约定不明,本院受理该案并无不当,依法裁定驳回被告管辖异议申请。

本案在庭审过程中,被告对原告主张的空调价款 70 万元、消防工程价款 69,521 元以及操作运行协议、操作运行补充协议所涉及的运行费用 75,000 元均无异议,而对双方分别于 2003 年 8 月 18 日、2004 年 9 月 11 日签订的建筑安装工程承包合同价款提出质疑,认为上述两份合同所载明的工程量均在实际施工过程中发生变更,并有相应签证予以证实。原告对此予以认可,并申请本院对上述两份合同在实际履行中所产生的工程造价予以鉴定。2007 年 8 月 8 日,山东某会计师事务所对原、被告双方有争议的工程造价作出(2007)01 号鉴定报告,鉴定结论为"中央空调安装工程及附属安装工程项目的工程造价为 1,454,165.9 元"。原告为此支出鉴定费用 10,000 元。经庭审质证,被告无异议。根据上述鉴定结论以及被告已向原告所付款项,原告、被告双方一致认可被告尚欠原告 402,644.90 元。对此,本院予以确认。

原告空调公司向被告制药公司主张权利时,其以起诉数额 516,293.79 元为基数要求被告承担自 2005 年 8 月 1 日至 2006 年 12 月 31 日按每日 2.1‰计算的逾期付款违约金 81,316.27 元。被告对此予以反驳,认为在其与原告签订的一系列合同或协议中并未约定违约金,且在 2004 年 9 月 11 日签订的建筑安装工程承包合同中约定工程竣工结算应在工程竣工验收合格后半年内审计,而后在 10 日内结算完毕。因此,原告在工程竣工验收后未进行审计的前提下主张违约金无事实依据。本院认为,根据原告空调公司与被告制药公司签订的一系列合同或协议,双方仅在 2003 年 8 月 1 日签订的订货合同中约定了空调价款的付款比例及期间,而在 2003 年 8 月 18 日签订的建筑安装工程承包合同中并未约定开工日期,且合同约定在工程竣工验收合格后按一次性包干加施工变更签证进行结算,但验收合格后双方对变更签证并未结算。因此,原、被告双方在该合同中虽约定了付款比例及期间,但被告向原告履行付款的数额及期间均无法确定。同时,原、被告双方于 2004 年 9 月 11 日签订的建筑安装工程承包合同中约定的工程竣工结算亦应在工程竣工验收合格后半年内且审计完成后进行,而原、被告双方对实际工程量并未进行审计，故其双方约定的付款比例及期间亦无法确定。原、被告虽对操作运行协议及操作运行补充协议中所涉及的运行费用均无异议，但双方对付款期限并无约定。综上，本院认定，原、被告双方在订货合同中约定了空调价款的付款期限及比例，即安装调试验收合格后，被告支付原告合同总价款的20%货款，合同价款的10%作为质保金在设备运行满1年后付清，同时，双方认可空调价款尚欠14万元，其中质保金7万元。被告已向原告支付的982,000元中，除空调价款56万元外，原、被告双方均不能说明已付款项中的422,000元系何种性质的价款，换言之，被告所欠402,644.9元价款已与空调价款、安装工程价款及操作运行费用发生混同。同时，原告亦无证据证明工程竣工验收后被告系导致逾期审计的责任方。因此，本院对原告坚持被告自2005年8月1日对所欠全部款项构成逾期付款的事实主张不予采信，被告制药公司只对空调价款的未付部分14万元存在逾期付款事实。

法院认为，原告空调公司与被告制药公司签订的订货合同、建筑安装工程承包合同、操作运行协议及操作运行补充协议，意思表示真实，且不违反法律规定，应为有效合同。原告空调公司根据上述合同约定向被告制药公司履行了其义务，且原告安装的中央空调及其附属安装工程价款已经由相关部门进行了审计，原、被告双方对审计结果亦无异议，被告自应向原告继续履行其付款义务。原告要求被告支付欠款402,644.9元的诉讼请求，证据确实、充分，本院予以支持。原告为被告施工的上述工程于2005年8月1日验收合格后，被告自应依照订货合同之约定向原告付清空调机款的未付部分7万元，验收合格运行满1年后，被告应及时向原告支付质保金7万元。被告就上述款项未能及时结清，应承担逾期付款的违约责任。原告发生的鉴定费用10,000元系为主张权利所支出，应由被告予以赔偿。原告要求被告就全部未付款402,644元承担违约金的诉讼请求，证据不足，理由不当，法院不予支持。原告要求被告赔偿律师代理费18,552元的诉讼请求，于法无据，法院不予支持。依照《合同法》第一百零七条之规定，判决如下：

1. 被告制药公司给付原告空调公司欠款402,644.9元；

2. 被告制药公司以7万元为基数自2005年8月2日起至本判决生效之日止按每日2.1‱赔偿原告空调公司违约金；

3. 被告制药公司以7万元为基数自2006年8月1日起至本判决生效之日止

按每日2.1‰赔偿原告空调公司违约金;

4. 被告制药公司赔偿原告空调公司鉴定费10,000元;

5. 驳回原告空调公司的其他诉讼请求。

上述1至4项均于本判决生效之日起5日内给付。

被告制药公司如果未按判决指定的期间履行给付金钱义务,应当按照《民事诉讼法》第232条之规定,加倍支付迟延履行期间的债务利息。

案件受理费11,187元,财产保全费3610元,合计14,797元,由被告制药公司负担。

本案一审判决后,双方当事人均未提起上诉。

## 五、结案评析

### (一)合同纠纷的仲裁和诉讼

《仲裁法》第十八条规定:"仲裁协议对仲裁事项或者仲裁委员会没有约定或者约定不明确的,当事人可以补充协议;达不成补充协议的,仲裁协议无效。"因此,仲裁协议应当具有下列内容:1. 请求仲裁的意思表示;2. 仲裁事项;3. 选定的仲裁委员会。对仲裁事项或仲裁委员会没有约定、约定不明确或者约定有矛盾冲突的,应允许当事人在提交仲裁前可以补救,不能达成一致意见的,应认定仲裁协议无效。

### (二)违约责任的确定

违约责任是我国法律规定的一项重要制度,具有以下特点:

1. 违约责任是合同当事人违反合同义务所产生的责任。这包含两层意思:其一,违约责任产生的基础是双方当事人之间存在合法有效的合同关系,若当事人之间不存在有效的合同关系,则无违约责任可言;其二,违约责任是以违反合同义务为前提,没有违反合同义务的行为,便没有违约责任。

2. 违约责任具有相对性。违约责任只能在特定的当事人之间发生,合同关系以外的第三人不负违约责任。

3. 违约责任具有补偿性。违约责任,主要是一种财产责任。承担违约责任的主要目的在于补偿合同当事人因违约行为所遭受的损失。从法律确认的违约责任方式来看,无论是强制实际履行,还是支付违约赔偿金,抑或采用其他补救措施,无不体现出违约责任的补偿性。当然,在特定情况下并不排除处罚性。

4. 违约责任的可约定性。根据合同自愿原则，合同当事人可以在合同中约定违约责任的方式、违约金的数额等，但这并不否定违约责任的强制性，因为这种约定应限制在法律许可的范围内。

5. 以严格责任作为违约责任的一般归责原则，强化了违约责任的功能，顺应了合同法律的发展趋势。

6. 违约责任兼容预期违约制度和不安抗辩权，从而弥补了预期违约和不安抗辩权单个适用上的缺陷。

7. 将完全赔偿原则和可预见规则相结合，从而兼顾合同双方当事人的利益。

8. 允许违约责任与侵权责任竞合，即“二选一”，最大限度地保护了当事人的合法权益，并给当事人行使权利提供充分的空间。

违约责任的承担方式，是指受害方在对方违约时可以要求违约方采取的违约补救措施。根据法律规定，违约方承担的违约责任形式或者采取的其他补救措施主要有下列几种：支付违约金、赔偿损失、继续履行、定金责任、价格处罚、解除合同、其他责任或者补救措施。

在执法中，违约方向非违约方赔偿包括其可得利益在内的全部损失时，应当确定以下规则：

1. 合同法并不赔偿受害人因从事一项不成功的交易所遭受的损失。

2. 损害赔偿不包括非违约方所支付的不合理开支。至于什么是“不合理开支”，则应根据交易惯例等标准综合评判。

3. 损害赔偿的主旨在于补偿受害人的损失，一般是实际遭受的损失。如果要赔偿利润损失，则必须有确凿证据证明这些利润是存在的或会发生的，而且应在这些利润中扣除获取这些利润所必须支付的费用。所以，可得利益必须是净利润，而不是毛利加上为获取这些毛利所应支付的费用。

4. 损害赔偿要适用损益相抵规则。例如，因发包方投资中断使工程停工，同时减少了承包方的材料费、劳务费等开支，这些由于发包方违约而使承包方节省的费用必须从赔偿额中扣除。

5. 损害赔偿应扣除本来可以避免扩大的损失，但对于为减少损失而支出的费用则应予赔偿。

6. 损害赔偿不能以违约方因违约而得到的利益为标准来确定赔偿额，不能判以惩罚性损害赔偿金。

(三)涉案问题的预防和解决途径

合同纠纷的预防,既可以在合同订立前进行,也可以在合同订立时进行,还可以在合同履行过程中进行。具体来说,进行合同纠纷的预防,主要有以下几项措施:

1. 充分了解《民法典》及其相关法律,行政法规及司法解释的规定。

2. 调查了解对方当事人的履约能力等状况。

3. 精心准备合同条款。

4. 及时、依法办理法律规定的批准、登记等手续,办理合同公证、见证。

5. 及时履行自己的义务,共同解决合同履行过程中的问题。

合同纠纷的解决途径是:当事人可以通过和解或者调解解决合同争议。当事人不愿和解、调解或者和解、调解不成的,可以根据仲裁协议向仲裁机构申请仲裁。涉外合同的当事人可以根据仲裁协议向中国仲裁机构或者其他仲裁机构申请仲裁。当事人没有订立仲裁协议或者仲裁协议无效的,可以向人民法院起诉。当事人应当履行发生法律效力的判决、仲裁裁决、调解书;拒不履行的,对方可以请求人民法院强制执行。

## 六、相关法条

### 1.《合同法》(1999 年 3 月 15 日公布)

第一百零七条[①] 当事人一方不履行合同义务或者履行合同义务不符合约定的,应当承担继续履行、采取补救措施或者赔偿损失等违约责任。

### 2.《民事诉讼法》(2007 年 10 月 28 日修正)

第九十二条[②] 人民法院对于可能因当事人一方的行为或者其他原因,使判决不能执行或者难以执行的案件,可以根据对方当事人的申请,作出财产保全的裁定;当事人没有提出申请的,人民法院在必要时也可以裁定采取财产保

---

① 对应《民法典》第五百七十七条。

② 对应《民事诉讼法》(2021 年 12 月 24 日修正)第一百零三条:“人民法院对于可能因当事人一方的行为或者其他原因,使判决难以执行或者造成当事人其他损害的案件,根据对方当事人的申请,可以裁定对其财产进行保全、责令其作出一定行为或者禁止其作出一定行为;当事人没有提出申请的,人民法院在必要时也可以裁定采取保全措施。”

全措施。

第二百二十九条[①] 被执行人未按判决、裁定和其他法律文书指定的期间履行给付金钱义务的，应当加倍支付迟延履行期间的债务利息。被执行人未按判决、裁定和其他法律文书指定的期间履行其他义务的，应当支付迟延履行金。

① 对应《民事诉讼法》(2021年12月24日修正)第二百六十条。

# 第三编　运输合同案例

## 诉讼指引

运输合同，是承运人将旅客或者货物从起运地点运输到约定地点，旅客、托运人或者收货人支付票款或者运输费用的合同。

本编的两个案例涉及出租汽车运输合同纠纷和公路货物运输合同纠纷。

办理运输合同案件，一般应当注意以下问题：

1. 承运人应当对运输过程中旅客的伤亡承担赔偿责任。但是，伤亡是旅客自身健康原因造成的或者承运人证明伤亡是旅客故意、重大过失造成的除外。本编案例十涉及这一问题。

2. 承运人应当对运输过程中货物的毁损、灭失承担赔偿责任。但是，承运人证明货物的毁损、灭失是因不可抗力、货物本身的自然性质或者合理损耗以及托运人、收货人的过错造成的，不承担赔偿责任。本编案例十一涉及这一问题。

3. 对于个人车辆"挂靠"运输公司营运、发生人身伤亡或货物毁损、灭失的运输合同案件，应依法明确承运人的主体，以及各主体之间是否需要承担连带责任。本编案例十和案例十一均涉及这一问题。

# 案例十　潍坊市出租车运输合同损害赔偿纠纷案

2007—2008 年，本案历经山东省潍坊市潍城区人民法院一审、潍坊市中级人民法院二审、山东省高级人民法院发回潍坊市中级人民法院重审，最终在重审中以调解结案。

## 一、焦点问题

1. 出租车挂靠是指挂靠人出资购买车辆，以被挂靠单位名义进行车辆登记并从事运营活动的一种民事行为。出租车挂靠后，发生交通事故导致乘客人身损害，赔偿责任主体是谁？

2. 被挂靠单位应承担什么责任？

## 二、当事人诉求

原告：李某 1（受害人李某之父）

原告：刘某某（受害人李某之母）

原告：唐某某（受害人李某之妻）

原告：李某 2（受害人李某之子）

被告：潍坊市潍城区某客运出租汽车公司（以下简称潍城出租车公司）

委托代理人：徐贵一，山东齐鲁律师事务所律师

被告：张某（女，出租车司机，系车主赵某之妻）

被告：赵某（车主）

2004 年 9 月，原告向山东省潍坊市潍城区人民法院提起诉讼，共同诉求：依法判决被告赔偿原告死亡赔偿费，丧葬费，被抚养人生活费，处理事故支出的交通费、住宿费等共计 262,086.40 元。

基本事实：2004 年 8 月 6 日，受害人李某及孙某乘坐潍城出租车公司的出租

车,车牌号为鲁 GT1973,该出租车由张某驾驶。当天 19 时左右,在从安丘市返回潍坊市途中,当出租车行至 206 国道 302KM + 600M 处时,该出租车与田某驾驶的无牌翻斗车相撞。事故发生后,田某借用他人电话报警后弃车逃逸,乘客李某重伤死亡,孙某及司机张某受伤。安丘市公安局交通警察大队交通事故认定书认定翻斗车车主田某承担事故的全部责任。张某驾驶的鲁 GT1973 号出租车挂靠于潍城出租车公司,张某的机动车行驶证上注明潍城出租车公司是鲁 GT1973 号车辆所有者,张某之夫赵某每月交服务费给潍城出租车公司,该车由赵某营运,营运所得利益归赵某所有。安丘市公诉机关对田某提起刑事诉讼,出租车司机张某以被害人身份提起附带民事诉讼,刑事诉讼已经判决并得到执行,附带民事诉讼已经达成调解协议并已经当庭执行。现受害人李某的家属对潍城出租车公司及张某夫妇提起运输合同赔偿之诉。

车主赵某、张某已在本案起诉前支付原告 90,000 元;车主赵某之妻、出租车司机张某在田某刑事附带民事诉讼中获得赔偿 100,000 元。

## 三、一审

本案的争议焦点是:潍城出租车公司是否应承担赔偿责任。

原告诉称,受害人李某乘坐的是潍城出租车公司的出租车,受害人李某与潍城出租车公司签订了客运合同,承运人有义务将顾客运输到约定地点,因路途发生交通事故,故被告潍城出租车公司违约,应当承担责任。原告提供的潍坊市道路运输管理处客运出租管理科的证明能够证实鲁 GT1973 号出租车是潍城出租车公司的出租车。根据《合同法》第三百零二条的规定,潍城出租车公司应当承担合同违约赔偿责任。

被告潍城出租车公司辩称,客运合同的主体是受害人李某与被告人张某夫妇,与潍城出租车公司无关,发生事故的出租车所有权和营运权均归被告人张某夫妇,并由张某夫妇管理使用,不属于潍城出租车公司,潍城出租车公司与车主赵某系代理服务的关系,而并非所有关系和隶属关系,潍城出租车公司不应为本案被告。潍城出租车公司提供潍坊市道路运输管理处客运出租车管理科的证明,证实 GT1973 出租车的产权及营运权归被告赵某。《潍坊市出租汽车客运管理暂行办法》第九条规定:“申请经营出租汽车客运业务的个体经营者,应当取得具备委托代理经营资格的出租汽车经营企业的同意,由经营企业代办营运手续并签订委托代理经营合同,方可经营。”同时,潍城出租车公司提供了(2002)奎民初字第1075号判决书,该判决作出认定:潍城出租车公司收取管理费并代交有关费用是一种行业管理与服务行为,潍城出租车公司对出租车没有支配权,亦未获取收益,根据获取利益承担风险的原则,潍城出租车公司不应承担赔偿责任。

被告张某夫妇辩称,根据安丘市交通警察大队交通事故责任认定书,该事故由肇事方田某承担全部责任,该案正在刑事处理,应按照先刑事后民事的原则,中止本案审理。同时,原告应按照责任认定书向肇事方主张赔偿责任。

2004年11月10日,潍坊市潍城区人民法院作出(2004)潍城于民一初字第324号民事判决。法院认为:潍城出租车公司是具备经营出租车的客运单位,潍城出租车公司对被告赵某所有的鲁GT1973号出租车进行营运管理并代交部分费用、收取管理费,被告赵某以潍城出租车公司的名义进行营运,根据《潍坊市出租汽车客运管理暂行办法》第九条规定:“申请经营出租汽车客运业务的个体经营者,应当取得具备委托代理经营资格的出租汽车经营企业的同意,由经营企业代办营运手续并签订委托代理经营合同,方可经营。”根据该规定,被告赵某进行出租车营运的行为应认定是潍城出租车公司的营运行为,营运人应认定为被告潍城出租车公司。故被害人李某乘坐鲁GT1973号出租车系与潍城出租车公司签订客运合同,该出租车在营运中发生事故,潍城出租车公司应当承担违约赔偿责任。被告赵某、张某在本案中不应承担责任。受害人李某乘坐潍城出租车公司的出租车发生事故,根据安丘市交通警察大队的认定,被害人李某无违约过错,原告要求被告潍城出租车公司赔偿死亡赔偿费、丧葬费、被抚养人生活费、住宿费、交通费的请求合理,符合法律规定,法院予以支持。被告潍城出租车公司与被告赵某、张某之间是服务关系,潍城出租车公司对出租车既无营运支配权,亦未获取营运收益,且该事故发生潍城出租车公司及被告赵某、张某均无责任为由,主张不承担责任的辩解意见不能成立,法院不予支持。被告赵某、张某及潍城出租车公司提出应依据先刑事后民事的原则,中止本案的审理,因交通事故与客运合同是两种法律关系,被告赵某、张某及潍城出租车公司的辩解意见不符合法律规定,法院不予支持。据此,依照《合同法》第二百九十一条、第三百零二条第一款及《最高人民法院关于审理人身损害赔偿案件适用法律若干问题的解释》第十七条第三款、第二十七条、第二十八条、第二十九条的规定,判决如下:

1. 被告潍城出租车公司赔偿原告死亡补偿费、被抚养人生活费、丧葬费、交通费、住宿费共计261,246.40元，于本判决生效之日起10日内付清；

2. 被告张某夫妇在本案中不承担责任。

案件受理费6331元，其他诉讼费400元，财产保全费1845元，合计8576元，由被告潍城出租车公司负担。如不服本判决，可在判决书送达之日起15日内上诉于山东省潍坊市中级人民法院。

**四、二审**

2004年12月，被告潍城出租车公司不服山东省潍坊市潍城区人民法院(2004)潍城于民一初字第324号民事判决，向山东省潍坊市中级人民法院提起上诉。

潍城出租车公司上诉称，客运合同主体一方是车主张某夫妇，而不是上诉人潍城出租车公司；上诉人潍城出租车公司与车主张某夫妇系委托代理经营关系；上诉人潍城出租车公司为出租车提供服务，但不包括承担实际承运人造成的损害赔偿责任；本案的损害赔偿责任应由车主赵某承担；车主赵某已在田某刑事附带民事诉讼中获得赔偿，而上诉人潍城出租车公司承担实际承运人造成的损失显失公平。请求撤销原判，依法改判或发回重审。

2005年1月28日，山东省潍坊市中级人民法院作出(2005)潍民一终字第82号民事判决。法院认为，受害人李某乘坐鲁GT1973号出租车，即与承运人成立公路旅客运输合同关系。鲁GT1973号出租车法定车主和实际经营人均系车主张某夫妇。鲁GT1973号出租车由上诉人潍城出租车公司办理营运手续并代交各种规费后，车主张某夫妇方能经营出租车营运业务，应认定车主张某夫妇与上诉人系挂靠经营关系。综上所述，本案的实际承运人系车主张某夫妇，其以上诉人潍城出租车公司的名义与受害人李某成立公路旅客运输合同关系。车主张某夫妇作为实际承运人，在履行合同中发生交通事故，导致受害人李某死亡，应承担赔偿责任。上诉人潍城出租车公司作为被挂靠人，应承担连带责任。车主张某夫妇是否已在田某刑事附带民事诉讼中获得赔偿，并不影响本案处理结果。原审判决认定事实清楚，但适用法律不当，应予纠正。依照《民事诉讼法》第153条第1款第2项的规定，判决如下：

1. 撤销山东省潍坊市潍城区人民法院(2004)潍城于民一初字第324号民事

判决；

2. 被上诉人张某夫妇赔偿李某家属赔偿金、被抚养人生活费、丧葬费、交通费共计261,246.4元，于判决之日起10日内付清。上诉人潍城出租车公司承担连带责任。

一、二审案件受理费各6331元，一审保全费1845元、一审其他诉讼费400元，由被上诉人张某夫妇承担。本判决为终审判决。

**五、申诉和再审**

（一）申诉

时隔近2年后，2007年1月20日，潍城出租车公司不服潍坊市中级人民法院作出的（2005）潍民一终字第82号民事判决，向山东省高级人民法院申诉。山东省高级人民法院收案后，按程序发函至潍坊市中级人民法院先行审查。

潍城出租车公司申诉称，原审认定事实不清，适用法律错误。事实和理由如下：

1. 潍城出租车公司与原审被告赵某是委托代理关系，不是本案客运合同一方当事人，潍城出租车公司作为被告主体不适格。《潍坊市出租汽车客运管理暂行办法》第九条规定："申请经营出租汽车客运业务的个体经营者，应当取得具备委托代理经营资格的出租汽车经营企业的同意，由经营企业代办营运手续并签订委托代理经营合同，方可经营。"依照规定，出租车车主与出租车公司之间是代理关系，出租车公司向车主收取的费用是代理费，而不是挂靠管理费。在本案中，原审被告赵某是从事出租汽车客运业务的个体经营者，因其无经营资质，依照规定必须委托有经营资质的出租汽车经营企业即潍城出租车公司代办营运手续。鲁GT1973号出租车的法定车主和实际经营人均为赵某，行车证和营运证上的名字也是赵某，赵某是客运合同的承运人，二审判决对此已作出认定。潍城出租车公司无营运手续，既不是车主也不是实际经营人，更不是客运合同的承运人。因此，潍城出租车公司不是本案客运合同的一方当事人，潍城出租车公司作为被告主体不适格。

2. 潍城出租车公司只是向车主赵某提供代理服务，与客运合同无任何关系。潍城出租车公司作为经营代理企业，接受出租车车主委托，代理规定的事务，不负责出租车车主的对外经营活动。《潍坊市出租汽车客运管理暂行办法》第十九条规定："汽车出租客运经营企业应履行下列职责：……（四）按时为出租车司机代办业务手续，代收代缴税费，协助处理经济纠纷及保险索赔……"《潍坊市关于核定客运出租车经营（代理）企业服务费收取标准的通知》（潍价费发〔1998〕第65号）规定："出租车经营（代理）企业提供以下服务：（1）办营运手续，代收代缴规税费……（5）定期领发客票；（6）协助处理交通肇事和保险索赔，调解经济纠纷；（7）组织车辆、驾驶员年审、年检和车辆维护、技术管理……"由此看出，潍城出租车公司仅提供代理服务，而非客运服务。因此，本案客运合同的当事人是原审被告赵某和被害人李某，与申诉人潍城出租车公司无关。

3. 潍城出租车公司的注册资本是人民币25万元，每月向每辆出租车收取100元，而本案赔偿金额为261,246.4元，一辆车一次交通事故的赔偿金额就超过潍城出租车公司的赔偿能力，根据利益风险原则、公平原则，潍城出租车公司也不应当承担连带赔偿责任。

综上，鲁GT1973号出租车的车主为赵某，本案客运合同的实际承运人为赵某，且该车的所有权、收益权、支配权均归车主赵某，潍城出租车公司仅为车主赵某的代理人，因此，本案的损害赔偿责任应由车主赵某承担，潍城出租车公司不应承担损害赔偿责任，且潍坊市各区县法院的诸多判例也是判决客运出租车经营企业不承担连带责任。请求山东省高级人民法院撤销潍坊市中级人民法院二审判决，依法改判或发回重审，体现适用法律的统一和法治的严肃性。

2007年4月17日，潍坊市中级人民法院作出（2007）潍民监字第19号驳回申诉通知书。通知认为，本案是因交通运输过程中致人损害引起的纠纷，涉及合同之诉与侵权之诉竞合的问题，但本案原审原告选择了提起合同之诉，本案争议的焦点就是出租汽车运输合同纠纷的承运人究竟是谁，即潍城出租车公司与赵某、张某的法律关系问题。《合同法》第二百八十八条规定："运输合同是承运人将旅客或者货物从起运点运输到约定地点，旅客、托运人或者收货人支付票款或者运输费用的合同。"但是《合同法》及相关司法解释并未对承运人作明确界定。参照潍坊市人民政府〔1997〕第48号文件规定，本案车辆的所有权属于赵某、张某家庭共有，而车辆的营运权属于潍城出租车公司，车辆所有权与经营权是分离的。二者在法律关系上是一种依托关系。参照潍坊市客运汽车经营权有偿使用的有关规定，无论是从出租车车门上喷印的门徽和行驶证上记载的企业名称，还是从出租车向乘客出具的发票来看，车辆所有权人赵某、张某和经营权人潍城出租车公司是以共同名义与原审原告签订客运合同的，因此，虽然出租车的所有权与经营权是分离的，但作为营运是同时并存的，即所有权人赵某、张某和经营权人潍城出租车公司对外应承担连带责任。综上，原审认定事实清楚，适用法律正确，裁判得当。潍城出租车公司的申诉理由不能成立，依法应予驳回。

2007 年 4 月 28 日，潍城出租车公司不服潍坊市中级人民法院作出的(2007)潍民监字第 19 号驳回申诉通知书，向山东省高级人民法院申请再审，请求撤销二审判决，依法改判或发回重审。

2007 年 11 月 6 日，山东省高级人民法院举行立案审查听证。

2008 年 4 月 23 日，山东省高级人民法院作出(2007)鲁民监字第 457 号民事裁定。裁定认为，经审查，潍城出租车公司的再审申请符合《民事诉讼法》第一百七十九条第一款第二项规定的再审条件。依照《民事诉讼法》第一百七十七条第二款、第一百八十六条的规定，裁定如下：

1. 本案指令潍坊市中级人民法院另行组成合议庭进行再审；

2. 再审期间，中止原判决的执行。

(二)再审

2008 年 4 月 23 日，潍坊市中级人民法院再审开庭审理本案。

被告潍城出租车公司发表以下意见：

1. 鲁 GT1973 号出租车所有权归赵某所有。有 2002 年 2 月 6 日购车发票、出租车拍卖发票、行车证、营运证和潍坊市公安交通警察支队车辆管理所出具的车牌机动车查询单 5 份证据，证明赵某为此出租车的所有人。

2. 车主赵某与潍城出租车公司是委托代理关系。《潍坊市出租汽车客运管理暂行办法》第九条规定："申请经营出租汽车客运业务的个体经营者，应当取得具备委托代理经营资格的出租汽车经营企业的同意，由经营企业代办营运手续并签订委托代理经营合同，方可经营。"显然，车主赵某是一个从事经营出租汽车客运业务的个体经营者，依照上述规定，车主赵某必须作为委托人委托出租车公司作为代理人，车主赵某与出租车公司是委托代理关系。另外，《潍坊市出租汽车客运管理暂行办法》第十九条规定："汽车出租客运经营企业应履行下列职责……(四)按时为出租车司机代办业务手续，代收代缴税费，协助处理经济纠纷及保险索赔。"《潍坊市关于核定客运出租车经营(代理)企业服务费收取标准的通知》(潍价费发〔1998〕第65号)规定:"出租车经营(代理)企业提供以下服务:(1)办营运手续,代收代缴规税费……(5)定期领发客票;(6)协助处理交通肇事和保险索赔,调解经济纠纷;(7)组织车辆、驾驶员年审、年检和车辆维护、技术管理……"通过上述规定可知,出租车车主与出租车公司之间是委托代理关系。

3. 潍城出租车公司不应承担连带责任。首先,(2005)潍民一终字第82号民事判决认定潍城出租车公司承担连带赔偿责任不合法。从潍城出租车公司注册资本看,其名下的出租汽车发生交通事故的赔偿责任不在其能力范围之内。潍城出租车公司营业执照显示,其注册资本为人民币25万元。此案涉及金额为261,246.4元,这一次交通事故赔偿数额就超过了出租车公司的赔偿能力,其无力对出租车承担连带赔偿责任。其次,《潍坊市出租汽车客运管理暂行办法》第二十条规定:"出租车客运经营企业,根据服务与收费相一致的原则,经物价部门批准后可收取一定的服务费。"据此,潍城出租车公司只收取服务费每月人民币100元。最后,《山东省高级人民法院关于审理道路交通事故损害赔偿案件的若干意见》第八条规定:"道路交通事故损害赔偿案件的责任主体,一般根据机动车运行支配权利和运行利益归属予以确定;依据上述原则无法确定的,可以根据机动车注册登记的所有权人确定……机动车挂靠经营情况下发生交通事故的,原则上由挂靠机动车所有权人承担赔偿责任;但被挂靠人向挂靠人收取一定费用的,其应在获取全部费用的范围内承担赔偿责任。"潍坊市中级人民法院和潍城区人民法院及奎文区人民法院的诸多判例也均未判决出租车公司承担全部连带责任。因此,从上述事实和法律规定及判例可知,潍城出租车公司不应承担连带赔偿责任。

综上所述,请求撤销二审判决,依法改判,维护潍城出租车公司的合法权利。

2008年10月23日,潍坊市中级人民法院作出(2008)潍民再字第33号民事调解书。法院认为,经审理查明,2004年8月6日,受害人李某乘坐张某驾驶的鲁GT1973号出租车,从安丘市回潍坊市区途中,在206国道302KM+600M处,与田某驾驶的无牌翻斗车相撞,致受害人李某死亡。经交警部门认定,田某承担事故全部责任。因受害人李某死亡,给原审原告造成如下损失:死亡赔偿金167,998

元,丧葬费6288.5元,被抚养人李某1、刘某某生活费31,998元,被抚养人李某2生活费51,589.9元、住宿费770元、交通费2602元,共计261,246.4元。鲁GT1973号出租车在车管部门登记车主为赵某,该车由潍城出租车公司代办营运手续并代交各类规费,实际经营人为车主赵某,张某与车主赵某系夫妻关系。车主赵某、张某已在田某刑事附带民事诉讼中获得赔偿。经法院主持调解,本案当事人自愿达成如下协议:

被告赵某、张某一次性赔偿原审原告52,000元;潍城出租车公司补偿原告22,000元,并当庭支付。其他互不追究。

上述协议符合法律规定,法院予以确认。调解书经双方当事人签收后,即具有法律效力。

**六、结案评析**

1.本案争议的焦点就是出租汽车运输合同纠纷的承运人究竟是谁,即潍城出租车公司与车主赵某的法律关系问题。

从本案证据看,双方的法律关系是执行地方政策而形成的"挂靠",即根据《潍坊市出租汽车客运管理暂行办法》第九条规定:"申请经营出租汽车客运业务的个体经营者,应当取得具备委托代理经营资格的出租汽车经营企业的同意,由经营企业代办营运手续并签订委托代理经营合同,方可经营。"这是当时的一种地方政策,全国不少地方也采用过这种政策,但各地对因此发生交通事故导致第三人损害的赔偿原则又不尽相同。

2."挂靠经营"不是规范用语,也不是法律用语,而是社会实践中的一种行为做法。

社会实践中的"挂靠经营",是指个体运输户或自然人将个人购买的车辆登记在某一个具有运输经营权资质的单位名下,对外以公司名义从事经营活动,并向被挂靠单位支付一定的管理费用。挂靠经营具有以下特点:(1)"挂靠者"的四证统一,即"挂靠者"购买车辆的行驶证及使用的道路运输证、驾驶证、营业性道路运输驾驶员从业资格证上的车主、从业者、单位、服务单位都统一为被挂靠单位的名称,产生了名义车主即被挂靠单位和实际车主即个体运输从业者。(2)"挂靠者"向被挂靠单位交纳管理费,名义车主不参与经营,不获取收益。(3)挂靠双方签订有关运输经营的合同或内部协议。

出租车和货物运输车辆挂靠某个单位营业，是我国运输行业目前普遍存在的现象，与其他挂靠性质不同，它并不为法律所禁止。挂靠单位的地位比较特殊，虽然法律对它们并没有一个明确的定位，但现实社会中挂靠现象比比皆是。车辆挂靠形式虽然有利于车辆的经营和管理，但法律对这种挂靠关系的法律性质没有作出明确规定，由此引发的法律责任承担问题也越来越多。由于被挂靠单位承担赔偿责任的法律依据不明确，所以许多地方政府部门、法院通过出台指导意见来明确被挂靠单位的责任问题。不同地方、不同法官对此问题的认识各不相同，也出现以下不同结果：(1)判决挂靠人承担民事赔偿责任，被挂靠人在收取管理费范围内承担连带赔偿责任；(2)判决由挂靠人承担民事赔偿责任，被挂靠人承担连带赔偿责任；(3)判决挂靠人承担赔偿责任，被挂靠人承担垫付责任；(4)判决挂靠人承担赔偿责任，被挂靠单位在收取管理费范围内承担比例责任；(5)判决挂靠人承担赔偿责任，驳回要求被挂靠人承担赔偿责任的诉讼请求；(6)判决被挂靠人承担赔偿责任，驳回要求挂靠人承担赔偿责任的诉讼请求。

法律专业人士对此也有各自的观点，大致概括为以下几类：(1)挂靠公司承担连带赔偿责任；(2)挂靠公司在收取费用的范围内承担赔偿责任；(3)挂靠公司不承担赔偿责任。

在本案中，涉案鲁 GT1973 号出租车的"四证"即车辆行驶证及道路运输证、驾驶证、营业性道路运输驾驶员从业资格证上的名字都是赵某，并没有产生名义车主和实际车主，所以不应当认定为"挂靠经营"，潍城出租车公司也不应当承担连带赔偿责任。潍城出租车公司代理律师要求在潍坊市中级人民法院再审民事调解书中将条款写为"潍城出租车公司补偿原告 22,000 元"，是"补偿"而不是"赔偿"。

最终，本案在潍坊市中级人民法院再审期间，原告与车主赵某、潍城出租车公司三方达成和解协议，是互谅互让、互利共赢的理想结果。

3. 目前处理"挂靠经营"的政策和司法依据。

(1)2016 年 7 月 8 日，交通运输部办公厅发布《关于"挂靠经营"含义的复函》(交办运函〔2016〕703 号)。

《道路旅客运输及客运站管理规定》所称"挂靠经营"，是指道路客运车辆的机动车登记证书及行驶证的所有(权)人不具备道路客运经营资质，但以其他具备资质的企业名义从事道路旅客运输经营活动的行为。挂靠经营者的相关经营行为由被挂靠的企业承担相应的法律责任。

(2)《民法典》第一千二百一十一条规定,以挂靠形式从事道路运输经营活动的机动车,发生交通事故造成损害,属于该机动车一方责任的,由挂靠人和被挂靠人承担连带责任的。

现行法律规定被挂靠人承担连带赔偿责任,其主要理由是:

第一,车辆登记产生信赖效力。车辆登记兼具行政管理和物权登记双重性质,交通事故受害人有理由相信车辆被挂靠单位就是真正的车主,有理由认为被挂靠单位就是侵权人,有权向其主张赔偿。

第二,合同相对性原则。合同相对性原则是指"合同仅于缔约人间发生效力;合同对合同外的第三人不发生效力,合同缔约人不得以合同约定涉及第三人利益的事项"。挂靠人与运输公司的挂靠协议可以处理挂靠方与运输公司的内部纠纷问题,它对合同外第三人不具有约束力,运输公司要承担相应的责任。但是,在挂靠人以运输公司名义对外签订的运输合同中,合同的权利义务主体与实际并不一致,挂靠人是实际主体,被挂靠的运输公司是名义主体,第三人因挂靠人的过错受到伤害,依据运输合同追究责任时,必然首先追究运输公司的责任。因此,运输公司在挂靠人对外签订的合同纠纷中是必不可少的诉讼主体。

第三,可以有效实施源头治理。被挂靠单位是危险源控制者之一,法律要求被挂靠单位对挂靠人和挂靠车辆履行管理义务,能以最低的社会成本规范运营管理和防止交通事故发生,从而从源头上有效抑制车辆挂靠。

第四,被挂靠单位是挂靠车辆运行利益的分享者。如其通过运营获利,扩大生产规模,提升资本等级,则也应承担因运营侵害他人利益而担责的风险。

第五,挂靠存在名称和证照的借用关系。挂靠人借用被挂靠人的名称、营业执照、资质证书等对外实施民事行为,挂靠车辆由此发生交通肇事造成他人损害,被挂靠人与挂靠人构成共同侵权。

第六,有利于正确的社会导向。如果被挂靠人不承担责任或只承担有限责任,其结果是维护了车辆挂靠合同的效力,是对车辆挂靠活动的认可、放纵和助长,势必对车辆挂靠活动产生误导。同时,交通事故受害人权益的性质是人身权,代表社会公共利益,具有正当性,应当成为法律关注的重点,并最终成为法律的价值取向；被挂靠人权益的性质是财产权，不应优先于交通事故受害人受到保护。

第七，有利于实现各主体之间的利益均衡。要求被挂靠单位承担连带赔偿责任，既能促使被挂靠单位履行安全管理义务，又能较好地维护交通事故受害人的合法权益，在被挂靠单位、挂靠人、交通事故受害人三者之间实现利益的均衡。被挂靠单位承担连带赔偿责任后，可以向挂靠人追偿；属于其承担的部分，可以摊入企业成本，或通过参加保险等方式将风险分散给社会，体现了合理分配损害赔偿责任的法律思想。

## 七、相关法条

### 1.《合同法》(1999 年 3 月 15 日公布)

第四十九条① 行为人没有代理权、超越代理权或者代理权终止后，以被代理人名义订立合同，相对人有理由相信行为人有代理权的，该代理行为有效。

第二百九十一条② 承运人应当按照约定的或者通常的运输路线将旅客、货物运输到约定地点。

第三百零二条③ 承运人应当对运输过程中旅客的伤亡承担损害赔偿责任，但伤亡是旅客自身健康原因造成的或者承运人证明伤亡是旅客故意、重大过失造成的除外。

### 2.《民法通则》(1986 年 4 月 12 日公布)

第六十三条④ 代理人在代理权限内，以被代理人的名义实施民事法律行为。被代理人对代理人的代理行为，承担民事责任。

第七十一条⑤ 财产所有权是指所有人依法对自己的财产享有占有、使用、收益和处分的权利。

---

① 对应《民法典》第一百七十二条："行为人没有代理权、超越代理权或者代理权终止后，仍然实施代理行为，相对人有理由相信行为人有代理权的，代理行为有效。"

② 对应《民法典》第八百一十二条。

③ 对应《民法典》第八百二十三条。

④ 对应《民法典》第一百六十二条："代理人在代理权限内，以被代理人名义实施的民事法律行为，对被代理人发生效力。"

⑤ 对应《民法典》第二百四十条："所有权人对自己的不动产或者动产，依法享有占有、使用、收益和处分的权利。"

**3.《最高人民法院关于适用〈中华人民共和国民事诉讼法〉若干问题的意见》(1992年7月14日公布)**

第四十三条　个体工商户、个体合伙或私营企业挂靠集体企业并以集体企业的名义从事生产经营活动的,在诉讼中,该个体工商户、个人合伙或私营企业与其挂靠的集体企业为共同诉讼人。

**4.《最高人民法院关于实际车主肇事后其挂靠单位应否承担责任的复函》(2001年11月8日公布)**

你院关于"关于实际车主肇事后其挂靠单位应否承担责任的请示"收悉。我们研究认为,本案的被挂靠单位湖北洋丰股份有限公司从挂靠车辆的运营中取得了利益,因此应承担适当的民事责任。

**5.《最高人民法院关于审理人身损害赔偿案件适用法律若干问题的解释》(2003年12月26日公布)**

第十七条　受害人遭受人身损害,因就医治疗支出的各项费用以及因误工减少的收入,包括医疗费、误工费、护理费、交通费、住宿费、住院伙食补助费、必要的营养费,赔偿义务人应当予以赔偿。

受害人因伤致残的,其因增加生活上需要所支出的必要费用以及因丧失劳动能力导致的收入损失,包括残疾赔偿金、残疾辅助器具费、被扶养人生活费,以及因康复护理、继续治疗实际发生的必要的康复费、护理费、后续治疗费,赔偿义务人也应当予以赔偿。

受害人死亡的,赔偿义务人除应当根据抢救治疗情况赔偿本条第一款规定的相关费用外,还应当赔偿丧葬费、被扶养人生活费、死亡补偿费以及受害人亲属办理丧葬事宜支出的交通费、住宿费和误工损失等其他合理费用。

第二十七条　丧葬费按照受诉法院所在地上一年度职工月平均工资标准,以六个月总额计算。

第二十八条　被扶养人生活费根据扶养人丧失劳动能力程度,按照受诉法院所在地上一年度城镇居民人均消费性支出和农村居民人均年生活消费支出标准计算。被扶养人为未成年人的,计算至十八周岁;被扶养人无劳动能力又无其他生活来源的,计算二十年。但六十周岁以上的,年龄每增加一岁减少一年;七十五周岁以上的,按五年计算。

第二十九条　死亡赔偿金按照受诉法院所在地上一年度城镇居民人均可支配收入或者农村居民人均纯收入标准，按二十年计算。但六十周岁以上的，年龄每增加一岁减少一年；七十五周岁以上的，按五年计算。

**6.《道路交通安全法》(2003 年 10 月 28 日公布)**

第七十六条①　机动车发生交通事故造成人身伤亡、财产损失的，由保险公司在机动车第三者责任强制保险责任限额范围内予以赔偿。超过责任限额的部分，按照下列方式承担赔偿责任：

(一)机动车之间发生交通事故的，由有过错的一方承担责任；双方都有过错的，按照各自过错的比例分担责任。

……

① 对应《道路交通安全法》(2021 年 4 月 29 日修正)第七十六条："机动车发生交通事故造成人身伤亡、财产损失的，由保险公司在机动车第三者责任强制保险责任限额范围内予以赔偿；不足的部分，按照下列规定承担赔偿责任：(一)机动车之间发生交通事故的，由有过错的一方承担赔偿责任；双方都有过错的，按照各自过错的比例分担责任……"

# 案例十一　青州市公路货物运输合同损害赔偿纠纷案

2008—2011 年,本案历经山东省青州市人民法院一审驳回起诉、潍坊市中级人民法院指令青州市人民法院实体审理、青州市人民法院一审判决,最后以潍坊市中级人民法院二审判决结案。

## 一、焦点问题

1. 在汽车货物运输途中发生交通事故造成货物损失,应当怎样赔偿?

2. 个人从汽车销售公司贷款购买车辆、汽车销售公司指定将车辆登记在某物流公司名下,是否为“挂靠经营”? 谁是承担货物损失赔偿责任的承运人?

## 二、当事人诉求

原告:潍坊某物流有限公司(以下简称潍坊物流公司)

被告:青州某物流有限公司(以下简称青州物流公司)

委托代理人:徐贵一,山东齐鲁律师事务所律师

被告:张某,青州某物流有限公司股东

委托代理人:徐贵一,山东齐鲁律师事务所律师

被告:受害人朱某的四位继承人

2008 年 4 月 17 日,原告潍坊物流公司向山东省青州市人民法院提起诉讼。原告诉求:1. 由被告承担原告的货物损失 1,017,523.8 元及利息;2. 由被告承担本案的所有诉讼费用。

原告诉称,2008 年 3 月 19 日,朱某挂靠在青州物流公司的鲁 G77590(鲁 GQ223 挂)货车在天津发生交通事故,致朱某及司机死亡,原告托运的全部货物毁损,无任何使用价值,该批货物是内蒙古某机械设备公司(以下简称内蒙古机械设

备公司）向潍柴动力（潍坊）备品资源有限公司（以下简称潍柴备品公司）购买的，货物损失为1,017,523.80元。天津市公安交通管理局大港支队出具事故认定书，认定鲁G77590（鲁GQ223挂）货车承担事故的全部责任。青州物流公司为一人有限责任公司，张某是其股东。被告朱某的四位近亲属是朱某继承人。另外，本案事故车辆是朱某从青州某汽贸公司（以下简称青州汽贸公司）购买的，该汽贸公司指定该车挂靠青州物流公司经营，并保留该车所有权，故青州汽贸公司是受益者，应与青州物流公司共同承担赔偿责任，请求追加青州汽贸公司为被告。请求判令被告赔偿货物全部损失。

**三、一审辩论和裁定**

2008年5月13日和2008年5月23日，青州市人民法院两次开庭审理本案。

被告青州物流公司辩称：1.原告主体不适格，被告青州物流公司、张某主体不适格。原告与被告青州物流公司、张某之间不存在侵权关系；原告主张的侵权行为和侵权结果均证据不足，请求法院驳回原告的起诉。（1）原告仅提供了交通事故认定书复印件，而未提供原件，该复印件不具有真实性。原告立案时未提交货损结果的证据，第一次开庭时也未提供，第二次开庭突然拿出货主内蒙古机械设备公司于2008年4月7日出具的赔偿证明，而交通事故认定书出具的时间是2008年4月11日，提前了4天。况且，原告无证据证明其与内蒙古机械设备公司之间有买卖合同关系、有托运合同，对该单位、公章是否真实的、是用现金还是票据赔偿的货款等也未提供证据证明。因此，被告认为原告涉嫌虚构案件事实、伪造证据。（2）原告无证据证明其与青州物流公司、张某、朱某之间存在业务关系，也无证据证明被告青州物流公司、张某在本案中侵害了其合法权益，青州物流公司、张某都不应成为被告。（3）原告主张的托运货物证据不足。原告提供的《潍坊物流公司托运单》没有托运物品品名和明细表，且有涂改痕迹；《配件包装运输通知单》系潍柴备品公司单方出具；《潍柴备品公司备件销售清单》存在机打与手写部分不相符的情况。上述三部分证据之间各自孤立，不能形成完备的证据链条。（4）在第二次开庭前，法院委托鉴定部门对货物残值进行了鉴定。鉴定的货物范围远远小于托运货物的数量。从托运清单上看，托运货物是机械零件，不可能全部烧毁，其残值远远大于鉴定结论认为的22,900元。因此，我方对鉴定结论持有异议，申请重新鉴定。关键是原告未提供货物毁损计算依据。（5）被告朱某家属提供的剩余货物处置协议与视频资料能够真实反映事故发生后涉案货物的后续处理情况,货物并未灭失,原告和朱某家属均要承担保护不力、扩大损失的责任。2. 被告青州物流公司与事故车辆车主朱某不是简单的挂靠关系,青州物流公司只是登记车主,车辆卖方青州汽贸公司控制分期付款。青州汽贸公司为防止买主在付清车款前私自过户、携车逃跑而让青州物流公司协助采取这种销售保全措施。青州物流公司既未取得运营利益,也无运营支配权。从税务部门提供的统计资料来看,青州物流公司从登记成立以来营业额均为零,表明该公司并不从事物流活动。3. 案外人青州西北物流运输服务部(以下简称西北物流服务部)是车主朱某的实际挂靠单位,应追加为本案被告。根据朱某家属提供的证据,朱某生前是受西北物流服务部指派运输该批货物的,不存在原告委托问题。如果不认定该事实,本案必然留下事实不清的后患。

被告张某辩称,本人只是青州物流公司的独资股东,应以公司财产对外承担责任,故本人不是本案的适格被告。其余答辩意见与青州物流公司一致。

被告朱某的四位继承人辩称,朱某是西北物流服务部的工作人员。朱某与原告签订运输协议,是履行职务的行为。朱某受西北物流服务部指派运货,事后到该单位领取报酬,有双方签订的《运输协议书》为证。该事故发生后,原告与朱某亲属以及案外人青州某汽配公司达成书面协议,约定原告潍坊物流公司、青州某汽配公司分别将各自托运的事故后所剩货物全部运走,不再追究车主责任,并提供三方协议为证。原告取得该批货物的追偿权,应提供财务付款凭证,否则,原告主体不适格。

2009 年 11 月 26 日,青州市人民法院作出(2008)青法民三初字第 457 号民事裁定。法院认为,本案是汽车货物运输途中发生交通事故造成的财产损害赔偿纠纷,本案涉及三个法律关系,即内蒙古机械设备公司与潍柴备品公司之间的买卖合同关系、原告与朱某之间的运输合同关系以及道路交通事故造成的侵权财产损害赔偿法律关系。就买卖合同而言,依照《合同法》第一百三十三条、第一百四十一条规定,该批货物的所有权自交付给朱某运输时起,就由潍柴备品公司移转给内蒙古机械设备公司。就道路交通事故造成的财产损害赔偿纠纷而言,侵权请求人的权利应该是内蒙古机械设备公司。原告基于内蒙古机械设备公司给其出具的已经赔偿损失的证明材料,向本院提起诉讼,实际上行使的是一种追偿权。本案不是道路交通事故损害赔偿纠纷。因此,原告的起诉不符合法定的起诉条件,应驳回其起诉。故法院依照《民事诉讼法》第一百零八条的规定,裁定如下:

驳回原告潍坊物流公司的起诉。

如不服本裁定,可在裁定书送达之日起 10 日内上诉于山东省潍坊市中级人民法院。

**四、二审裁定**

2009 年 12 月 26 日,原告潍坊物流公司不服青州市人民法院(2008)青法民三初字第 457 号民事裁定,向潍坊市中级人民法院提起上诉。

潍坊物流公司上诉称:1. 关于事实部分。2008 年 3 月 19 日,倪某某驾驶朱某挂靠在青州物流公司的鲁 G77590(鲁 GQ223 挂)货车在天津市津歧公路上发生交通事故,造成驾驶员倪某某、乘车人朱某死亡,车辆及车上货物损毁。该事故经认定,驾驶员倪某某承担事故的全部责任。2008 年 3 月 17 日,上诉人委托朱某托运内蒙古机械设备公司从潍柴备品公司购买的配件物品一宗,运营车辆挂靠在被上诉人青州物流公司处,货物保价运输价值为 1,017,523. 80 元,事故发生后,经委托评估,货物残值为 22,900 元。此后,上诉人赔偿内蒙古机械设备公司全部货款。2. 法律适用部分。事故发生后,上诉人提起诉讼可依据的法律关系有二:一是道路交通事故财产损害赔偿法律关系,二是货运合同关系,本案一审中,上诉人明确选择道路交通事故财产损害赔偿纠纷主张权利。本案中,作为权利主体的内蒙古机械设备公司有权向被上诉人主张交通事故损害赔偿,因上诉人已全额赔偿了该公司损失,上诉人有权向作为赔偿责任人的被上诉人追偿,行使权利的基础仍然是道路交通事故财产损害赔偿法律关系。为此,请求撤销原审裁定,指令青州市人民法院对本案进行审理。

2009 年 1 月 12 日,潍坊市中级人民法院作出(2010)潍民终字第 762 号民事裁定。法院认为,潍坊物流公司与朱某之间存在货物运输合同关系,潍坊物流公司所托运的货物因朱某的运输车辆发生道路交通事故毁损后,潍坊物流公司应当享有赔偿请求权。原审已查明潍坊物流公司已经向货主内蒙古机械设备公司履行了赔偿义务,那么,即使潍坊物流公司行使的是追偿权,其基础法律关系仍然是基于道路交通事故发生的财产损害赔偿关系,应当进行实体审理,原审以潍坊物流公司的起诉不符合法定的起诉条件为由驳回其起诉不当,应予纠正。综上,潍坊物流公司的上诉理由成立，潍坊市中级人民法院予以支持。依据《最高人民法院关于适用〈中华人民共和国民事诉讼法〉若干问题的意见》第一百八十七条之规定，裁定如下：

1. 撤销青州市人民法院驳回起诉的民事裁定；

2. 指令青州市人民法院对本案进行审理。

## 五、一审判决

2010 年 10 月 22 日，青州市人民法院作出（2008）青法民三初字第 457 号民事判决。

法院查明：2008 年 3 月 19 日 2 时 50 分，倪某某驾驶鲁 G77590（鲁 GQ223 挂）重型普通货车沿津歧公路由南向北行驶至 66KM + 900M 处时，未确保行车安全，撞到前方因发生交通事故后不能移动的马某某驾驶的鲁 R51763（鲁 R5860 挂）货车的尾部。后鲁 G77590（鲁 GQ223 挂）货车起火燃烧，造成驾驶员倪某某及乘车人朱某当场烧死，双方车辆损坏。鲁 G77590（鲁 GQ223 挂）货车上的货物损坏。天津市公安交通管理局大港支队经现场勘查后，认定倪某某承担该事故的全部责任，朱某、马某某不承担责任。原告提供交通事故认定书复印件一份，被告青州物流公司、张某持有异议。但对该认定书载明的交通事故的基本事实、成因和当事人的责任，被告方均无异议。

本案事故车辆鲁 G77590（鲁 GQ223 挂）货车的注册登记车主为被告青州物流公司，实际车主为朱某。青州物流公司为一人有限责任公司，被告张某是其股东。倪某某是朱某的雇员，被告朱某的四位继承人是其近亲属，分别是其父、其母、其妻、其子。本案事故车辆系朱某于 2007 年 4 月 4 日向一汽财务有限公司借款 260，500 元从青州汽贸公司购买的，青州汽贸公司为朱某提供连带责任保证。朱某和青州汽贸公司签有《贷款购车合同》（由被告青州物流公司提供），约定在贷款还清前，青州汽贸公司有权收回和处置该车。青州汽贸公司指定该车必须挂靠在被告青州物流公司，青州物流公司不向朱某收取任何费用，朱某自行承担一切交通规费。挂靠期间，朱某从事的所有运输业务与青州汽贸公司及青州物流公司无任何关系，出现的运输纠纷由朱某负责。青州物流公司的办公场地是租用青州汽贸公司的，每月租金为 1800 元（有原告提供的青州物流公司的工商登记材料佐证）。被告朱某的亲属提供朱某与西北物流服务部签订的《运输协议书》一份，载明该车是西北物流服务部的合同车,有效期限自 2007 年 5 月 5 日至 2008 年 5 月 5 日。西北物流服务部给朱某提供的行车线路为:潍坊—包头—银川,朱某负责沿路卸货,其中终点至包头的,每月保证 3 趟或两月最低 7 趟。朱某必须按照西北物流服务部的要求装货。在合同有效期限内,朱某不能私自偷运西北物流服务部的货物或到其他单位运货、经营其他线路。如朱某违约,西北物流服务部将终止合同,押金不退。朱某若整车运输货物,西北物流服务部则给予朱某高出其他社会车辆运费 200 元,若为零担运输货物,西北物流服务部则给予朱某高出整车运费最低 1000 元。朱某必须将所运货物的货款、欠条等按时带回或打入西北物流服务部账户,不能私自动用货款。如出现货物丢失、损坏等情况,必须照价赔偿客户。朱某在合同签订后须交给西北物流服务部押金 5000 元。朱某必须按时保质量地将货物运到目的地,不能刁难客户,一经发现,西北物流服务部有权从朱某的押金中扣除 1000 元作为事后调解费用。朱某带给西北物流服务部的一切费用以一车一算的方式清算。该事故发生在上述合同有效期限内。

2008 年 3 月 17 日,朱某承接原告托运的货物 780 件,其中木箱 23 件,纸箱 757 件,总重量为 14,400 公斤,收货单位为内蒙古机械设备公司。原告提供的其制式托运单《运输协议》栏目内载明托运人选择保价运输,保价费按货物价值的 3‰收取,朱某在驾驶员姓名栏目内签名。该托运单右上角有用圆珠笔涂改的字迹,仅剩“物流”两字,前面两字已涂掉。原告还提供托运单位潍柴备品公司的运输通知单、备件销售清单,用以证明该批货物的保价运输价值与销售价款一致,均为 1,017,523.80 元,运费由潍柴备品公司支付。上述运输通知单、备件销售清单均加盖潍柴备品公司的(转帐)财务专用章。被告朱某的亲属提供车主朱某代理人王某某、原告代理人刘某某、青州某汽配公司代理人邓某某于 2008 年 3 月 28 日达成的协议一份,载明原告将事故车辆车上所剩货物全部运走,全部损失与车主无关,不再追究车主责任。被告青州物流公司、张某提供原告的工商登记材料,用以证明刘某某是原告的雇工。庭审中,原告主张该协议没有加盖原告的公章,原告没有授权刘某某签订该协议。被告朱某的亲属提供录像光盘一份,用以证明当时确有一部分货物尚未毁损。诉讼中,根据原告的申请,青州市人民法院依法委托青州市价格认证中心对该批货物的残留价值进行了鉴定,其残值为 22,900 元。因货物在天津交警停车场露天堆放,已经全部丧失使用价值。原告提供内蒙古机械设备公司的证明材料一份,用以证明该公司购买潍柴备品公司柴油机配件一宗,总价款1,017,523.80元,由原告负责运输。因在运输途中发生交通事故,全部配件毁损,原告已经予以全额赔偿。该证明材料的落款时间为2008年4月7日。原告在立案和第一次开庭时均未提供该证明材料,第二次开庭时才向法院提供。

对上述事实,当事人均无异议。

法院认为,本案是汽车货物运输途中发生交通事故造成的财产损害赔偿纠纷,本案涉及三个法律关系,即内蒙古机械设备公司与潍柴备品公司之间的买卖合同关系、原告与朱某之间的运输合同关系以及因交通事故造成的侵权财产损害赔偿法律关系。原告作为托运人选择道路交通事故损害赔偿纠纷主张权利,于法有据。关于剩余货物处置协议的效力问题。根据该协议与被告朱某亲属提供的录像光盘,该批货物在签订处置协议时肯定有一部分尚未毁损。该处置协议是否有效,关键在于原告工作人员刘某某是否有代理权。表见代理是指被代理人的行为足以使善意第三人相信无权代理人具有代理权,基于此项信赖与无权代理人发生民事法律行为,由此产生的法律后果由被代理人承担的代理。表见代理的发生,被代理人对于足以使善意第三人相信无权代理人有代理权的表象有过错,故法律规定其发生有权代理的后果。表见代理是为保护相对人利益而设定的一种制度,代理有效与否应由相对人根据是否于己有利而作出选择。本案中,原告工作人员刘某某在交通事故发生地的天津以原告的名义与受害人朱某的亲属签订剩余货物处置协议,就常理而言,受害人朱某的亲属有足够理由相信刘某某有代理权。诉讼中,作为受害人朱某的亲属主张刘某某有代理权,依法应视为刘某某构成表见代理。该协议不违背有关法律和行政法规的强制性规定,应属有效。原告已经对自己的实体权利作出了处分,应当全面、正确地履行该协议。原告再向法院提起诉讼,要求被告方赔偿其全部损失,与事实不符,依法应当驳回其诉讼请求。依照《民法通则》第六十六条、《最高人民法院关于民事诉讼证据的若干规定》第二条规定,判决如下:

驳回原告潍坊物流公司的诉讼请求。

案件受理费13,958元,诉讼保全费5608元,均由原告潍坊物流公司负担。

如不服本判决,可在判决书送达之日起15日内预交上诉案件受理费13,958元,上诉于山东省潍坊市中级人民法院。

## 六、二审判决

2010 年 11 月 12 日，原告潍坊物流公司不服青州市人民法院（2008）青法民三初字第 457 号民事判决，向潍坊市中级人民法院提起上诉。

2011 年 1 月 19 日，潍坊市中级人民法院开庭审理本案。

潍坊物流公司上诉称：1. 关于与朱某亲属签订的协议之效力。交通事故发生后，作为托运人的潍坊物流公司没有权利对该批货物进行法律处分，在协议上签字的刘某某也代表不了潍坊物流公司，上诉人也没有授权刘某某处分价值 100 多万元的运输货物及决定是否免除车主赔偿责任，不存在让朱某亲属认为刘某某有代理权的理由。朱某亲属疏于审查，并非一审法院认为的“善意第三人”。故一审法院仅凭刘某某是上诉人的职工就按常理认定刘某某签字的行为属于表见代理没有依据，该协议对上诉人无效。2. 对于事故发生后的货物毁损残值。朱某亲属提交的录像资料并非现场事故录像，来源不合法，且没有时间、地点，图像不清，仅凭外观不能证明货物在事故火灾后没受到损坏，且与残值鉴定得出的结论不符。3. 被告青州物流公司以其名义为朱某办理道路运输营运手续，缴纳车辆保险、运输规费、养路费等费用，且青州物流公司提交的青州汽贸公司与朱某的《贷款购车合同》第 5 条明确载明朱某购买的车辆必须挂靠在其指定的青州物流公司，证明两者之间存在挂靠关系。根据相关法律规定，运营车辆挂靠是禁止的，青州物流公司提供挂靠的违法行为与损害结果有因果关系，应与挂靠人朱某承担连带赔偿责任。4. 对于被告张某的连带责任。张某未能举证证明公司财产与个人财产是分开的，根据我国《公司法》的规定，张某应对青州物流公司的债务承担连带责任。

被上诉人青州物流公司辩称：1. 关于 2008 年 3 月 28 日货物处置协议。在该协议上签字的三方当事人是：车主朱某的代理人王某某、潍坊物流公司代理人刘某某、青州某汽配公司代理人邓某某，协议是在三方共同参与和见证下签订的。协议约定：潍坊物流公司、青州某汽配公司分别将各自托运的事故后所剩货物全部运走；车上货物全部损失与车主无关；对于车上货物的损失不再追究车主责任。该协议包含如下信息：（1）交通事故虽然致使驾驶员倪某某和车主朱某死亡，但是并未致使全部货物损毁。潍坊物流公司代理人刘某某、青州某汽配公司代理人邓某某同意将未遭受损失的货物全部运走。（2）刘某某被潍坊物流公司派到天津事故现场以其代理人身份签订协议不是个人行为而是职务行为，自然能代表潍坊物流公司。(3)潍坊物流公司代理人刘某某和青州某汽配公司代理人邓某某既然同意运走未损坏的货物,且不再追究车主的责任,说明受损的货物所占的比重不会很高,否则潍坊物流公司和青州某汽配公司不会轻易承诺不再追究车主的责任。所以,刘某某代表潍坊物流公司在协议中所作出的处分行为是有效的。2. 三方签订货物处置协议后,产生两个法律后果:(1)潍坊物流公司获得将其所托运的未遭受损失的货物全部运走的权利。潍坊物流公司是否运走、什么时间运走货物,是潍坊物流公司自己的权利,后续出现的扩大损失也由潍坊物流公司自行承担。时隔1年后,潍坊物流公司再申请法院委托青州市价格认证中心去天津交警停车场对露天堆放的货物进行鉴定,鉴定货物残值为22,900元,出现这种结果,要么是潍坊物流公司已将未遭受损失的主要货物运走,造成所剩货物只价值22,900元;要么是潍坊物流公司怠于行使其全部运走货物的权利,或者停车场没有尽到合理的管理义务而致使未受损的货物在露天存放中丢失或丧失了原有的使用价值。(2)解除与车主的运输合同、免除车主对托运货物造成损失所负的赔偿责任。3. 关于朱某与青州物流公司之间的关系。(1)被告青州物流公司与事故车辆车主朱某不是简单的挂靠关系,青州物流公司只是登记车主。青州汽贸公司出于防止分期付款的买主在付清全部车款前私自过户、携车逃跑的目的,让青州物流公司协助采取这种销售保护措施。青州物流公司既未取得运营利益,也无运营支配权。从税务部门的统计资料来看,青州物流公司从登记成立以来营业额均为零,表明该公司并不从事物流经营活动。(2)案外人西北物流服务部是车主朱某的实际挂靠单位,应追加为本案被告。根据朱某家属提供的证据,朱某生前是受西北物流服务部指派运输该批货物的,不存在原告委托问题。如果不认定该事实,必然留下事实不清的隐患。4. 上诉人要求青州物流公司和张某承担连带责任违背事实、显失公平,更无法律依据。原因在于:(1)既然2008年3月28日剩余货物的协议已免除车主朱某的赔偿责任,当然也免除了登记车主的责任。(2)青州物流公司是一人有限公司,张某是其股东,有限公司是以公司财产为限对外承担责任。综上所述,上诉人的上诉理由不成立,请求二审法院维持一审判决。

被上诉人张某答辩称:认可青州物流公司的答辩意见。

被上诉人朱某亲属共同答辩称:1. 朱某的亲属与刘某某签订协议时,刘某某携带有潍坊物流公司出具的单位证明、委托代理书和营业执照;2. 交通事故造成的货物损失很小。

2011 年 3 月 11 日,潍坊市中级人民法院作出(2011)潍民终字第 215 号民事判决。法院认为,二审查明的事实与一审查明的事实一致。上诉人潍坊物流公司所托运的货物因朱某的运输车辆发生道路交通事故毁损后,刘某某作为上诉人派出的处理本次交通事故的人员,根据交通事故处理的需要,于 2008 年 3 月 28 日在天津与朱某的亲属即本案被上诉人朱某亲属的委托代理人王某某,及青州某汽配公司委托代理人邓某某签订协议,对交通事故发生后的货物处理及车主责任作出了具体约定,刘某某在该协议上签字的行为应为职务行为,由此产生的法律后果应由其所在单位潍坊物流公司承担,而协议的内容亦不违反法律和行政法规的强制性规定,应认定合法有效,双方当事人均应按照该协议履行。上诉人主张货物在与朱某办理完托运手续后,所有权已转移给内蒙古机械设备公司,未提交证据证实,且与其主张的赔偿请求权相冲突,法院亦不予采信。上诉人在上述协议中已明确放弃追究车主朱某的责任,系对自己实体权利的处分,故再要求车主及挂靠单位承担责任,没有事实依据,原审判决驳回其诉讼请求,并无不当。综上,上诉人的上诉理由不能成立,法院不予支持。依照《民事诉讼法》第一百五十二条、第一百五十三条第一款第一项、第一百五十八条之规定,判决如下:

驳回上诉,维持原判。

二审案件受理费 13,958 元,由潍坊物流公司负担。

本判决为终审判决。

**七、结案评析**

律师辩论和法官裁判一个案件的准确性,必须根据分析找准案件涉及的法律关系。本案涉及的法律关系为:内蒙古机械设备公司与潍柴备品公司之间的买卖合同关系、潍坊物流公司与朱某之间的运输合同关系以及因交通事故造成的财产损害赔偿法律关系。本案原告起诉,选择的是交通事故造成的财产损害赔偿法律关系。

1. 原告以交通事故损害赔偿为诉求是否合法。根据法律规定,在没有特别约定时,运输合同的货物自“交付给第一承运人”后所有权转移给买受人。在本案中,自卖方潍柴备品公司将货物交给第一承运人潍坊物流公司始,货物所有权和毁损、灭失风险已归案外人内蒙古机械设备公司所有,主张交通事故损害赔偿的权利依法由内蒙古机械设备公司享有。但是,在本案中,第一承运人潍坊物流公司主张其已全额赔偿内蒙古机械设备公司的货物损失,享有内蒙古机械设备公司怠于行使权利的追偿权,而该项权利的基础仍然是道路交通事故财产损害赔偿法律关系。所以,原告作为第一托运人选择道路交通事故损害赔偿纠纷主张权利,于法有据。

2. 关于朱某亲属与潍坊物流公司工作人员签订协议的效力问题。首先,因为案涉货物本来归内蒙古机械设备公司所有,但是在发生交通事故后潍坊物流公司全额赔偿了内蒙古机械设备公司的货物损失,货物所有权又转移给了潍坊物流公司,所以潍坊物流公司有权处分案涉货物。其次,刘某某是潍坊物流公司员工,他到事故现场时带着公司出具的单位证明、委托代理书和营业执照,他的行为足以使朱某家属相信他具有代理公司处理问题的权利,且基于此项信赖与他签订协议,协议产生的法律后果当然应当由潍坊物流公司承担。刘某某以公司名义与朱某亲属签订处置协议,不违背有关法律和行政法规的强制性规定,应属有效。潍坊物流公司已经对自己的实体权利作出了处分,应当全面、正确地履行该协议,所以,两审法院选择直接认定朱某家属与潍坊物流公司工作人员刘某某签订的协议有效,进而推定潍坊物流公司应当接受实体权利处分的后果,判决驳回潍坊物流公司的诉讼请求,是正确的。

3. 朱某车辆“挂靠”青州物流公司的责任承担问题。在现实中,个人车辆“挂靠”运输企业经营是交通运输行业较为普遍的现象,但法律没有作出相应规定。许多个人没有交通运输资质,一些运输公司的车辆不够多、不能满足业务需求,因双方互有需求,所以“挂靠经营”大行其道。在本案庭审中,关于朱某与青州物流公司的挂靠关系,物流公司用双方的挂靠合同作为不承担责任的抗辩理由,但法院的裁决结果在过去是根据司法解释、现在是根据《民法典》第一千二百一十一条(以挂靠形式从事道路运输经营活动的机动车,发生交通事故造成损害,属于该机动车一方责任的,由挂靠人和被挂靠人承担连带责任)。其法理是:第一,挂靠人应当承担责任。挂靠人是车辆的实际所有权人,对挂靠的车辆享有实际的支配权,并从机动车的运行中获得利益,挂靠人对交通事故所致损害理应承担责任。根据法律规定,机动车物权的设立和转让,自交付时发生效力,登记只是对抗要件而非生效要件。故在挂靠情形下,机动车虽然登记在被挂靠人名下,但若已经交付挂靠人,挂靠人便是机动车的所有权人。第二,被挂靠人应当与挂靠人承担连带责任。首先,从原告索赔角度看,被挂靠人青州物流公司是涉案事故车辆的登记车主,挂靠是挂靠人和被挂靠人之间的合同关系,受害人无从知晓也无须知晓挂靠人与被挂靠人的合同关系。发生交通事故后,受害人要求被挂靠人承担责任符合民法上的外观主义原则。其次,机动车运输是高度危险作业,有严格的资质限制,必须具备一定的条件并经行政许可方可营运。被挂靠人为了获取挂靠车辆的运营利益,允许挂靠人以其名义将机动车投入运营,就等于自愿承担他人在运营中可能给其带来的风险。在本案中,与一般挂靠不同的是,青州物流公司没有经营,没有收益,朱某与青州物流公司的挂靠也没有运营利益往来,纯粹是汽车销售公司为了控制车辆所有权的自保行为。

4. 关于青州物流公司股东张某的责任承担问题。青州物流公司是一人独资有限责任公司,张某是唯一股东和法定代表人。这里涉及一个公司法上的名词:"法人人格否认制度",在英美叫作"揭开公司面纱",这一制度有两层含义:第一,公司在正常情况下是具有面纱的;第二,这个面纱是不能随意揭开的。我国《公司法》第六十三条规定:"一人有限责任公司的股东不能证明公司财产独立于股东自己的财产的,应当对公司债务承担连带责任。"青州物流公司的性质是有限责任公司,只有在公司财产无法与张某个人财产区分时,张某才需要与公司承担连带责任。在法律实务中,一方面,存在"举证责任倒置"问题,即张某与公司的财务是否混同应当由张某自己举证证明,但在有限责任公司内部账务混乱情况下,公司财务可能存在编造虚假财务信息和各种名目的混乱,这也为当事人提供证据和法院质证带来了很大的困扰。另一方面,该项制度在运用和认定上存在一定困难,故该制度往往是在债权人穷其方法而不可得的时候才会选用的最后一张牌,且如果我们过多地使用法人人格否认制度解决问题,也说明了相关法律的无用。

## 八、相关法条

**1.《合同法》(1999 年 3 月 15 日公布)**

第一百三十三条[①] 标的物的所有权自标的物交付时起转移,但法律另有规定或者当事人另有约定的除外。

---

① 对应《民法典》第二百二十四条:"动产物权的设立和转让,自交付时发生效力,但是法律另有规定的除外。"

第一百四十一条[①]　出卖人应当按照约定的地点交付标的物。

当事人没有约定交付地点或者约定不明确，依照本法第六十一条的规定仍不能确定的，适用下列规定：

（一）标的物需要运输的，出卖人应当将标的物交付给第一承运人以运交给买受人；

……

第一百四十五条[②]　当事人没有约定交付地点或者约定不明确，依照本法第一百四十一条第二款第一项的规定标的物需要运输的，出卖人将标的物交付给第一承运人后，标的物毁损、灭失的风险由买受人承担。

**2.《民法通则》（2009 年 8 月 27 日修正）**

第六十六条[③]　没有代理权、超越代理权或者代理权终止后的行为，只有经过被代理人的追认，被代理人才承担民事责任。未经追认的行为，由行为人承担民事责任。本人知道他人以本人名义实施民事行为而不作否认表示的，视为同意。

**3.《民事诉讼法》（2007 年 10 月 28 日修正）**

第一百零八条[④]　起诉必须符合下列条件：

（一）原告是与本案有直接利害关系的公民、法人和其他组织；

（二）有明确的被告；

（三）有具体的诉讼请求和事实、理由；

（四）属于人民法院受理民事诉讼的范围和受诉人民法院管辖。

---

① 对应《民法典》第六百零三条："出卖人应当按照约定的地点交付标的物。当事人没有约定交付地点或者约定不明确，依据本法第五百一十条的规定仍不能确定的，适用下列规定：（一）标的物需要运输的，出卖人应当将标的物交付给第一承运人以运交给买受人……"

② 对应《民法典》第六百零七条："出卖人按照约定将标的物运送至买受人指定地点并交付给承运人后，标的物毁损、灭失的风险由买受人承担。当事人没有约定交付地点或者约定不明确，依据本法第六百零三条第二款第一项的规定标的物需要运输的，出卖人将标的物交付给第一承运人后，标的物毁损、灭失的风险由买受人承担。"

③ 对应《民法典》第一百七十一条："行为人没有代理权、超越代理权或者代理权终止后，仍然实施代理行为，未经被代理人追认的，对被代理人不发生效力。相对人可以催告被代理人自收到通知之日起三十日内予以追认。被代理人未作表示的，视为拒绝追认。行为人实施的行为被追认前，善意相对人有撤销的权利。撤销应当以通知的方式作出。行为人实施的行为未被追认的，善意相对人有权请求行为人履行债务或者就其受到的损害请求行为人赔偿。但是，赔偿的范围不得超过被代理人追认时相对人所能获得的利益。相对人知道或者应当知道行为人无权代理的，相对人和行为人按照各自的过错承担责任。"

④ 对应《民事诉讼法》（2021 年 12 月 24 日修正）第一百二十二条。

# 第四编　房地产合同案例

## 诉讼指引

本编涉及土地使用权出让合同纠纷和房屋拆迁补偿纠纷。

土地使用权出让合同，是指市、县人民政府自然资源主管部门作为出让方将国有土地使用权在一定年限内让与受让方，受让方支付土地使用权出让金的合同。

房屋拆迁补偿合同纠纷，是指在房屋拆迁时，被拆迁人对拆迁补偿、拆迁安置条件、拆迁的过渡期限等不满意，或拆迁人进行非法拆迁而发生的纠纷。

办理土地使用权出让合同和拆迁补偿合同案件，一般应当注意以下问题：

1. 厘清法律关系，精准选择诉讼方式。上述两类案件的法律关系比较复杂，可能既存在行政法律关系，又存在民事法律关系，应当择其一而处理之。如果当事人错误选用法律关系，可能导致法院以法律关系错误、不属于人民法院受理范围为由而驳回起诉。本编案例十二和案例十三均涉及这一问题。

2. 审查土地使用权出让合同主体资格是否合法。按照法律规定，能够行使土地使用权出让的主体只能是市、县人民政府自然资源主管部门，开发区管理委员会、园区管理委员会作为出让方与受让方订立的土地使用权出让合同，应当认定为无效。

3. 审查土地使用权出让合同内容是否合法。如果以协议方式出让土地使用权，土地使用权出让金低于订立合同时当地政府按照国家规定确定的最低价的，应当认定土地使用权出让合同约定的价格条款无效。若出让的土地是通过违法方式征用的集体土地，则该征用行为违法，也必然导致土地出让合同因违法而无效。若规划的土地用途是建厂房，但土地出让合同约定的土地用途是商品住宅，则也属于因合同内容违法而无效的情形。

4. 审查土地使用权出让合同签订的程序是否合法。合同的签订程序主要体现在土地使用权的出让方式上。按照法律规定，土地使用权的出让方式主要有四种：协议、招标、拍卖和挂牌。对于各种经营性土地使用权的出让则禁止采用协议方式，而必须采用招标、拍卖、挂牌等公开的市场化方式。因此，在出让程序上，必须根据土地的用途来确定法律允许的出让方式，否则会导致土地使用权出让合同无效。

5. 依法界定拆迁是否违法，合理平衡各方的价值利益。房屋拆迁涉及公民财产保护和公共福利改进的关系，涉及国家公共政策和私权保护冲突的价值选择。法院在处理房屋拆迁案件时，既要做到依法保护房屋被拆迁人及拆迁人的合法权益，使其不受侵害，又要监督和支持行政机关依法行政和维护社会稳定。本编案例十三涉及这一问题。

6. 针对拆迁主体重叠多变和裁决、诉讼程序周期长的特点，律师和法官应当果断审慎处理，防止矛盾激化，规避个人执业风险。拆迁主管部门颁发拆迁许可证后，拆迁补偿需拆迁人与被拆迁人协商才能达成协议。但由于双方意愿、利益差异大，协商难度大，拆迁人往往选择行政裁决渠道，申请拆迁主管部门行政裁决。被拆迁人则通过诉讼渠道进入司法程序，但诉讼程序周期长，不能及时实现补偿，容易激化矛盾。本编案例十三涉及这一问题。

# 案例十二　山东省某市人民政府土地出让合同纠纷案

2007年,本案先经山东省高级人民法院以不属于人民法院受理民事诉讼的范围为由裁定驳回原告起诉,后以最高人民法院二审维持一审裁定结案。

## 一、焦点问题

1. 本案是否属于民事诉讼的受案范围?

2. 市政府是否为本案当事人?

3. 法院只对本案作了程序审理,是否应作出实体判决?

4. 兼有土地使用权出让合同和房屋拆除赔偿诉求的纠纷,究竟是民事案件还是行政案件?

## 二、当事人诉求

原告:山东某市云岭实业有限公司(以下简称云岭公司)

第一被告:山东某市人民政府(以下简称市政府)

委托代理人:徐贵一,山东齐鲁律师事务所律师

第二被告:山东省某市国土资源局(以下简称国土局)

2007年8月15日,原告云岭公司向山东省高级人民法院提起民事诉讼。原告诉求:1. 判令解除原告与被告的土地出让合同;2. 判令第一被告赔偿原告经济损失人民币3108万元(注:当时山东省高级人民法院民商事一审级别管辖标准是3000万元以上);3. 判令第一被告返还原告自2001年5月至2007年6月的会计账册、原始记账凭证;4. 判令第一被告向原告赔礼道歉;5. 判令被告承担诉讼费用。

原告诉称,经市政府批复同意,国土局与云岭公司分别于2001年6月和2002

年1月签订两块土地的《国有土地使用权出让合同》,云岭公司取得两块土地共计28,062平方米的使用权,出让期40年。合同约定主体建筑性质为:禽舍、办公室、旅游用品展厅、冷饮部设施。2001年6月,市计划委员会批准云岭公司在该地块建设5820平方米的建筑,云岭公司实际建设商业用房2217平方米,并取得房屋产权证(产权证编号为200200803,房屋包括南楼、西楼)。2003年11月,云岭公司在南楼、西楼开设毛家饭店。2006年10月,云岭公司将毛家饭店南楼改造为毛家饭店宾馆,并获得卫生许可证。2007年4月5日,市旅游文物管理委员会通知云岭公司称:毛家饭店所在位置在核心旅游区内,不符合我市核心旅游区的控制性详细规划,云岭公司擅自改变土地用途,市政府已决定对毛家饭店进行拆除。5月19日,市房地产管理局作出青房发字(2007)19号行政决定书,以建筑物违法为由,注销了云岭公司所持有的200200803号房屋所有权证书。5月22日,市城市管理行政执法局向云岭公司发出了行政处罚陈述申辩权利告知书,告知云岭公司要拆除其擅自建设的建筑物2157.8平方米。6月11日,市政府批复市城市管理行政执法局的请示,同意对云岭公司擅自建设的2157.8平方米的建筑及四周围墙实施强制拆除。6月21日,市城市管理行政执法局向云岭公司下达了强制拆除决定书,并于同日对上述建筑进行了强制拆除。被告注销原告房屋所有权证、拆除原告建筑物的行为,剥夺了原告对土地的合法使用权,并使原告遭受经济损失3108万元。同时,由于被告的违约行为和侵权行为,原告自2001年5月至2007年6月的会计账册、原始记账凭证在房屋拆除中下落不明。综上所述,被告的违法行为剥夺了原告对国有土地的合法使用权,并给原告造成了巨大的经济损失,应当承担相应的民事责任。被告应赔偿原告的经济损失,返还原告的会计账册和记账凭证,赔礼道歉,并承担诉讼费用。

**三、一审辩论和裁判**

被告市政府答辩称:1. 原告取得土地使用权后,并没有按照规定使用土地,而是在缺乏合法手续的情况下违法使用,主要表现在:(1)超面积使用土地。《国有土地使用权出让合同》约定出让给原告国有土地28,062平方米,但原告在没有办理任何手续的情况下非法多占地2286平方米,其实际使用面积为30,348平方米。(2)无手续乱建房。市规划部门只在2002年向原告颁发了480平方米的《建设工程规划许可证》及《建设工程施工许可证》,此后再没有颁发过,但是截至2004年

4 月,原告实际建设的建筑面积达到 2637. 80 平方米,其中 2157. 80 平方米为无证违章建筑。(3)私自涂改建设审批文件,骗取房屋权属证件。原告在办理房产证时,私自涂改《建设工程规划许可证》及《建设工程施工许可证》,将批准面积 480 平方米涂改成 1480 平方米,并以此获取房屋管理部门发的 1480 平方米房屋产权证书。(4)违反土地使用权批复及土地出让合同确定的土地用途。批准文件确定的涉案土地用途为"建设禽舍、办公室、旅游用品展厅、冷饮部设施",但是原告将涉案土地用途改为饭店、宾馆用地,并违反平面规划图,将规划图中的凉亭私自改建为庙宇;建筑单体方案变动很大,大门院墙未按照原审定方案实施;工程未经规划竣工验收,未办理工程竣工综合验收手续即入住使用。2. 市政府在出让土地使用权的过程中不存在违法行为。土地出让合同的出让人是国土局,受让人是原告,市政府并非土地出让合同的相对人,且市政府不存在干涉履行土地出让合同的行为。出让人按照合同约定将涉案土地交付给原告使用,市政府不存在非法影响或者非法限制原告合法使用土地的情形,也没有禁止原告使用涉案土地。原告以被告合同违约要求解除合同于法无据。3. 本案纠纷发生的基础是土地出让合同,发生纠纷的原因是市房地产管理局和市城市管理行政执法局按照法定程序注销其房产证、对其违章建筑强制拆除,是对其违法行为进行的行政处罚,原告的起诉不应作为民事案件审理,而应该作为行政案件审理。因此,请求法院驳回原告的起诉。

被告国土局答辩称,国土局在履行《国有土地使用权出让合同》中不存在任何违约行为。至于原告的建筑物被拆除,是市城市管理行政执法局对于原告违反相关行政法规而作出的行政处罚,其行政行为是否正确属于行政诉讼的范畴,且市城市管理行政执法局系独立核算、独立承担民事责任的行政机构,与国土局无任何关系。请求法院驳回原告起诉。

2007 年 10 月 9 日,在本案临近开庭前,云岭公司向法院提交变更诉讼请求申请书,请求撤销"判令解除原告与被告的土地出让合同"的诉讼请求。变更后的诉讼请求为:1. 判令二被告赔偿经济损失人民币 3108 万元;2. 判令二被告给付以 1622. 41 万元为本金计算的自 2007 年 6 月 21 日起至二被告付清原告 1622. 41 万元为止的利息,上述利息按照中国人民银行公布的同期贷款利率计算;3. 判令二被告给付原告以 430 万元为本金计算的自 2007 年 6 月 21 日起至二被告付清原告

430万元为止的利息，上述利息的利率按照1.485‰计算；4.判令二被告给付原告以11,200元为基数计算的自2007年6月24日起至租赁房屋协议终止或解除时为止的损失；5.判令二被告返还原告自2001年5月至2007年6月的会计账册、原始记账凭证；6.判令二被告向原告赔礼道歉；7.判令二被告承担诉讼费用。原告重新提交的民事起诉状认为，由于被告的违约行为和侵权行为剥夺了原告对国有土地的合法使用权，并给原告造成了巨大的经济损失，应当承担相应的民事责任。

2007年10月17日，山东省高级人民法院开庭审理本案。在开庭时，审判长首先询问原告是否当庭变更诉讼请求，原告回答仍坚持撤回解除土地使用权出让合同的诉讼请求并直接要求被告赔偿因合同违约和侵权造成的经济损失。审判长向原告代理律师释明合同违约赔偿与侵权赔偿之诉不能并用后，合议庭便未进行实体审理，直接宣布休庭、等待法庭裁决。

2007年11月5日，山东省高级人民法院作出(2007)鲁民一初字第19号民事裁定书。

经审理查明，2001年6月15日、2002年1月26日，被告市政府分别批复同意国土局代表市政府收回市风景区管理局使用的国有未利用土地19,454平方米和8608平方米，出让给原告云岭公司用于建设禽舍、办公室、旅游用品展厅、冷饮部设施，出让期是40年。2001年6月28日，2002年1月29日，原告云岭公司分别取得该两块土地的使用权，总面积是28,062平方米。2001年6月13日，市计划委员会批准原告云岭公司在该地块建设5800平方米的建筑，原告云岭公司实际建房2217平方米，并取得房屋的产权证。2003年11月，原告云岭公司在所建的房屋中开设毛家饭店，2006年10月，原告将毛家饭店南楼改造为毛家饭店宾馆，并获得卫生许可证。

2007年5月19日，市房地产管理局作出青房发字(2007)19号决定书，注销了原告云岭公司所持有的200200803号房屋所有权证书。原告云岭公司于2007年2月18日将市房地产管理局起诉至市人民法院，目前该案仍在市法院审理中。2007年5月22日，市城市管理行政执法局向原告云岭公司发出了行政处罚陈述申辩权利告知书，告知原告要拆除其擅自建设的建筑物2157.8平方米。2007年6月11日，被告市政府批复市城市管理行政执法局，同意对原告云岭公司擅自建设的2157.8平方米的建筑物及四周围墙实施强制拆除。2007年6月21日，市城市管理行政执法局向原告云岭公司下达了强制拆除决定书，并于同日对上述建筑物进行了拆除，原告云岭公司为此向本院提起诉讼。

上述事实，有经过当事人质证的市政府的相关批复、国有土地使用权证、房屋所有权证、强制拆除的通知书、决定书以及起诉状、答辩状、双方当事人的当庭陈述等为凭。

法院认为，原告云岭公司提出诉讼请求所依据的事实是两被告拆除其建筑物的行为构成了违约和侵权。根据法院查明的本案事实，原告云岭公司的建筑物被拆除，是由于被告市政府及有关部门通过一系列程序实施的强制拆除这一具体行政行为的结果，该具体行政行为是否合法，是原告云岭公司的诉讼请求能否得到支持的基础，而对该具体行为的合法性进行审查，不属于人民法院受理民事诉讼的范围。因此，本案名为土地出让合同纠纷，实际上是由政府具体行政行为引起的赔偿纠纷，不属于人民法院受理民事诉讼的范围。法院依照《民事诉讼法》第一百零八条的规定，裁定如下：

驳回原告云岭公司的起诉。如不服本裁定，可在裁定书送达之日起 10 日内，上诉于最高人民法院。

**四、二审辩论和裁判**

2007 年 11 月 19 日，原告云岭公司不服山东省高级人民法院(2007)鲁民一初字第 19 号民事裁定，向最高人民法院提起上诉，请求依法审理并作出公正判决。

2007 年 12 月 12 日，最高人民法院开庭审理本案。

上诉人云岭公司上诉称：第一，国土局签订土地出让合同将风景区 28,062 平方米土地使用权出让给云岭公司，云岭公司领取了土地使用权证，云岭公司根据规划要求，在规划范围内建设商业用房 2217 平方米，并依法办理了初始登记，经市房地产管理局勘测，颁发了 200200803 号房产证。2007 年 4 月 5 日，市旅游文物管理委员会通知云岭公司市政府已决定对毛家饭店进行拆除。市政府为了达到收回土地的目的，指令市房地产管理局于 2007 年 5 月 19 日注销了云岭公司的房屋所有权证。同年 5 月 21 日，市房地产管理局发函给房屋所有权证的抵押权人市农村信用社称：经市政府研究决定，注销云岭公司所持的 200200803 号房屋权属证书，并对毛家饭店予以拆除。上述证据表明，拆除云岭公司房屋的行政主体是市政府，并非市城市管理行政执法局。2007 年 5 月 22 日，市城市管理行政执法局向云岭公司发出2157.8平方米拆除违章建筑告知书,云岭公司同年6月6日向市人民法院提起行政诉讼,该院于同年6月20日受理。云岭公司与国土局签订的出让合同是民事合同关系,受民法调整,应作为民事案件受理。第二,市政府虽未与云岭公司签订书面合同,但市政府作为招商引资人与云岭公司存在出让合同关系,有义务保障合同履行。市政府单方解除招商引资签订的土地使用权出让合同,属于违约行为;其未经人民法院生效的法律文书裁决,就强行拆除云岭公司的合法建筑,违反了《物权法》和《民法通则》规定,属于典型的侵权行为。第三,一审法院未组织法庭辩论,违反法定程序。一审法院未进行调解,未对云岭公司作为原告提出的出让合同纠纷进行审理,却以房屋侵权是行政诉讼为由驳回诉讼请求,违反法律规定。综上,请求二审法院撤销一审裁定,依法审理,作出公正判决。

被上诉人市政府答辩称:一审法院的裁定合法,应予维持。第一,市政府不是土地出让合同当事人,谈不上违约或者侵权问题,原告坚持违约和侵权一起诉讼,违反《合同法》第一百二十二条违约责任与侵权责任竞合的规定。第二,市房地产管理局、市城市管理行政执法局都是独立行政机关法人,他们依法都能独立承担法律责任,本案与市政府无关。第三,云岭公司建筑物被拆除是否合法、是否侵权,受行政法调整,属于具体行政行为,本案原告的诉求不属于民事案件审理范围。第四,一审法院审理程序合法,对不应进行实体审理的案件无须组织法庭辩论,也无须进行调解。故应维持一审裁定。

被告国土局意见与市政府一致。

2007年12月19日,最高人民法院作出(2007)民一终字第139号民事裁定。法院认为,二审查明的事实与一审查明的事实相同。云岭公司在本案中提出诉讼请求所依据的事实是其建造的房屋被市政府所属行政机关强行拆除而引发的违约或者侵权纠纷。本案表象特征为违约或侵权的民事纠纷,实质为市政府及其所属行政部门通过行政程序实施强制拆迁这一具体行政行为引发的管理人与其相对人之间的行政纠纷,但不论云岭公司主张违约还是侵权,其基础都是具体行政行为,无法脱离市政府及所属行政机关实施的具体行政行为的合法性,来判断民事意义上的侵权或违约的诉讼请求能否成立;具体行政行为是否合法,是云岭公司的诉讼请求能否得到支持的基础,而对该具体行政行为合法性的审查,不属于人民法院受理民事诉讼的范围。据此，云岭公司提出的上诉请求不能成立。综上，最高人民法院依据《民事诉讼法》第一百零八条、第一百五十四条之规定，裁定如下：

驳回上诉，维持原裁定。本裁定为终审裁定。

**五、结案评析**

民商事案件的结案方式包括程序处理和实体处理，结案方式直接决定了一个民商事案件诉讼成本和办案效率的高低、办案质量的优劣，也体现了办案法官和代理律师的专业功底与办案智慧。因此，选择哪种方式结案，是法官和代理律师确定办案思路的首要问题。

在本案中，原告云岭公司在起诉时的第1项诉讼请求是解除涉案国有土地使用权出让合同，此时山东省高级人民法院立案庭以民事案件立案是合法合规的。在开庭前，原告云岭公司又撤回解除涉案国有土地使用权出让合同的诉讼请求，按照程序本案开庭时便不需要审理解除合同的合法性及其提前解除的法律后果。因此，本案在立案时案由为土地出让合同纠纷，属于人民法院受理民事诉讼的范围，但原告撤回解除合同的诉讼请求后，本案就不再是土地出让合同纠纷，也就不属于人民法院受理民事诉讼的范围，民事审判庭这样处理也是合法的。一审和二审法院的裁判结果可以清晰地印证这一点。

本案争议的焦点是：本案是否属于民事诉讼的受案范围？是否应该作出实体判决？从法理的视角看，问题在于原告起诉的法律关系是民事法律关系还是行政法律关系。在法院内部，此类案件在立案环节和审理环节往往存在很大争议，争议焦点就是该类案件应按民事案件处理还是按行政案件处理。

在法律实务中，经常遇到当事人之间争议合同的性质是属于民事合同还是行政合同，以及是否能够依据民事诉讼程序解决争议的问题，故对合同性质的判定极为重要。行政合同是指行政机关为履行职责与公民、法人或其他组织通过协商而形成的公法上的协议。从形式要件来看，行政合同的当事人必定有一方是行使国家行政权的行政机关，行政合同的内容是行政机关与相对人共同协商、双方意思表示达成一致的结果。从实质要件来看，行政合同主要涉及行政机关的职能、公共利益、行政权力以及公民的平等参与，有其严格的程序规制。行政合同与民事合同的区分标准主要包括以下三个：1. 主体标准，即主体之一是否为行政机关。

行政合同的一方必是行政机关,当然民事合同也有行政机关作为一方当事人的,但合同目的不同。2. 目的标准,即签订行政合同的目的是实现行政机关的行政职责,完成行政任务,是为了公共利益;民商事合同签订的目的是实现合同主体的个体利益,而非公共利益,如行政机关建设办公场所与施工企业签订的建设施工合同。3. 行政优益权标准,即从合同主体是否享有行政优益权进行判断。换言之,在合同的签订、履行、解除、终止过程中,行政机关是否居于主导地位,行政职权是否在合同履行中起主导作用,行政主体是否享有合同的发起权、合同履行的监督权和指挥权、单方面变更合同权等,在其权利义务的约定上,是否体现行政管理关系,是否具有不对等性。行政机关享有行政优益权,合同内容体现不平等的行政管理关系,则为行政合同;反之,为民商事合同。

在本案中,签订《国有土地使用权出让合同》的双方当事人为国土局和云岭公司,土地出让合同的出让人是国土局,受让人是云岭公司,且国土局是行政机关,市政府并非国有土地出让合同的当事人,故市政府与合同违约、解除以及赔偿等法律关系无关。案件的发生是由于原告云岭公司非法使用土地、违章建设,严重影响风景区规划而引起的,因此导致相关行政部门对其进行了行政处罚。故本案争议的实质并非国有土地使用权出让合同纠纷,不能从解除合同的法律后果上要求赔偿经济损失,而在于有关行政部门对于原告云岭公司的行政处罚是否正确以及是否因行政行为而给原告造成了经济损失。故本案不属于民事诉讼的受案范围,两审法院驳回原告起诉、不予实体审理是完全合法的。

在现实生活中,时常会出现国有土地使用权出让合同和房屋拆除赔偿诉求互相交叉的纠纷,当事人或代理律师往往会混淆民事诉讼和行政诉讼的受案范围,经常出现以土地使用权出让合同为案由提起民事诉讼,并要求赔偿经济损失,同时要求房屋拆除损失赔偿,造成违约之诉和侵权之诉并存于同一起诉之中的情况。这类案件的实质是需要先分清当事人的诉求是由行政行为引起的行政诉讼,还是由合同违约、解除行为引起的民事诉讼。从法理和办案经验分析,本案中原告及其代理律师的诉讼思路存在以下问题:1. 没有搞清提起哪种诉讼可以实现诉讼目的。如应选择民事诉讼还是行政诉讼?哪些单位可以作为案件的被告?2. 没有分清侵权责任和违约责任的界限。原《合同法》第一百二十二条对出现违约责任与侵权责任竞合时如何处理有明确规定,对合同违约之诉和侵权之诉必须

“二选一”，然后再确定哪些单位可以作为被告。3. 对上诉分析论证、预判不精准，以致进行了不必要的二审，增加了诉讼成本。

与此形成鲜明对比的是，被告市政府和国土局在一审和二审中的诉讼思路都始终明确一致，坚持本案只需要程序审查、不必实体审理、直接驳回原告起诉，并被两审法院采纳。本案在山东省高级人民法院民事审判第一庭开庭时，审判长反复征求原告的最后诉求意见，原告仍坚持撤销解除土地使用权出让合同的诉讼请求、直接要求被告赔偿合同违约与侵权的经济损失，合议庭便未作实体审理就宣布休庭，庭后直接裁定以本案不属于人民法院受理民事诉讼的范围为由驳回原告的起诉；原告不服一审民事裁定书，上诉到最高人民法院，二审经开庭进行程序审查，作出终审裁定，维持一审裁定。由此可见，本案一审和二审的裁判结果验证了上述法理分析的正确性。

合同纠纷案件的首要目标是公正地解决当事人之间的合同争端，促成当事人为实现合同目的履行合同或在当事人不能实现合同目的、诉求解除合同时能最大限度地避免损失。为此，法官和当事人及其代理律师必须首先查明案件事实，找出应适用的程序和法律依据。

一个合同发生纠纷后，原告可以、也有权利选择合同的局部问题或全部问题起诉，这取决于原告的利益需求和道德价值标准。既要防止原告及其代理律师选择不正当的诉讼方式达到单方获利甚至获取非法利益的诉讼目的，也要防止被告对原告合法合理的诉求无理反驳、拖延诉讼，增加原告的诉讼成本。代理律师应按照专业和职业道德的要求，认真研判当事人的诉求及依据的事实，理性建议当事人合法提起诉求或应对合同诉讼。本案中，土地受让人云岭公司向山东省高级人民法院起诉市政府和国土局时，诉讼请求包括解除土地使用权出让合同，山东省高级人民法院以民事案件立案并将本案分到民事审判第一庭后，原告云岭公司在开庭前又撤销了解除土地使用权出让合同的诉讼请求，这一变更从根本上导致了一审法院开庭时审判长当庭果断决定对本案不进行实体审理、不组织法庭辩论、不进行调解，休庭后直接以民事裁定方式裁定驳回原告的起诉，而且最高人民法院二审裁定确认了一审法官的裁判思路和一审民事裁定的正确性。

## 六、相关法条

**1.《合同法》(1999年3月15日公布)**

第一百二十二条[①] 因当事人一方的违约行为,侵害对方人身、财产权益的,受损害方有权选择依照本法要求其承担违约责任或者依照其他法律要求其承担侵权责任。

**2.《民事诉讼法》(2007年10月28日公布)**

第三条[②] 人民法院受理公民之间、法人之间、其他组织之间以及他们相互之间因财产关系和人身关系提起的民事诉讼,适用本法的规定。

第一百零八条[③] 起诉必须符合下列条件:

(一)原告是与本案有直接利害关系的公民、法人和其他组织;

(二)有明确的被告;

(三)有具体的诉讼请求和事实、理由;

(四)属于人民法院受理民事诉讼的范围和受诉人民法院管辖。

第一百一十一条[④] 人民法院对下列起诉,分别情形,予以处理:

(一)依照行政诉讼法的规定,属于行政诉讼受案范围的,告知原告提起行政诉讼;

……

**3.《行政诉讼法》(2014年11月1日修正)**

第十二条[⑤] 人民法院受理公民、法人或者其他组织提起的下列诉讼:

(十一)认为行政机关不依法履行、未按照约定履行或者违法变更、解除政府特许经营协议、土地房屋征收补偿协议等协议的;

……

---

① 对应《民法典》第一百八十六条:"因当事人一方的违约行为,损害对方人身权益、财产权益的,受损害方有权选择请求其承担违约责任或者侵权责任。"

② 对应《民事诉讼法》(2021年12月24日修正)第三条。

③ 对应《民事诉讼法》(2021年12月24日修正)第一百二十二条。

④ 对应《民事诉讼法》(2021年12月24日修正)第一百二十七条:"人民法院对下列起诉,分别情形,予以处理:(一)依照行政诉讼法的规定,属于行政诉讼受案范围的,告知原告提起行政诉讼;……"

⑤ 对应《行政诉讼法》(2017年6月27日修正)第十二条。

# 案例十三　王某房屋拆迁补偿行政裁决与诉讼案

2016—2022年,本案历经潍坊市住房和城乡建设局行政裁决,潍坊高新技术产业开发区人民法院一审判决维持行政裁决,潍坊市中级人民法院二审裁定撤销行政裁决和一审判决,责令潍坊市住房和城乡建设局重新作出行政裁决;潍坊市住房和城乡建设局作出第二次行政裁决,潍坊高新技术产业开发区人民法院一审判决撤销第二次行政裁决,潍坊市中级人民法院二审判决维持一审判决;山东省高级人民法院提审并裁定撤销潍坊高新技术产业开发区人民法院一审判决和潍坊市中级人民法院二审判决,发回潍坊高新技术产业开发区人民法院重审;潍坊市中级人民法院将本案指定潍坊滨海经济技术开发区人民法院重新一审,本案尚未结案。

## 一、焦点问题

1. 在未签订拆迁补偿安置协议情况下,房屋被拆除且未予补偿,房屋所有人能否直接向法院起诉?

2. 当事人不服行政裁决向法院起诉,属于行政案件还是民事案件?

3. 行政机关只裁决申请人的一部分请求是否合法?

4. 如果房屋拆迁与实际补偿间隔时间过长,拆迁补偿是以拆迁时的房屋评估价值为准还是以申请行政裁决时的市场评估价值为准?

## 二、行政裁决与诉讼

(一)第一次行政裁决

申请人:王某

委托代理人:徐贵一,山东齐鲁律师事务所律师

被申请人:山东某置业有限公司(以下简称置业公司)

2016 年 10 月 20 日,王某向潍坊市住房和城乡建设局(以下简称市住建局)申请行政裁决,请求:1. 裁决被申请人给予拆迁补偿安置,按照被拆除营业房的同位置同面积补偿营业房 2646.83 平方米,或按该宗房产目前评估价值 25,101,752 元给予货币补偿(详见评估报告)。2. 裁决被申请人向申请人支付搬迁补助费 16,920.30元,按证载建筑面积每平方米 10 元计算;临时安置补助费 2,416,218.84 元,计算期限为 2008 年 5 月至 2016 年 9 月,过渡期 24 个月按照 8 元/平方米/月计算,第 38 个月按照 12 元/平方米/月计算,第 39 个月按照 20 元/平方米/月计算,直到行政裁决执行完毕之日。3. 裁决被申请人向申请人支付经营性补助费 264,683 元,支付停业损失费 15,020,600 元(详见评估报告),停业期限 2008 年 5 月至 2016 年 10 月,直到行政裁决执行完毕之日。

王某称,其拥有潍坊市潍城区和平路 126 号营业用房产权,该房屋有证建筑面积 1692.03 平方米,无证面积 954.80 平方米,共计 2646.83 平方米,拆迁前其一直在该房产经营婚纱摄影。2008 年 2 月 14 日,置业公司获得市住建局颁发的房屋拆迁许可证。2008 年 5 月,置业公司向王某口头承诺给王某同位置同面积调换安置商用房产,在没有出具评估报告、双方未签订书面拆迁补偿安置协议的情况下,置业公司将王某房产连同附属设施一并拆除。2015 年 9 月,置业公司突然告知王某无法给予产权置换安置,这期间给其造成巨大的财产损失和经营损失。2015 年 12 月,王某向潍坊市中级人民法院提起民事诉讼,要求置业公司补偿营业用房 2555.55 平方米及房屋装饰和附属设施等各项费用共计 23,409,783 元。2015 年 5 月 20 日,潍坊市中级人民法院作出(2015)潍民一初字第 111 号民事裁定,裁定认为依据《最高人民法院关于当事人达不成拆迁补偿安置协议就补偿安置争议提起民事诉讼人民法院应否受理问题的批复》(法释〔2005〕9 号),因王某与置业公司未就拆迁补偿安置达成协议,该案不属于民事案件受理范围,王某可依照《城市房屋拆迁管理条例》第十六条规定向有关部门申请行政裁决,裁定驳回申请人的起诉。王某不服一审民事裁定,向山东省高级人民法院提起上诉。2016 年 9 月 15 日,山东省高级人民法院作出(2016)鲁民终 1975 号民事裁定,裁定认为一审裁定认定事实清楚,适用法律正确,裁定驳回上诉,维持原裁定。申请人依据《城市房屋拆迁管理条例》第十六条、《山东省城市房屋拆迁管理条例》第十八条、建设部《城市房屋拆迁行政裁决工作规程》的规定,依法向市住建局提出行政裁决申请。

申请人王某提交在申请裁决前委托山东乙房地产土地评估测绘有限公司(以下简称山东乙评估公司)作出的两份评估报告:1. 2016 年 8 月 4 日出具的对被拆迁房产、附属设施的目前市场价值房产估价报告[鲁金他估字(2016)第 045 号],鉴定该处房产价值为 2510. 1752 万元;2. 2016 年 10 月 18 日出具的被拆迁房产、附属设施被拆除后至 2016 年 7 月 20 日的租赁价值评估报告[鲁金他字(2016)第 061 号],鉴定该处房产市场租赁评估价值为 1485. 97 万元。

2016 年 10 月 28 日,市住建局向申请人送达《补充申请裁决资料告知书》,告知其需要补充的相关资料;同日向被申请人送达《关于拆迁人提供安置房源通知书》,要求被申请人限期内提供申请人的安置用房具体地点、安置面积。2016 年 10 月 31 日,被申请人提供位于潍坊市潍城区和平路××号内 1 号楼 5 单元 6—8 层的商务公寓作为安置房源。因被申请人提供的安置房源不符合《山东省城市房屋拆迁管理条例》第三十四条的规定,市住建局于 2016 年 11 月 1 日向被申请人送达《关于拆迁人提供安置房源通知书(二)》,要求被申请人限期内提供符合法律要求的安置营业房房源。

2016 年 11 月 15 日,市住建局受理申请人王某的行政裁决申请,并向被申请人置业公司送达受理及答辩通知书。

2016 年 11 月 24 日,市住建局在会议室组织双方当事人进行第一次答辩调解。被申请人置业公司提出,2008 年 5 月 10 日潍坊甲房地产评估咨询有限公司(以下简称潍坊甲评估公司)评估项目公示表中显示,申请人涉案房屋评估价值、装修费、附属物、迁移费等合计 8,001,788 元,现在申请人单方委托评估的赔偿数额过高,对现在托评估机构作出的估价报告提出异议,并提交了书面异议书。市住建局告知被申请人有权选择对申请人提交的估价报告进行重新鉴定或专家鉴定。2016 年 11 月 29 日,置业公司向市住建局提交申请书,申请专家委员会对涉案房屋及其他附属物市场价值和涉案房屋市场租赁价值进行鉴定。市住建局按照规定程序组织申请人和被申请人公开抽签选取评估专家,依法组成 5 人技术鉴定委员会,对申请人提供的鲁金他估字(2016)第 045 号房地产估价报告和鲁金他估字(2016)第 061 号房地产估价报告进行了专家鉴定。2016 年 12 月 2 日,评估报告技术鉴定工作专家组出具鉴定意见。山东乙评估公司按照专家组鉴定意见,对其作出的两份房地产估价报告进行了修正完善和补充说明，于2016年12月5日重新作出鲁金他估字（2016）第045号房地产估价报告和鲁金他估字（2016）第061号房地产估价报告，原告房屋及其他附着物在估价时点2016年7月20日的市场价值为24,391,191元，原告涉案房屋自2008年5月至2016年10月的市场租赁价值为14,859,700元。2016年12月6日，潍坊市房地产价格评估专家委员会出具《潍坊市房地产价格评估专家委员会鉴定意见报告》[潍房征鉴字（2016）第1号]，该报告载明："经专家组复核，确认修正后的两份估计报告符合《房地产估价规范》和《房地产估价基本术语标准》规定，报告出具的估价结果全面、客观、真实。整个鉴定程序合法合规，专家组意见充分体现独立、客观、公正的原则，评估机构严格按照专家组的意见进行了完善和补充说明。估价对象、价值时点、评估结果客观、实事求是，可以作为补偿安置及行政裁决的依据。"

2016年12月14日，市住建局组织第二次调解，调解中宣读了专家鉴定报告，对专家鉴定报告进行说明，并根据评估报告进行调解，置业公司代理人说回去汇报后再告知调解意见。市住建局决定两天后进行最后一次调解。

2016年12月16日，市住建局组织第三次调解。申请人王某变更请求，要求被申请人给予货币补偿、放弃房屋产权置换，市住建局积极主持调解，但最终双方未能达成调解协议，调解未成。

2017年3月18日，市住建局作出（2017）潍建裁字1号行政裁决书。裁决如下：

1. 置业公司应支付王某被拆迁房屋及房屋装饰装修、房屋附属物、迁移费货币补偿8,001,788元（具体见2008年潍坊市该片区拆迁评估表）；该片区房屋拆迁时应享受的货币补偿政策奖励416,089.4元；经营性补助费169,203元。上述数额合计为8,587,080.4元。

2. 对申请人提出的被拆迁房屋至今没有得到补偿安置造成的其他经济损失，申请人可以通过诉讼方式另行主张。

当事人如果对本裁决不服，可在接到本裁决之日起60日内向潍坊市人民政府申请复议，或者在3个月内向人民法院起诉。

（二）一审

原告：王某

委托代理人:徐贵一,山东齐鲁律师事务所律师

委托代理人:王建明,山东齐鲁(潍坊)律师事务所律师(共同代理后续程序)

被告:潍坊市住房和城乡建设局

第三人:山东某置业有限公司

2017 年 4 月 17 日,王某不服市住建局作出的(2017)潍建裁字 1 号行政裁决,依法向潍坊高新技术产业开发区人民法院(以下简称高新区法院)提起行政诉讼。请求:1. 撤销被告作出的潍建裁字(2017)1 号行政裁决书。2. 本案诉讼费用由被告承担。

原告王某诉称,被告的行政裁决严重违反《物权法》、《城市房屋拆迁管理条例》和《山东省城市房屋拆迁管理条例》有关规定,没有实事求是地进行合理裁决。理由如下:1. 行政裁决认定事实不清,证据不足,不能把违法的 2008 年评估公示表作为裁决依据,应以专家委员会的《鉴定报告》作为裁决依据。在行政裁决期间,专家委员会作出的《鉴定报告》和两个修正后的《评估报告》,程序合法,结果客观、实事求是,被告应当以此为依据作出公正的裁决。被告把 2008 年评估机构作出的阶段性评估公示表作为认定事实和裁决依据是违法的,因为评估公示表上没有估价师签字,没有送达给原告,原告不知情、没有签名,未听取原告方意见,这严重侵害了原告的知情权、异议权、复核估价权和申请专家鉴定权,因此,评估公示表不是评估机构按法定程序作出的《评估报告》,在程序和实体上都违法,没有法律效力,被告以此作为裁决依据,属于认定事实不清,主要证据不足。2. 违反法定程序。(1)行政裁决超越法定期限。原告于 2016 年 11 月 11 日向被告申请行政裁决,被告于 2017 年 3 月 18 日作出行政裁决,历时 4 个月。根据国家《城市房屋拆迁管理条例》第十六条、《山东省城市房屋拆迁管理条例》第十八条和《城市房屋拆迁行政裁决工作规程》第十四条规定,被告应当在收到申请之日起 30 日内作出裁决,但是,即使扣除专家鉴定的工作时间 7 天,被告也延误了 3 个月,严重违反了法定程序。(2)对原告的申请事项未予全部裁决。补偿安置造成的其他损失也属于行政裁决的范围,但被告违反法定程序,要求原告对因至今没有得到补偿安置造成的其他经济损失,通过诉讼方式另行主张,属于推脱责任、不履行职责的行为。综上所述,由于第三人置业公司的过错导致原告的房产被违法拆除,原告至今未得到补偿,遭受了巨大损失。被告行政裁决违法适用补偿标准且违反法

定程序，在事实不清、证据不足的情况下违法裁决，侵犯了原告的合法权益。请求人民法院依据《行政诉讼法》第六十一条规定依法作出判决，判令撤销被告作出的潍建裁字(2017)1号行政裁决书，维护原告的合法权益。

2017年7月4日，高新区法院开庭审理本案。

被告市住建局辩称，本案存在特殊背景条件，自2008年涉案房屋拆除至2016年作出行政裁决之日，双方一直未达成安置补偿协议，王某的房屋是其自行拆除的，不属于违法强拆，不应以现在的市场价值作为拆迁补偿依据。在裁决过程中，因置业公司对王某提供的评估报告提出异议并申请专家鉴定，市住建局为了程序正义，尊重裁决双方当事人的权利，故组织专家对评估报告进行了鉴定，但这并不意味着被告应当以专家委员会的《鉴定报告》和修正后的两份《评估报告》作为最终裁决依据。被告裁决要件齐全，程序正当，裁决内容合法、公正，不存在违法裁决。请法院依法驳回原告的诉讼请求。

置业公司辩称，专家委员会的鉴定意见是依据同一鉴定机构对于同一标的物出具的两份不同的鉴定报告而作出的，两份鉴定报告的结论相互矛盾，不应作为定案依据。房屋拆迁评估的估价时点为房屋拆迁许可证核发之日，置业公司取得涉案项目拆迁许可证的时间为2008年2月14日，故房屋估价时点应为2008年，应当以2008年潍坊甲评估公司的评估公示表作为裁决依据。房屋由王某自行拆除，不属于违法强制拆除。请依法驳回原告的诉讼请求。

2017年9月15日，高新区法院作出(2017)鲁0791行初22号行政判决。法院认为，市住建局作出的(2017)潍建裁字1号行政裁决书，职权依据合法，主体适格，证据确凿，适用法律法规正确，符合法定程序，合理合法。判决如下：

驳回原告的诉讼请求。

案件受理费50元，由原告负担。如不服本判决，可在判决书送达之日起15日内，上诉于山东省潍坊市中级人民法院。

(三)二审

2018年10月6日，原告王某不服高新区法院作出的(2017)鲁0791行初22号行政判决，向潍坊市中级人民法院提起上诉。请求：1. 撤销高新区法院作出的(2017)鲁0791行初22号行政判决书，依法改判或发回重审。2. 撤销被市住建局作出的潍建裁字(2017)1号行政裁决书。3. 本案诉讼费用由被上诉人承担。

2018 年 3 月 13 日，潍坊市中级人民法院开庭审理本案。

2018 年 8 月 16 日，潍坊市中级人民法院作出（2018）鲁 07 行终 45 号行政判决。法院认为，《城市房屋拆迁行政裁决工作规程》第四条规定：“行政裁决应当以事实为依据、以法律为准绳，坚持公平、公正、及时的原则。”据此，市住建局对于受理的裁决申请，应当遵循公平合理、程序正当的原则，依法及时予以裁决，以维护拆迁当事人的合法权益。上诉人王某就其与置业公司的拆迁补偿事宜向市住建局申请裁决时的时间是 2016 年 11 月，距 2008 年其房屋被拆迁已 8 年有余，在此情况下，被上诉人市住建局在裁决过程中应认真调查以求查明上诉人王某因何房屋在 2008 年被拆迁而一直未与拆迁人置业公司签订补偿安置协议，以及迄今未实际获得补偿的内中缘由，并在全面考量纠纷成因和拆迁双方当事人各自责任的情况下作出公平合理的裁决，以便更好地平衡和保护双方当事人的权益。但本案被上诉人市住建局在已经接到上诉人提交的其于 2016 年单方委托所作出的估价报告，并应置业公司申请委托专家委员会进行鉴定，经鉴定后的估价结果与 2008 年拆迁时评估机构出具的评估公示表中载明的涉案房屋价值存在巨大差异的情况下，径行以 2008 年的评估公示表中载明的涉案房屋价值作为确定补偿金额的主要依据而作出裁决，裁决被上诉人置业公司支付 2008 年本应支付给上诉人的相关补偿款项，该裁决结果造成拆迁双方之间实体权益的明显失衡，显属不当，且在裁决过程中，对已经鉴定的估价结果并没有作为最终的裁决依据，也未提供明确的法律依据或作出合理说明，这些行为均不符合《城市房屋拆迁行政裁决工作规程》第十条第四项的程序规定。故该行政裁决应予以撤销，一审判决结果错误，法院予以纠正。另外，无论是《城市房屋拆迁管理条例》还是《城市房屋拆迁行政裁决工作规程》，均明确规定拆迁补偿行政裁决应自收到申请之日起 30 日内作出，而被上诉人市住建局自 2016 年 11 月 15 日收到裁决申请至 2017 年 3 月 18 日作出被诉拆迁裁决，其间扣除鉴定和中止时间后作出裁决的时限仍超过了 30 日的期限，但考虑本案所涉争议历时多年、情况复杂，且被上诉人市住建局在裁决期间为实质化解双方争议花费许多时间，做了大量工作，故超过 30 日的时限应属于行为瑕疵，并不构成程序违法。判决如下：

1. 撤销高新区法院作出的（2017）鲁 0791 行初 22 号行政判决；

2. 撤销市住建局作出的（2017）潍建裁字 1 号行政裁决书；

3. 市住建局于本判决生效之日起 30 日内重新作出裁决。

一、二审案件受理费各 50 元，均由被上诉人市住建局负担。本判决为终审判决。

（四）第二次行政裁决

2018 年 9 月 17 日，市住建局作出（2018）潍建裁字 1 号行政裁决书。裁决如下：

1. 被申请人置业公司应支付王某被拆迁房屋及房屋装饰装修、房屋附属物、迁移费货币补偿 8,001,788 元；该片区房屋拆迁时应享受的货币补偿政策奖励 416,089.4 元；经营性补助费 169,203 元。合计数额为：8,587,080.4 元。

2. 因被申请人应于 2008 年拆迁时即支付给申请人的上述拆迁补偿款项至今未向申请人支付，因逾期支付已给申请人造成实际损失，为本案的公平合理，裁决被申请人以补偿款总额 8,587,080.4 元为基数，自申请人房屋拆除之日起至被申请人实际支付之日起止按照中国人民银行同期贷款基准利率向申请人支付利息。

3. 对申请人提出的被拆迁房屋至今没有得到补偿安置造成的其他经济损失，申请人可以通过诉讼的方式另行主张。

当事人如果对本裁决不服，可在接到本裁决之日起 60 日内向市人民政府申请复议，或在 6 个月内向人民法院起诉。

（五）一审

2018 年 10 月 8 日，王某不服市住建局作出的（2018）潍建裁字 1 号行政裁决书，再次向高新区法院以市住建局为被告、置业公司为第三人提起行政诉讼。请求：1. 撤销被告作出的（2018）潍建裁字 1 号行政裁决书；2. 判令第三人按该宗房屋 2016 年评估价值给予货币补偿 24,391,191 元；支付原告停产停业损失费 14,859,700 元（停业期限为 2008 年 5 月至 2016 年 10 月）及直到判决执行完毕之日的停业损失费。以上两项暂计 39,250,891 元。

原告王某诉称，1. 被告市住建局重新作出的（2018）潍建裁字 1 号行政裁决仍以 2008 年评估公示表作为裁决依据是违法的，应当以 2016 年专家委员会鉴定报告和修正后的两个评估报告作为裁决依据。被告市住建局在收到潍坊市中级人民法院二审判决后，于 2018 年 9 月 17 日重新作出（2018）潍建裁字 1 号行政裁决书。2016 年专家委员会的鉴定报告和修正后的两个评估报告程序合法，结果客观公正,实事求是。然而,该行政裁决不仅再次排除适用该证据,而且未按照二审判决要求对于不采纳该证据提供明确的法律依据或合理说明,使本次裁决结果再次造成双方当事人之间实体权益的明显失衡,也再次违反《城市房屋拆迁行政裁决工作规程》第十条第四项规定,在程序上仍然存在违法。2. 被告市住建局重新作出的(2018)潍建裁字 1 号行政裁决违反法定程序。(1)被告市住建局在收到潍坊市中级人民法院二审判决后至 2018 年 9 月 17 日重新作出行政裁决期间,未联系过王某,也未进行调解,闭门办案,违反《城市房屋拆迁行政裁决工作规程》第十条第三项规定:"组织当事人调解。房屋拆迁管理部门必须充分听取当事人的意见,对当事人提出的事实、理由和证据进行复核;对当事人提出的合理要求应当采纳。房屋拆迁管理部门不得因当事人申辩而做出损害申辩人合法权益的裁决。拆迁当事人拒绝调解的,房屋拆迁管理部门应依法作出裁决。"被告市住建局没有实事求是、公平公正地依法裁决,程序严重违法。(2)被告市住建局对原告申请事项未予全部裁决。根据潍坊市中级人民法院二审判决结果和专家出具的鉴定报告及两份评估报告,被告市住建局应按照该宗房产目前评估价值给予被拆迁人王某货币补偿 24,391,191 元、停产停业损失费 14,859,700 元,以上请求符合《中国行政审判指导案例》(第 1 卷)第 28 号指导案例的要求,但市住建局仍未全部认可,裁决"对申请人提出的被拆迁房屋至今没有得到补偿安置造成的其他经济损失,申请人可以通过诉讼的方式另行主张",这属于推脱责任、不履行职责的行为。综上所述,市住建局理应按照潍坊市中级人民法院二审判决结果和专家出具的鉴定报告及两份评估报告,按该宗房产目前评估价值给予被拆迁人王某货币补偿 24,391,191元、停产停业损失费 14,859,700 元和直到判决执行完毕之日的停业损失费,早日息诉止争。

2019 年 3 月 21 日,高新区法院开庭审理本案。

被告市住建局辩称:1. 本案以 2008 年拆除时已经存在的补偿政策和评估数额对原告进行补偿,符合法律规定,符合公平公正的标准。对第三人逾期多年未付给原告补偿款、给原告造成实际损失,裁决第三人支付相应期间的贷款利息,符合法律规定。2. 在原裁决过程中,已组织双方进行三次正式调解,也约谈调解过,法院审判期间多次组织调解,但双方分歧较大无法达成一致意见,因此重新裁决过程不再组织调解,不违反程序规定,程序正当,裁决合法。请求依法驳回原告的诉讼请求。

第三人置业公司述称，被告依据 2008 年拆迁时评估机构出具的评估材料作为裁决依据，合法有效。原告诉称因第三人的过错导致其房屋被违法拆除，无相关事实和法律依据。请依法驳回原告的诉讼请求。

2019 年 11 月 11 日，高新区法院作出（2018）鲁 0791 行初 86 号行政判决。法院认为：1. 被拆房屋的安置补偿。根据《城市房屋拆迁管理条例》第二十四条“货币补偿的金额，根据被拆迁房屋的区位、用途、建筑面积等因素，以房地产市场评估价格确定”的规定，对被拆迁房屋进行货币补偿，应以市场评估价格为准，即补偿金额应确保获得补偿时能够购置与被拆迁房屋类似的房屋。被告自房屋被拆除至作出涉案行政裁决时隔十年之久，房地产交易价格发生重大变化，本案被诉行政裁决以房屋被拆时的 2008 年作出的评估结果及相应利息为补偿数额，现原告持此补偿价款显然不能购得与被拆房屋类似的房屋，裁决结果已造成拆迁人与被拆迁人之间实体权益明显失衡，显属不当，故被告的被诉行政裁决应予撤销。潍坊市房地产价格评估专家委员会作出的潍房征鉴字（2016）第 1 号鉴定报告认定，修正后的估价报告评估结果客观，可以作为补偿安置的依据。故第三人应支付原告被拆房屋及其他附着物的货币补偿金额应以 2016 年 12 月 5 日修正后的鲁金他估字（2016）第 045 号房地产估价报告估价结果 24，391，191 元为准。2. 停产停业损失。原告提供的涉案被拆房屋自拆除之日至委托评估之日期间的市场租赁价值估价结果与其主张的房屋被拆除后的停产停业损失无关联，且涉案房屋被拆后，原告在他处租赁房屋继续经营婚纱摄影业务，并没有一直处于停产停业状态。即使因搬离原经营场所影响经营而产生了相应损失，亦与涉案房屋市场租赁估价结果无关。故原告要求第三人支付自房屋被拆至新营业房建成安置期间产生的房屋租赁费，理由不足，不应支持。综上所述，依据《行政诉讼法》第六十一条、第七十条第六项之规定，判决如下：

1. 撤销市住建局作出的（2018）潍建裁字 1 号行政裁决书。

2. 置业公司于判决生效之日起 15 日内支付王某被拆迁房屋及其他附着物货币补偿 24，391，191 元。

3. 驳回原告王某的其他诉讼请求。

案件受理费 50 元，由被告市住建局负担；财产保全费 5000 元，由第三人置业公司负担。如不服本判决,可在判决书送达之日起15日内,上诉于山东省潍坊市中级人民法院。

(六)二审

2019年11月14日,置业公司不服一审判决,提起上诉。

置业公司上诉称,王某委托山东乙评估公司出具的鲁金他估字(2016)第045号房地产估价报告的估价时点错误,估价程序违法,应当以2008年公示的评估价值作为裁决的依据;涉案房屋应当依据房产证记载的面积1692.03平方米为合法面积,其他建筑因属于违章建筑,应不予补偿;一审法院认定置业公司的补偿金额应以修正后的鲁金他估字(2016)第045号房地产估价报告中的估价结果24,391,191元为准是错误的。涉案房屋系王某夫妇自行拆除,诉讼时效应当从拆除时开始计算,王某在2016年提起本案行政裁决,已经超过诉讼时效。

2019年11月17日,王某不服一审判决,提起上诉。

王某上诉称:王某主张的停产停业损失,有法可依,具有合理性。请求撤销一审判决第三项,改判支持其主张的停产停业损失费14,859,700元(停产停业期限为2008年5月至2016年10月)及直到判决执行完毕之日的停业损失费。

2020年6月9日,潍坊市中级人民法院开庭进行调查和调解,调解未成。

2020年6月10日,潍坊市中级人民法院作出(2020)鲁07行终88号行政判决。法院认为,本案中各方当事人争议的问题主要有以下三个:首先,关于原审被告市住建局受理涉案裁决申请并作出被诉裁决是否合法的问题。上诉人置业公司所提原审被告市住建局不应受理涉案裁决申请并作出裁决的上诉主张不成立,不予支持;原审被告市住建局作出被诉拆迁行政裁决后,上诉人王某不服而提起诉讼,亦未超过法定起诉期限。其次,关于一审判决采纳修正后的评估报告确定的估价结果作为确定补偿款数额的依据是否合法的问题。根据《城市房屋拆迁管理条例》第二十四条"货币补偿的金额,根据被拆迁房屋的区位、用途、建筑面积等因素,以房地产市场评估价格确定"以及《城市房屋拆迁行政裁决工作规程》第四条"行政裁决应当以事实为依据、以法律为准绳,坚持公平、公正、及时的原则"的规定,在被诉拆迁行政裁决因其以2008年房屋被拆时的评估结果及相应利息作为补偿数额而造成拆迁人与被拆迁人之间实体权益明显失衡而被撤销的情况下,一审法院对王某与置业公司之间的拆迁补偿民事争议一并作出处理符合《行政诉讼法》第六十一条以及《最高人民法院关于适用〈中华人民共和国行政诉讼法〉的解释》第一百四十条第二款的规定。关于补偿款数额的确定，原审被告作出裁决过程中应上诉人置业公司的申请，组织专家委员会对王某委托所作的涉案房屋估价报告进行了鉴定，在评估机构依据鉴定意见对估价报告进行修正后专家委员会作出鉴定报告认定修正后的估价结果客观，可以作为补偿安置的依据，故一审法院据此确定补偿数额进而作出判决并无不当。上诉人置业公司所提一审法院认定其应支付王某被拆房屋及其他附着物的货币补偿金额应以2016年12月5日修正后的鲁金他估字(2016)第045号房地产估价报告估价结果24,391,191元为准错误的上诉理由不成立，不予采纳。最后，对于上诉人王某主张的停产停业损失。二审同意一审的意见，亦不予支持。综上，一审判决事实清楚，程序合法，适用法律正确，依法应予维持。依照《行政诉讼法》第八十条第一款第一项之规定，判决如下：

驳回双方上诉，维持原判。

二审案件受理费50元，由上诉人王某与上诉人置业公司均担。本判决为终审判决。

(七)提审

2020年8月13日，置业公司不服潍坊市中级人民法院(2020)鲁07行终88号行政判决，向山东省高级人民法院申请再审。

2020年12月2日，山东省高级人民法院作出(2020)鲁行申1328号行政裁定。裁定:1.本案由本院提审;2.再审期间，中止原判决的执行。

置业公司申请再审，请求撤销一、二审行政判决，改判或重审。主要理由如下:1.案涉纷争已过法定申请行政裁决时限及诉讼时效，且不存在中断、中止事由，依法应予驳回。2.一、二审法院据以认定被申请人拆迁补偿数额的依据为山东乙评估公司出具的鲁金他估字(2016)第045号、第061号房地产估价报告，该报告存在估价程序违法，估价依据不合法、不真实等重大瑕疵。案涉拆迁房屋补偿应以拆迁公告时评估公司评估价值8,001,788元为依据进行确定。3.申请人没有支付拆迁补偿款的法定责任、义务。4.案涉拆迁前后，被申请人身份具有多重性。被申请人既是被拆迁人，又是拆迁时申请人处的实际控股股东，拆迁全部工作均由被申请人王某及其丈夫进行指挥，被申请人对于拆迁补偿款项的计算、领取事宜等流程应是非常清楚的，但被申请人在主动拆除房屋后，直至提出诉请之日，间隔了八年之久，这期间未提出任何请求，被申请人对于拆迁时评估确定的补偿款数额必然是知道和认可的。5. 拆迁责任的具体承担事宜，牵扯到股权转让纠纷等方面，这既不属于行政裁决范围，也不属于法院行政案件审理范围，故一、二审法院将行政诉讼与民事纠纷并案审理方式不当。

被申请人王某答辩称：1. 案涉房屋拆迁时，申请人与被申请人达成同位置、同面积置换房屋安置的口头协议，申请人提交的潍坊甲评估公司出具的证明可以证实，双方已达成了初步协议，评估公司就此只作出了评估项目公示表，而未进行到出具评估报告阶段。在拆迁后，被申请人与申请人一直商讨安置房屋事宜，申请人也一直承诺给被申请人房屋产权置换安置，2015 年申请人告诉被申请人不再予以房屋产权置换安置，被申请人先提起民事诉讼，在民事诉讼被驳回后又提起了行政裁决，裁决时限及诉讼时效均未超过。2. 在第一次行政裁决时，市住建局告知申请人有选择重新评估或专家鉴定的权利，申请人选择了专家鉴定，市住建局依法组织专家鉴定，程序合法，原审定案所依据的两份评估报告合法有效。3. 被申请人在拆迁前虽是置业公司的股东，但拆迁时早已退出，股权转让也是发生在拆迁之前，与被申请人作为涉案被拆迁房屋的所有权人应当依法得到拆迁安置没有任何关系，被申请人房屋被拆迁后长达 12 年未获得补偿，严重侵害了被申请人的合法权益。申请人的再审申请理由均不能成立，请求依法驳回申请人的再审申请。

2021 年 5 月 19 日，山东省人民法院组织听证。

法院通过听证，并结合原一、二审庭审调查的情况，进一步确认如下事实：1. 2001年 5 月 24 日，潍坊市房管局向王某颁发潍房权证市属字第 000540 号房屋所有权证，该证载明，房屋所有权人为王某，产别为私有，1、2、3、4 幢房屋状况为砖混，设计用途为营业；其中第 1 幢房屋建筑面积 839. 16 平方米，第 2 幢房屋建筑面积 242. 43 平方米，第 3 幢房屋建筑面积 512. 93 平方米，第 4 幢房屋建筑面积 97. 51 平方米，建筑面积合计 1692. 03 平方米。2. 2008 年 5 月 10 日，潍坊甲评估公司评估项目公示表中显示，王某的有证房屋面积 1594. 52 平方米，房屋评估价值 7，197，639 元，装修费 205，483 元，附属物 568，265 元，迁移费 30，401 元，总评估价值 8，001，788 元。山东乙评估公司于 2016 年 10 月 31 日向潍城区房屋征收与补偿办公室出具案涉项目王某房屋评估报告的复函及所附王某房产评估明细表，内容为：2008 年动迁时项目进展顺利，因王某与置业公司已经达成初步协议，故未出具评估报告，仅出具了评估明细表并进行了公示。该评估明细表显示，产权人为王某，评估项目中有塑料顶大棚、玻璃钢棚、楼顶玻璃钢棚等附属物，评估房产项目为：第 1 幢房产面积 839.16 平方米、第 2 幢房产面积 242.43 平方米、第 3 幢房产面积 512.93 平方米。

2021 年 7 月 27 日，山东省高级人民法院作出（2021）鲁行再 10 号行政裁定。法院认为：1. 关于对被拆除房屋评估估价时点的认定问题。建设部《城市房屋拆迁估价指导意见》第十一条第二款规定：拆迁估价时点一般为房屋拆迁许可证颁发之日。拆迁规模大、分期分段实施的，以当期（段）房屋拆迁实施之日为估价时点。《山东省城市房屋拆迁评估管理办法》第十二条规定：拆迁评估时点一般为房屋拆迁许可证颁发之日。拆迁规模大、分期分段实施的，以当期（段）房屋拆迁实施之日为评估时点。本案中，申请人置业公司于 2008 年 2 月 14 日取得案涉商务港项目的房屋拆迁许可证。山东乙评估公司于 2016 年 12 月 5 日作出修正后的鲁金他估字（2016）第 045 号房地产估价报告认定被拆房屋及其他附着物的估价结果为 24,391,191 元，虽然潍坊市房地产价格评估专家委员会经鉴定后对该估价报告予以认可，但该房地产估价报告显示系被申请人单方委托，价值时点为被申请人确定的 2016 年 7 月 20 日，该估价报告不符合《城市房屋拆迁估价指导意见》及《山东省城市房屋拆迁评估管理办法》的规定，且申请人对该估价报告有异议，原审被告也未以该鉴定后的估价结果作为裁决依据。在此情况下，一、二审法院直接依据该估价报告的估价结果作出补偿数额的认定，与上述规定不符。根据本案事实及上述法规、规章等规定，被拆迁房屋的评估估价时点应当为 2008 年房屋拆迁许可证颁发之日。2. 关于潍坊甲评估公司的评估项目公示表能否作为补偿依据的问题。《城市房屋拆迁估价指导意见》第十二条第二款、第三款及《山东省城市房屋拆迁评估管理办法》第十三条均规定，被拆迁房屋的性质和面积一般以房屋权属证书及权属档案的记载为准；各地对被拆迁房屋的性质和面积认定有特别规定的，从其规定；拆迁人与被拆迁人对被拆迁房屋的性质或者面积协商一致的，可以按照协商结果进行评估；对被拆迁房屋的性质不能协商一致的，应当向城市规划行政主管部门申请确认。对被拆迁房屋的面积不能协商一致的，可以向依照《房产测绘管理办法》设立的房屋面积鉴定机构申请鉴定；没有设立房屋面积鉴定机构的，可以委托具有房产测绘资格的房产测绘单位测算。本案中，被申请人王某提交的房屋所有权证证明其为房屋所有权人，被拆迁房屋共有四幢，均为砖混结构的营业用房，建筑面积共计 1692.03 平方米；但山东乙评估公司出具的评估项目公示表及明细表中，王某的有证房屋面积为 1594.52 平方米，评估项目为第 1、2、3 幢房屋及装修与塑料顶大棚、玻璃钢棚等其他附属物，该评估公示表及明细表显示的有证房屋面积比房屋所有权证载明的面积少 97.51 平方米，即对第 4 幢房屋未予评估。在诉讼中，申请人与原审被告对房屋所有权证载明的有证面积 1692.03 平方米均未提出异议，且申请人置业公司及原审被告市住建局未提交申请人与被申请人对房屋面积进行过协商或申请鉴定、委托测算的证据。故评估的有证房屋面积应以房屋所有权证记载的 1692.03 平方米为准。因此，潍坊甲评估公司的评估项目公示表以有证房屋面积 1594.52 平方米作出的评估价值，与事实不符，不能作为本案补偿的依据。申请人所提“应以评估项目公示表的评估价值 8,001,788 元为补偿依据”的主张不能成立，法院不予支持。3. 关于申请人与被申请人之间民事争议一并解决等问题。《行政诉讼法》第六十一条第一款规定，在涉及行政许可、登记、征收、征用和行政机关对民事争议所作的裁决的行政诉讼中，当事人申请一并解决相关民事争议的，人民法院可以一并审理。《最高人民法院关于适用〈中华人民共和国行政诉讼法〉的解释》第一百四十条第二款规定，人民法院审理行政机关对民事争议所作裁决的案件，一并审理民事争议的，不另行立案。本案中，被申请人王某在起诉时要求撤销被诉行政裁决，一并审理其与申请人之间的民事争议，根据上述法律及其司法解释的规定，一、二审法院有权对双方因房屋拆迁补偿安置形成的民事争议一并进行审理；另，原审被告作出行政裁决后，被申请人王某不服而提起诉讼，亦未超过法定起诉期限。故申请人所提“一、二审法院将行政诉讼与民事纠纷并案审理方式不当，且纷争超过法定时效”的主张不能成立，法院不予支持。综上，一、二审法院判决认定事实不清、证据不足，应予撤销；依据《行政诉讼法》第八十九条第一款第三项、《最高人民法院关于适用〈中华人民共和国行政诉讼法〉的解释》第一百二十二条之规定，裁定如下：

1. 撤销潍坊市高新区法院（2018）鲁 0791 行初 86 号行政判决；

2. 撤销潍坊市中级人民法院（2020）鲁 07 行终 88 号行政判决；

3. 将本案发回潍坊市高新区法院重审。

（八）重审

潍坊市高新区法院报请潍坊市中级人民法院指定管辖。

2022 年 4 月 22 日，潍坊市中级人民法院裁定将本案指定潍坊滨海经济技术开发区人民法院管辖。

2022 年 6 月 8 日，潍坊滨海经济技术开发区人民法院开庭审理本案。

原告王某、被告市住建局和第三人置业公司提供的证据与原审相同。

在本次开庭时，原告王某的代理律师向法庭提供 8 个案例，请求法院按照《最高人民法院关于统一法律适用加强类案检索的指导意见（试行）》中同案同判的规定，本案的判决结果应当与其他法院的生效判决保持一致，即在房屋拆迁许可时间和实际补偿时间不一致时，应当以实际补偿时间为评估时点评估被拆房屋的价值，并以此确定拆迁补偿费数额。具体案例是：1.《中国行政审判指导案例》（第 1 卷）第 28 号案例，裁定拆迁时间与实际补偿时间不一致的，应以实际补偿时的房屋市场价格确定补偿数额，以保证被拆迁人得到的拆迁补偿费能买到同位置同面积的房屋；2. 最高人民法院（2014）行监 15414 号行政裁定书，裁定拆迁人和被拆迁人未签订拆迁补偿协议，拆迁人按实际补偿时的房屋市场价值支付补偿款；3. 江苏省高级人民法院（2020）苏行终 737 号行政判决书，认判决拆迁安置补偿中，以货币补偿方式结算拆迁安置补偿，从公平性出发，评估时点以补偿时房屋市场价格确定；4. 最高人民法院（2020）最高法行申 15414 号行政裁定书，裁定房屋征收人过分迟延补偿会使被征收人获得公平补偿的权利难以保障，法院可以根据公平原则重新选定评估时点；5. 最高人民法院（2018）最高法行赔申 395 号行政裁定书，裁定因拆迁导致房屋灭失，而征收决定公告时间与实际赔偿时间相隔过长，应按房屋赔偿时的市场价格确定补偿数额；6. 最高人民法院（2016）最高法行赔申 310 号行政裁定书，裁定结果同《中国行政审判指导案例》（第 1 卷）第 28 号案例；7. 最高人民法院（2015）行监字第 637 号行政裁定书，裁定征收决定公告时间与征收补偿时间相隔过长，应以补偿时的房屋市场价格确定补偿数额；8. 山东省聊城市中级人民法院（2020）鲁 15 行初 28 号行政判决书，裁定结果同最高人民法院（2015）行监字第 637 号行政裁定书。

2022 年 11 月 10 日，潍坊滨海经济技术开发区人民法院作出（2022）鲁 0792

行初4号行政判决。法院认为,根据相关法律、行政法规规定,被告市住建局作为县级以上地方人民政府负责管理房屋拆迁工作的部门,在拆迁人与被拆迁人或者拆迁人、被拆迁人与房屋承租人达不成拆迁补偿安置协议的,被告具有裁决权,因此,被告依据当事人申请作出裁决,其主体适格;同时,被告在裁决过程中遵循法定程序,其程序合法,本院对此予以认定。本案的争议焦点:一是潍建裁字(2018)1号行政裁决对被拆除房屋评估估价时点的认定问题;二是山东乙评估公司的评估项目公示表能否作为补偿依据;三是原告的附带民事诉求是否应一并审理及是否超过诉讼时效。

关于第一个焦点问题,对被拆除房屋评估估价时点的认定问题。建设部《城市房屋拆迁估价指导意见》第十一条第二款规定,拆迁估价时点一般为房屋拆迁许可证颁发之日。拆迁规模大、分期分段实施的,以当期(段)房屋拆迁实施之日为估价时点。《山东省城市房屋拆迁评估管理办法》第十二条规定,拆迁估价时点一般为房屋拆迁许可证颁发之日。拆迁规模大、分期分段实施的,以当期(段)房屋拆迁实施之日为估价时点。本案中,第三人置业公司于2008年2月14日取得案涉项目的房屋拆迁许可证。山东甲评估公司于2016年12月5日作出修正后的鲁金他估字(2016)第045号房地产估价报告认定被拆迁房屋及其他附着物的估价结果为24,391,191元,虽然潍坊市房地产价格评估专家委员会经鉴定后对该估价报告予以认可,但根据该房地产估价报告显示,评估系原告单方委托,价值时点为原告申请裁决时的2016年7月20日,该估价报告不符合《城市房屋拆迁估价指导意见》及《山东省城市房屋拆迁评估管理办法》的规定,且第三人对该估价报告有异议,市住建局也未以该鉴定后的估价结果作为裁决依据。在此情况下,直接依据该估价报告的估价结果作出补偿数额的认定,与上述规范不符。根据本案事实及上述法规、规章等规定,被拆迁房屋的评估估价时点应当为2008年房屋拆迁许可证颁发之日。

关于第二个焦点问题,山东乙评估公司的评估项目公示表能否作为补偿依据的问题。《城市房屋拆迁估价指导意见》第十二条第二款、第三款及《山东省城市房屋拆迁评估管理办法》第十三条均规定,被拆迁房屋的性质和面积一般以房屋权属证书及权属档案的记载为准;各地对被拆迁房屋的性质和面积认定有特别规定的,从其规定;拆迁人与被拆迁人对被拆迁房屋的性质或者面积协商一致的,应当向城市规划行政主管部门申请确认。对被拆迁房屋的面积不能协商一致的，可以向依照《房产测绘管理办法》设立的房屋面积鉴定机构申请鉴定；没有设立房屋面积鉴定机构的，可以委托具有房产测绘资格的房产测绘单位测算。本案中，原告王某提交的房屋所有权证，证明其为房屋所有权人，被拆迁房屋共有四幢，均为砖混结构的营业用房，建筑面积共计 1692.03 平方米；但山东乙评估公司出具的评估项目公示表及明细表记载，评估原告王某的有证房屋面积为 1594.52 平方米，评估项目为第 1、2、3 幢房屋及装修与塑料顶大棚、玻璃钢棚等其他附属物，该评估公示表及明细表显示的有证房屋面积比房屋所有权证载明的面积少 97.51 平方米，即对第 4 幢房屋未予评估。在诉讼中，第三人置业公司与被告市住建局对房屋所有权证载明的有证面积 1692.03 平方米均未提出异议，且第三人及被告未提交第三人与原告对房屋面积进行过协商，或申请鉴定、委托测算的证据，故评估的有证房屋面积应以房屋所有权证记载的 1692.03 平方米为准。因此，山东乙评估公司的评估项目公示表以有证房屋面积 1594.52 平方米作出的评估价值与事实不符，不能作为本案补偿的依据。第三人所提“应以评估项目公示表的评估价值 8,001,788 元为补偿依据”的主张不能成立，不应予以支持。

基于上述事由，被告市住建局作出的潍建裁字（2018）1 号行政裁决采用的估价时点正确，但其以 1594.52 平方米作为拆迁补偿面积与房屋所有权证载面积不同，应以房屋所有权证载明的 1692.03 平方米为准；因原告提供的证据中显示其自认第三幢和第四幢房屋补偿单价相同，故第四幢房屋的补偿单价可参照第三幢执行。潍坊甲评估公司在 2008 年拆迁时作出的评估单价标准已经公示，其他相关被拆迁人均未提出异议，并依此标准执行完毕，故 2008 年拆迁时作出的评估单价应予以采纳；2008 年第三幢房屋估价表显示单价为 7329 元每平方米，本院据此认定第四幢房屋的补偿价格为 714,650.79 元（7329 元每平方米 ×97.51 平方米），基于当时奖励政策，原告还应享受房产评估价格基础上 5% 的额外补助费 35,732.54 元（714,650.79 元 ×5%）。对于原告主张的房屋置换，并未提交相应证据，均系其单方陈述；案涉补偿款长期未支取，第三人在答辩中已对此作出合理解释，并不能以此推定原告主张的房屋置换成立。另因本案所涉拆迁 并非违法强制拆迁，并不适用违法拆迁相关法律规定补偿标准，故对原告以违法拆迁主张相关权利，本院不予支持。

对于原告主张的停产停业损失费、经营性补助费，原告原审中提供的市场租赁价值估价结果，与其主张的房屋被拆除后的停产停业损失并无必然关联，且案涉房屋被拆后，原告在他处租赁房屋继续经营，并未一直处于停产停业状态，其经营状况受多种因素影响，与案涉房屋市场租赁估价结果无关，原告该诉讼请求无事实和法律依据，本院不予支持。

本案中，自房屋被拆除至今时隔已逾十年，房地产交易价格发生重大变化，潍建裁字(2018)1号行政裁决仅以案涉补偿款贷款利息作为损失不能平衡当事人之间的利益；关于实际损失的确定，《最高人民法院关于审理买卖合同纠纷案件适用法律问题的解释》第二十四条第四款规定，买卖合同没有约定逾期付款违约金或者该违约金的计算方法，出卖人以买受人违约为由主张赔偿逾期付款损失的，人民法院可以中国人民银行同期同类人民币贷款基准利率为基础，参照逾期罚息利率标准计算。参照上述司法解释，在当事人不能证明实际损失的情况下，本院酌定自2008年2月15日（即拆迁许可证颁发次日）起至实际给付之日止，按照中国人民银行同期同类贷款利率或者同期贷款市场报价利率上浮50%计算。

关于第三个焦点问题，即本案中原告与第三人之间的民事争议能否一并处理及原告民事诉求是否超出诉讼时效期限的问题。对此，《行政诉讼法》第六十一条第一款规定，在涉及行政许可、登记、征收、征用和行政机关对民事争议所作的裁决的行政诉讼中，当事人申请一并解决相关民事争议的，人民法院可以一并审理。《最高人民法院关于适用〈中华人民共和国行政诉讼法〉的解释》第一百四十条第二款规定，人民法院审理行政机关对民事争议所作裁决的案件，一并审理民事争议的，不另行立案。本案中，原告王某在起诉时要求撤销被诉行政裁决，一并审理其与第三人之间的民事争议，根据上述法律及司法解释的规定，人民法院有权对双方因房屋拆迁补偿安置形成的民事争议一并进行审理。据原告与第三人陈述，双方对拆迁补偿并未签订书面补偿协议，且在被告作出行政裁决后，原告王某不服而提起诉讼，亦未超过法定起诉期限，故对第三人关于行政诉讼与民事纠纷并案审理方式不当及纷争超过法定时效的主张，本院不予支持。

综上，被告市住建局作出的潍建裁字(2018)1号行政裁决，程序合法，适用法律、法规正确，但认定事实有遗漏，裁决结果不当，本院依法予以撤销。依照《行政诉讼法》第六十一条、第七十条第六项、《最高人民法院关于适用〈中华人民共和国行政诉讼法〉若干问题的解释》第一百四十条第二款、第一百四十一条之规定，判决如下：

1. 撤销被告市住建局于2018年9月17日作出的潍建裁字(2018)1号《关于对王某房屋拆迁的行政裁决书》;

2. 第三人置业公司支付原告王某被拆迁房屋及房屋装饰装修、房屋附属物、迁移费货币补偿800,178元、该片区房屋拆迁时应该享受的货币补偿政策奖励416,089.4元、经营性补助费169,203元等,合计8,587,080.4元;

3. 第三人置业公司支付原告王某第4幢房屋及房屋装饰装修、房屋附属物、迁移费货币补偿714,650.79元(97.51平方米×7329元每平方米)、额外补助费35,732.54元(714,650.79元×5%),合计750,383.33元;

上述第二、三项共计9,337,463.73元;于本判决生效之日起十日内付清;

4. 第三人置业公司赔偿原告王某拆迁补偿款占用期间的损失(以9,337,463.73元为基数,自2008年2月15日起至实际给付之日止,按照中国人民银行同期同类贷款利率或者同期贷款市场报价利率的1.5倍计算),于本判决生效之日起十日内付清;

5. 驳回原告王某的其他诉讼请求。

案件受理费50元,由被告市住建局负担;保全费申请费5000元,由第三人置业公司负担。如不服本判决,可在判决书送达之日起十五日内,向本院递交上诉状,并按对方当事人的人数提出副本,上诉于山东省潍坊市中级人民法院;也可以在判决书送达之日起十五日内,向山东省潍坊市中级人民法院在线提交上诉状。

2022年11月25日,第三人置业公司不服本判决,向山东省潍坊市中级人民法院提起上诉。

目前,本案在二审审理中。

## 三、结案评析

1. 行政裁决的概念及基本特征。

行政裁决,是指行政机关根据当事人申请和法律法规授权,居中对与行政管理活动密切相关的民事纠纷进行裁处的行为。行政裁决与社会熟知的民事仲裁、民事诉讼都是化解民事纠纷的方式。

行政裁决具有以下基本特征：

（1）裁决主体的行政性。行政裁决的主体是法律授权的特定行政机关，行政机关只有获得法律授权，才能对授权范围内的民事纠纷案件进行审查并裁决。没有法律授权，行政机关不能自行决定和裁决民事纠纷案件。行政主体正是通过行政裁决这种间接手段，而非直接的行政命令管理经济、维护社会秩序，从而实现其行政管理职能。

（2）裁决对象的特定性。行政裁决的前提是裁决的民事纠纷与行政管理有关，即当事人之间发生了与行政管理活动密切相关的民事纠纷。行政裁决是依申请而进行的行政行为，争议双方当事人在争议发生后，可以依据法律法规的规定，在法定的期限内向特定的行政机关申请裁决。没有当事人的申请行为，行政机关不能自行启动裁决程序。

（3）裁决范围的特定性。我国法律没有对行政裁决范围作出统一规范，相关规定散见于多部法律法规中，如《土地管理法》《森林法》《草原法》《矿产资源法》等法律法规规定了土地、林地、草原、矿区等自然资源权属民事纠纷的裁决事项；《商标法》《专利法》《植物新品种保护条例》《中药品种保护条例》《集成电路布图设计保护条例》等法律法规对知识产权侵权纠纷和补偿争议的行政裁决事项作了规定；《政府采购法》等法律对政府采购活动争议的行政裁决处理作了规定。又如，2019 年修正的《土地管理法》第十四条规定："土地所有权和使用权争议，由当事人协商解决；协商不成的，由人民政府处理。单位之间的争议，由县级以上人民政府处理；个人之间、个人与单位之间的争议，由乡级人民政府或者县级以上人民政府处理。当事人对有关人民政府的处理决定不服的，可以自接到处理决定通知之日起三十日内，向人民法院起诉。在土地所有权和使用权争议解决前，任何一方不得改变土地利用现状。"

（4）裁决结果的强制性和非终局性。行政机关作出行政裁决后，当事人不申请行政复议或者行政诉讼的，行政裁决对当事人发生法律效力，非经法定程序不得撤销或者变更。当事人不服行政裁决的，可依法申请行政复议或者向法院提起诉讼，这不同于民事仲裁的一裁终局、民事诉讼的两审终审。

（5）裁决成本的无偿性。申请人申请行政裁决，不需要向行政机关缴费。

2. 在未签订拆迁补偿安置协议情况下房屋被拆除且未予补偿，房屋所有人应当直接向法院提起民事诉讼还是先申请行政裁决？行政机关只裁决申请人的一部分请求是否合法?

《城市房屋拆迁管理条例》(已失效)第十六条规定:“拆迁人与被拆迁人或者拆迁人、被拆迁人与房屋承租人达不成拆迁补偿安置协议的,经当事人申请,由房屋拆迁管理部门裁决。房屋拆迁管理部门是被拆迁人的,由同级人民政府裁决。裁决应当自收到申请之日起30日内作出。当事人对裁决不服的,可以自裁决书送达之日起3个月内向人民法院起诉。拆迁人依照本条例规定已对被拆迁人给予货币补偿或者提供拆迁安置用房、周转用房的,诉讼期间不停止拆迁的执行。”

对于申请人提出的行政裁决请求事项,行政机关应当全部作出支持或不支持的裁决。本案中,市住建局只裁决申请人部分请求、让当事人将未裁决的请求直接向法院起诉的做法,是不合法的。

3. 当事人不服行政裁决向法院起诉是行政案件还是民事案件?

行政裁决是行政机关行使其行政职权的一种行政行为。实施行政裁决行为的主体是行政机关,行政裁决本质上属于行政机关依法管理社会公共事的行政行为范畴。当事人不服行政裁决向法院提起诉讼,属于行政案件,按照行政诉讼程序审理。

4. 行政裁决或者法院判决拆迁补偿,是以拆迁时的房屋评估价值为准还是以申请行政裁决时的市场评估价值为准?

《城市房屋拆迁管理条例》(2001年)第二十四条规定:“货币补偿的金额,根据被拆迁房屋的区位、用途、建筑面积等因素,以房地产市场评估价格确定……”

行政裁决、法院判决房屋拆迁安置补偿案件,应当充分保障当事人各方的权利,尤其对于时间跨度大且尚未补偿安置的案件,因房地产交易价格发生重大变化,如果按照拆迁时的价格进行补偿很难弥补被拆迁人的实际损失。因此,在补偿金额的计算上,应当坚持公平、公正、及时的原则,并结合被拆迁房屋的区位、用途、建筑面积等因素确定补偿方式。对被拆迁房屋进行货币补偿的,应当以申请行政裁决时被拆迁房屋的市场评估价格为准,即补偿金额应确保被拆迁人获得补偿时能够购置与被拆迁房屋类似的房屋,避免拆迁人与被拆迁人之间的权益明显失衡。这既有利于维护司法的公正和当事人的合法权益,也是对拆迁人违法拆迁、拖欠补偿的一种威慑,有利于督促拆迁人依法、及时进行拆迁和补偿。

## 四、相关法条

**1.《最高人民法院关于当事人达不成拆迁补偿安置协议就补偿安置争议提起民事诉讼人民法院应否受理问题的批复》(2005年8月1日公布)**

拆迁人与被拆迁人或者拆迁人、被拆迁人与房屋承租人达不成拆迁补偿安置协议,就补偿安置争议向人民法院提起民事诉讼的,人民法院不予受理,并告知当事人可以按照《城市房屋拆迁管理条例》第十六条的规定向有关部门申请裁决。

**2.《城市房屋拆迁管理条例》(2001年6月13日公布)**

第十六条　拆迁人与被拆迁人或者拆迁人、被拆迁人与房屋承租人达不成拆迁补偿安置协议的,经当事人申请,由房屋拆迁管理部门裁决。房屋拆迁管理部门是被拆迁人的,由同级人民政府裁决。裁决应当自收到申请之日起30日内作出。

当事人对裁决不服的,可以自裁决书送达之日起3个月内向人民法院起诉。拆迁人依照本条例规定已对被拆迁人给予货币补偿或者提供拆迁安置用房、周转用房的,诉讼期间不停止拆迁的执行。

第二十四条　货币补偿的金额,根据被拆迁房屋的区位、用途、建筑面积等因素,以房地产市场评估价格确定。具体办法由省、自治区、直辖市人民政府制定。

**3.《山东省城市房屋拆迁管理条例》(2006年9月29日修订)**

第十八条　拆迁人与被拆迁人或者拆迁人与被拆迁人、房屋承租人达不成拆迁补偿安置协议的,经当事人申请,由批准拆迁的房屋拆迁管理部门进行调解,调解不成的,进行裁决。房屋拆迁管理部门是被拆迁人的,由同级人民政府进行调解,调解不成的,进行裁决。

房屋拆迁管理部门或者同级人民政府应当自收到申请之日起7日内,以书面形式作出受理或者不予受理的决定;决定不予受理的,还应当说明理由。达不成拆迁补偿安置协议的户数或者拆迁面积超过1/3的,房屋拆迁管理部门或者同级人民政府在决定受理裁决申请前,应当进行听证。

决定受理的,房屋拆迁管理部门或者同级人民政府应当自决定受理之日起30日内作出裁决。当事人对裁决不服的,可以依法申请复议或者向人民法院起诉。拆迁人依照本条例规定已对被拆迁人给予货币补偿或者提供安置用房、周转房的,复议、诉讼期间不停止拆迁的执行,但法律、法规规定停止执行的除外。

**4.《城市房屋拆迁估价指导意见》(2003 年 12 月 1 日公布)**

第十一条　拆迁估价时点一般为房屋拆迁许可证颁发之日。拆迁规模大、分期分段实施的,以当期(段)房屋拆迁实施之日为估价时点。

**5.《山东省城市房屋拆迁评估管理办法》(2007 年 4 月 9 日公布)**

第十二条　拆迁评估时点一般为房屋拆迁许可证颁发之日。拆迁规模大、分期分段实施的,以当期(段)房屋拆迁实施之日为评估时点。

**6.《城市房屋拆迁行政裁决工作规程》(2003 年 12 月 30 日公布)**

第三条　市、县人民政府城市房屋拆迁管理部门负责本行政区域内城市房屋拆迁行政裁决工作。房屋拆迁管理部门及其工作人员应当按照有关法律、法规规定,依法履行行政裁决职责。

第四条　行政裁决应当以事实为依据、以法律为准绳,坚持公平、公正、及时的原则。

第六条　被拆迁人申请行政裁决,应当提交下列资料:

(一)裁决申请书;

(二)申请人的身份证明;

(三)被拆迁房屋的权属证明;

(四)申请裁决的理由及相关证明材料;

(五)房屋拆迁管理部门认为应当提供的与行政裁决有关的其他材料。

第九条　房屋拆迁管理部门受理房屋拆迁裁决申请后,经审核,资料齐全、符合受理条件的,应当在收到申请之日起 5 个工作日内向申请人发出裁决受理通知书;申请裁决资料不齐全、需要补充资料的,应当在 5 个工作日内一次性书面告知申请人,可以当场补正的,应当当场补正。受理时间从申请人补齐资料的次日起计算。

第十条　房屋拆迁管理部门受理房屋拆迁裁决申请后,应当按照下列程序进行:

(一)向被申请人送达房屋拆迁裁决申请书副本及答辩通知书,并告知被申请人的权利;

(二)审核相关资料、程序的合法性;

(三)组织当事人调解。房屋拆迁管理部门必须充分听取当事人的意见,对当事人提出的事实、理由和证据进行复核;对当事人提出的合理要求应当采纳。房屋拆迁管理部门不得因当事人申辩而做出损害申辩人合法权益的裁决。

拆迁当事人拒绝调解的,房屋拆迁管理部门应依法作出裁决。

(四)核实补偿安置标准。当事人对评估结果有异议,且未经房屋所在地房地产专家评估委员会鉴定的,房屋拆迁管理部门应当委托专家评估委员会进行鉴定,并以鉴定后的估价结果作为裁决依据。鉴定时间不计入裁决时限。

(五)经调解,达成一致意见的,出具裁决终结书;达不成一致意见的,房屋拆迁管理部门应当作出书面裁决。部分事项达成一致意见的,裁决时应当予以确认。书面裁决必须经房屋拆迁管理部门领导班子集体讨论决定。

第十二条　有下列情形之一的,中止裁决并书面告知当事人:

(一)发现新的需要查证的事实;

(二)裁决需要以相关裁决或法院判决结果为依据的,而相关案件未结案的;

(三)作为自然人的申请人死亡,需等待其近亲属表明是否参加裁决的;

(四)因不可抗力或者其他特殊情况需要中止的情况。

中止裁决的因素消除后,恢复裁决。中止时间不计入裁决时限。

第十四条　行政裁决应当自收到申请之日起30日内做出。房屋拆迁管理部门做出裁决,应当出具裁决书。

裁决书应当包括下列内容:

(一)申请人与被申请人的基本情况;

(二)争议的主要事实和理由;

(三)裁决的依据、理由;

(四)根据行政裁决申请需要裁决的补偿方式、补偿金额、安置用房面积和安置地点、搬迁期限、搬迁过渡方式和过渡期限等;

(五)告知当事人行政复议、行政诉讼的权利及申请复议期限、起诉期限;

(六)房屋拆迁管理部门的名称、裁决日期并加盖公章。

行政裁决规定的搬迁期限不得少于15天。

**7.《行政诉讼法》(2017年6月27日修正)**

第六十一条　在涉及行政许可、登记、征收、征用和行政机关对民事争议所作的裁决的行政诉讼中,当事人申请一并解决相关民事争议的,人民法院可以一并审理。

在行政诉讼中,人民法院认为行政案件的审理需以民事诉讼的裁判为依据的,可以裁定中止行政诉讼。

**8.《最高人民法院关于适用〈中华人民共和国行政诉讼法〉的解释》(2018 年 2 月 6 日公布)**

第一百四十条　人民法院在行政诉讼中一并审理相关民事争议的,民事争议应当单独立案,由同一审判组织审理。

人民法院审理行政机关对民事争议所作裁决的案件,一并审理民事争议的,不另行立案。

**9.《最高人民法院关于审理买卖合同纠纷案件适用法律问题的解释》(2020 年 12 月 29 日修正)**

第十八条

……

买卖合同没有约定逾期付款违约金或者该违约金的计算方法,出卖人以买受人违约为由主张赔偿逾期付款损失,违约行为发生在 2019 年 8 月 19 日之前的,人民法院可以中国人民银行同期同类人民币贷款基准利率为基础,参照逾期罚息利率标准计算;违约行为发生在 2019 年 8 月 20 日之后的,人民法院可以违约行为发生时中国人民银行授权全国银行间同业拆借中心公布的一年期贷款市场报价利率(LPR)标准为基础,加计 30～50% 计算逾期付款损失。

# 第五编　建设工程施工合同案例

## 诉讼指引

建设工程合同，是承包人进行工程建设、发包人支付价款的合同。建设工程合同包括工程勘察、设计、施工合同。

建设工程合同纠纷具有专业性强、法律关系复杂、审理难点多的特点。在处理此类纠纷时，一般应当注意以下常见问题和特殊问题。

1. 关于合同效力的认定。建设工程合同名为承包、实为转包或违法分包的，根据相关规定，应认定为无效合同。合同被认定为无效后，在当事人之间不产生合同责任，但要产生其他民事责任；建设工程经验收合格的，承包人可以请求参照合同关于工程价款的约定折价补偿，法院应当判决支持。本编案例十八和案例十九均涉及这一问题。

2. 发包人、承包人、实际施工人应当正确行使诉权。发包人和承包人有建设工程施工合同关系，可以相互行使诉权；承包人和实际施工人有转包或分包合同关系，也可以相互行使诉权；发包人和实际施工人之间没有合同关系，但法律规定实际施工人可以直接起诉发包人，发包人只在欠付承包人工程价款范围内对实际施工人承担责任。本编案例十八和案例十九均涉及这一问题，且均存在当事人选择错误的情况。

3. 合同约定按照固定价或包干价结算工程款，一方当事人又请求对工程造价进行鉴定，法院是否应当支持的问题。在合同履行过程中，如果没有发生导致合同无效或合同修改、设计变更等足以推翻合同约定的情形，应当按照合同约定的结算方式结算工程款。如果一方当事人抛开合同约定的固定价或包干价，申请对工程造价进行鉴定的，法院不予支持。

4.关于如何处理因工程项目调整或设计变更而增减的工程量的问题。承包人因项目调整或设计变更增加了工程量，要求增加工程造价的，如果要求调整和变更的项目确已发生，且调整和增加的工程量在原工程总价范围以外，对承包人的请求可分别以下情况进行处理：(1)对工程量的增减应当由双方当事人进行确认。双方当事人可通过在履行合同中达成补充协议、会议纪要、工程对账单、签证等书面文件予以确认。当事人对此有争议的，应当由其主张的一方承担举证责任。(2)因设计变更引起工程量的增减，增减幅度在合同约定的范围内，按约定结算工程款；在约定范围以外的，应当作为工程款结算的依据。

5.关于如何正确认定建设单位逾期支付工程款利息的起算时间问题。利息属于法定孳息，应当自工程欠款发生之日起计算。施工单位请求建设单位支付工程款并承担逾期支付工程款利息时，合同对此有约定的，应当尊重当事人的约定，利息从约定应付工程款之日起计付；没有约定或者约定不明的，应当分别以下情况处理：(1)工程实际交付的，逾期支付工程款利息的起算时间为工程实际交付之日。(2)工程没有交付的，逾期利息的起算时间为承包人提交竣工结算文件之日。工程竣工后，虽然没有交付，但施工单位已经在工程竣工验收合格后按照合同约定的时间提交了结算文件，而建设单位无正当理由未在约定的时间内予以答复的，应当认定承包人提交结算报告的时间为工程价款利息的起算时间。(3)工程价款未经结算，工程也未实际交付的，逾期支付工程款利息的起算时间从承包人起诉之日起计算。本编案例十六和案例二十均涉及这一问题。

6.承包人依据《民法典》第八百零七条规定请求其承建工程的价款就工程折价或者拍卖的价款优先受偿的，人民法院应予支持。承包人根据《民法典》第八百零七条规定享有的建设工程价款优先受偿权优于抵押权和其他债权。未竣工的建设工程质量合格，承包人请求其承建工程的价款就其承建工程部分折价或者拍卖的价款优先受偿的，人民法院应予支持。承包人建设工程价款优先受偿的范围，依照国务院有关行政主管部门关于建设工程价款范围的规定确定。承包人就逾期支付建设工程价款的利息、违约金、损害赔偿金等主张优先受偿的，人民法院不予支持。承包人应当在合理期限内行使建设工程价款优先受偿权，但最长不得超过18个月，自发包人应当给付建设工程价款之日起算。发包人与承包人约定放弃或者限制建设工程价款优先受偿权，损害建筑工人利益，发包人根据该约定主张承包人不享有建设工程价款优先受偿权的,人民法院不予支持。本编案例二十涉及这一问题。

7. 关于承包人向实际施工人收取管理费是否合法的问题。这个问题在实践中常见,但存在争议,法院裁判结果不一。详细分析见本编案例十九。

# 案例十四　中国建筑第×工程局建设工程施工合同纠纷案

1997 年，本案经青岛市中级人民法院一审判决结案。

**一、焦点问题**

1. 建设工程工期延误，合同双方是否都构成违约？应由谁来承担造成的损失？

2. 合同对临时设施费是如何约定的？是否应从工程款中扣除？

**二、当事人诉求及辩论**

原告（反诉被告）：中国建筑第×工程局（以下简称工程局）

委托代理人：徐贵一，山东法正律师事务所律师

被告（反诉原告）：青岛某家具有限责任公司（以下简称家具公司）

1997 年 1 月 4 日，原告工程局向青岛市中级人民法院提起诉讼。诉求：1. 判令被告支付工程款 1,466,467.2 元以及利息 110,864.92 元（按息 10.08%，9 个月计算）；2. 判令被告支付约定违约金 4300 元；3. 判令被告赔偿经济损失 328,905.63元。三项合计 1,910,537.75 元。

原告工程局诉称，原、被告双方于 1995 年 11 月 1 日签订建筑工程合同约定，由原告为被告修建家具车间一幢、按工程进度付款，原告于 1996 年 2 月 15 日完成主体工程后，被告未再履行给付工程款的义务，并于 1996 年 3 月 20 日通知原告停工，导致合同不能履行。请求法院判如所请。

被告家具公司答辩并反诉称，原告未按合同约定完成主体工程即索要工程款没有事实和法律依据。双方从未进行过关于主体完工的单项验收签证，故依据合同约定，被告没有给付第二笔工程款的义务，即使结算也应按合同的特殊约定不

予计取临时设施费。请求判令工程局赔偿因工程质量不合格及违约未完成主体工程给家具公司造成的需返修及继续施工重复投入的损失费356,922元,并承担违约金4300元。

原告工程局对被告反诉答辩称:1. 因被告家具公司资金紧张要求停工,故造成工程主体未完工,原告要求对已完成的工程量进行据实结算并不涉及主体工程是否完工。合同签订后,双方在初期合作顺利,但直至1996年2月,家具公司出现资金困难,遂开始许诺资金延期拨付,家具公司在反诉状中也承认这一事实,并在一再许诺落空的情况下,才召集原告开会商定停工等事宜,形成了会议纪要、停工通知和同意停工的复函。现在的事实也证明了这一点,工程已停工一年半之久,家具公司没有资金到位的迹象,也没有工程重新开工的意思,原告也没有接到复工通知,这是铁的事实,双方在场人员都承认。2. 关于临时设施费,应按合同约定由原告计取。合同约定甲方即家具公司提供现场临时设施,不计取费用,不足部分乙方即原告自费,双方的本意是家具公司有部分简易临时设施,原告在做部分修理后,可以无偿提供给原告使用,不足部分原告自己解决。3. 被告向我方索要赔偿违背事实。被告说原告延误460多天工期是狡辩,事实是被告因资金困难给原告发停工通知,之后原告并没有接到被告工程款到位、要求继续施工的通知,被告也答应过根据实际情况赔偿原告的损失。请求依法驳回被告家具公司的反诉。

**三、法院裁判**

1997年8月13日和1997年9月19日,青岛市中级人民法院分别两次开庭审理本案。争议焦点如下:1. 工期延误的原因是什么?应由谁来承担造成的损失?2. 是否应该从工程款中扣除临时设施费?

法院审理查明:1995年11月1日,原、被告签订建设工程施工合同,约定:原告为被告施工建设家具车间一幢,建筑面积7483平方米、工期为1995年11月1日至1996年4月30日。质量等级优良,合同总造价430万元,被告于开工前预付工程总造价的30%(计129万元),至工程主体完工再付工程总造价的30%,装饰装修完工2/3时,工程款付至工程总造价的90%,交工验收合格后再付5%工程款,留5%工程款作为保修金,一年期满后退还原告。对原、被告双方施工过程中各方的权利、义务亦作了约定,同时约定了违约责任;如违约,按合同总价款的1‰

作罚款。对逾期给付工程款约定按银行同期存款利率计息，合同在附加条款中对临时设施费作了特殊约定：由被告提供工程场地现有的临时设施，不收取费用，不足部分由原告自负，合同签订后，原告于合同签订当日进驻工地进行施工，被告于1995年11月8日预付工程款116万元，1995年12月7日预付工程款13万元，1995年12月29日又付款2万元。至1996年2月12日，原告通知被告工程按计划封顶，请求按合同约定兑付工程款，被告复函主体尚未完工，考虑春节临近可暂付2万元，并承诺于1996年3月10日前支付第二期工程款，且被告于1996年2月14日支付原告2万元工程款，1996年3月20日，被告函告第二期工程款在1996年4月10日拨付、并通知原告安排好现场人员，待拨款后继续复工，原告接到通知后复函同意停工，但保留索赔权利，至此，工程正式停工。1996年6月3日，被告通知原告资金于1996年6月30日到位、做好工作安排，但被告未按承诺给付工程款，原告诉至法院。法院在审理过程中委托中国建设银行青岛市分行对已完成工程量进行审计，工程总造价为2,129,632.47元（其中包括临时设施费13,954.29元），中国建设银行青岛市分行对工程概况作出主体尚未全部完工的评定。以上事实，有原、被告签订的建筑工程合同，原告的付款凭证及原、被告之间的往来函件，并有中国建设银行青岛市分行的审计报告，施工概况说明等证据证明，经庭审质证和法院审查，应予确认。

1997年11月24日，青岛市中级人民法院作出（1997）青经初字第21号民事判决书。法院认为：原告与被告签订的建设工程施工合同合法有效，双方应自觉履行。在工程未完工的情况下，被告通知原告停工并导致合同无继续履行的可能。双方应按已完成工程量据实结算，且被告应按合同约定及付款承诺支付原告逾期付款的利息损失；双方在合同履行中均有违约，原告请求被告赔偿经济损失及违约金证据不足，本院不予支持。被告反诉请求原告赔偿经济损失及违约金亦无事实及法律依据。对于临时设施费，按合同中的特殊约定，原告不应在结算中计取，被告关于临时设施费的反诉请求，本院予以支持。依据《经济合同法》第二十九条第一款、第三十四条第二款第五项及《民事诉讼法》第一百二十八条之规定，判决如下：

被告家具公司偿付原告工程款785,680.18元及利息83,657.3元，共计869,337.48元。于判决生效后10日内付清，逾期给付，按中国人民银行规定的同期贷款利率双倍支付迟延履行期间的债务利息。

案件受理费19,560元,原告负担4560元,被告负担15,000元。反诉费7910元,由被告负担。审计鉴定费14,000元,由被告负担。以上款项已由原告预交,故由被告在支付上述款项时一并给付原告。如不服本判决,可在判决书送达之日起15日内上诉于山东省高级人民法院。

一审判决后,原告和被告均未上诉,一审判决生效。

**四、结案评析**

本案中,原、被告双方签订的建设工程施工合同合法有效,应自觉履行。在工程遇到特殊情况未完工的情况下,发包方可以通知施工方停工,并告知合同有无继续履行的可能。如果合同不能继续履行,合同双方应按已完成工程量据实结算,且违约方应按合同约定承担相应的违约责任。对于合同约定产生的其他费用(如本案的临时设施费),应当协商解决;无法协商的,法院应该按合同约定和实际情况予以裁判。

**五、相关法条**

**1.《经济合同法》(1993年9月2日修正)**

第二十九条　由于当事人一方的过错,造成经济合同不能履行或者不能完全履行,由有过错的一方承担违约责任;如属双方的过错,根据实际情况,由双方分别承担各自应负的违约责任。

对由于失职、渎职或其它违法行为造成重大事故或严重损失的直接责任者个人,应追究经济、行政责任直至刑事责任。

第三十四条　违反建设工程承包合同的责任

一、承包方的责任:

1. 因勘察设计质量低劣或未按期提交勘察设计文件拖延工期造成损失,由勘察设计单位继续完善设计,并减收或免收勘察设计费,直至赔偿损失。

2. 工程质量不符合合同规定,发包方有权要求限期无偿修理或者返工、改建,经过修理或者返工、改建后,造成逾期交付的,承包方偿付逾期的违约金。

3. 工程交付时间不符合合同规定,偿付逾期的违约金。

二、发包方的责任:

1. 未按合同规定的时间和要求提供原材料、设备、场地、资金、技术资料等,除工程日期得予顺延外，还应偿付承包方因此造成停工、窝工的实际损失。

2. 工程中途停建、缓建，应采取措施弥补或减少损失，同时赔偿承包方由此而造成的停工、窝工、倒运、机械设备调迁、材料和构件积压等损失和实际费用。

3. 由于变更计划，提供的资料不准确，或未按期提供必需的勘察、设计工作条件而造成勘察、设计的返工、停工或修改设计，按承包方实际消耗的工作量增付费用。

4. 工程未经验收，提前使用，发现质量问题，自己承担责任。

5. 超过合同规定日期验收或付工程费，偿付逾期的违约金。

**2.《民事诉讼法》(1991年4月9日公布)**

第一百二十八条[①]　法庭辩论终结，应当依法作出判决。判决前能够调解的，还可以进行调解，调解不成的，应当及时判决。

---

① 对应《民事诉讼法》(2021年12月24日修正)第一百四十五条。

# 案例十五　济南市建华公司建设工程施工合同仲裁纠纷案

1999—2000 年，本案经济南仲裁委员会裁决结案。

## 一、焦点问题

1. 承包人与分包人发生纠纷导致发包人的工程停工，给发包人造成的损失由谁来承担？赔偿范围包括哪些？

2. 发包人与承包人的建设工程施工合同约定了仲裁条款，承包人选择仲裁程序解决纠纷；分包人选择了诉讼程序解决与承包人的分包合同纠纷，法院裁定工程要评估、不准复工，由此给发包人造成的损失由谁承担？

## 二、当事人诉求

申请人：济南市建华公司（以下简称建华公司）

委托代理人：徐贵一，山东法正园律师事务所律师

被申请人：济南市某建筑公司（以下简称济南建筑公司）

1999 年 10 月 13 日，申请人建华公司依据合同仲裁条款，向济南仲裁委员会申请仲裁。请求：1. 责令被申请人继续履行合同，立即复工，完成未完成工程；2. 责令被申请人赔偿给申请人造成的停工损失 331 万元，退还欠款 169,063.94 元。1999 年 11 月 25 日，济南仲裁委员会开庭仲裁。

建华公司称，1993 年 10 月，建华公司与济南建筑公司签订建设工程施工合同，约定由济南建筑公司为建华公司承建“建华八层商业楼”，工程内容为除打桩、铝合金外的“土建及配合土建的水、电、暖、卫等安装工程”。合同还约定：开工日期为 1993 年 10 月 31 日，竣工日期为 1995 年 6 月 30 日（以验桩合格、资料齐全日为正式开工日）。工程造价“暂定 780 万元，以双方和建行审定预算为准”。合同

签订后,被申请人在施工期间,经常因拨付工程款与分包单位发生争执而停工,申请人为此多次出面协调,至 1995 年 6 月 30 日竣工期满,工程未能竣工,被申请人于 1996 年 3 月擅自停工。申请人曾多次通知其复工,但至今三年多,被申请人以与分包单位发生纠纷为由拒绝复工,给申请人造成巨大经济损失。损失的计算根据是:筹建商业大厦的过程中,申请人投资 11,787,946.48 元。其中贷款 1,750,000元,自 1996 年 3 月停工算起,至 2000 年 5 月底,申请人已向银行支付贷款利息 1,276,103.95 元;拨付济南建筑公司 6,853,731.59 元工程款,自 1996 年 3 月停工算起至 2000 年 5 月底,按存于银行同期利息计算应得 2,013,163.90 元,两项合计为 32,899,267.85 元。

济南建筑公司辩称:1. 工程停工并不是被申请人造成的,而是申请人的过错导致的。因为申请人资金不落实,没有按合同要求和工程进度拨付工程款;应申请人安装的铝合金门窗没有安装,致使与之相应的工作无法开展;室内装修没有进行,无法进行喷淋设施和管道的安装;应由申请人提供的一层、二层地面砖等材料没有选定和及时供应。2. 造成合同无法继续履行的原因不在被申请人,而是被申请人与分包单位的工程款纠纷中,受理法院济南市中级人民法院为保全证据和审计不让复工。3. 被申请人并没有付款的事实。申请人所称的欠款 169,063.94 元,是分包单位借取的,与被申请人无关,应由申请人另行向借款人索还。4. 申请人要求支付贷款利息 1,276,103.95 元没有合同依据;申请人拨付的 6,648,309.89 元工程款,已由被申请人全部用于工程,并由申请人实际控制该建筑,被申请人并没有实际占用上述资金,因此,被申请人不应支付银行同期存款利息损失。总之,申请人的仲裁请求不应予以支持。

**三、仲裁庭裁决**

2000 年 8 月 14 日,济南仲裁委员会作出(1999)济仲裁字第 097 号裁决书。

(一)认定事实

1. 关于合同及其附件效力的问题。仲裁庭认为:(1)申请人与被申请人于 1993 年 10 月签订的《建设工程施工合同》主体适格,系双方当事人真实意思表示,是合法有效的,双方当事人均应当严格履行。(2)申请人与被申请人于 1995 年 8 月 2 日签订的“会议纪要”是对履行合同过程中个别事项的具体约定,应视为合同的组成部分,对双方均有约束力。(3)1995 年 11 月申请人与被申请人第八分公司签订的“施工协议”,因第八分公司主体不合格,故而无效。

2. 关于工程停工的责任及划分的问题。针对双方当事人关于工程停工归责的争辩,经过庭审调查,仲裁庭认为:(1)申请人没有根据工程进度和工程建设要求及时选定和提供大厦一层、二层地面所用材料,致使被申请人无法铺设上述地面,这是工程逾期和停工的原因之一,申请人对此应承担次要责任。(2)根据双方合同约定,被申请人的工作范围明确,被申请人应当按照合同约定如期完工。被申请人以工程应配合装修同时进行为由拖延施工,未完成合同工程量,没有合同依据。因此,被申请人应对工程停工承担主要责任。

另查实,被申请人停工期间,济南市中级人民法院曾就该工程有关纠纷进行过审理,并委托审计部门进行审计,工程审计过程中,暂不允许复工。仲裁庭认为,被申请人对审计期间的停工不承担责任。

3. 关于申请人损失问题。仲裁庭认为:由于被申请人的过错,给申请人造成了一定的经济损失,应根据其过错程度给予赔偿。(1)申请人实际拨付的工程款是6,648,309.89元,由此产生的银行存款利息(1996年3月1日至2000年8月14日,其中济南市中级人民法院审计期1998年7月6日至1999年4月16日除外)425,176.04元,由申请人承担42,517.60元,由被申请人承担382,658.44元。(2)申请人要求被申请人承担其银行贷款1,750,000元的借款利息1,276,103.95元,因没有证据证明,仲裁庭不予支持。

4. 关于被申请人欠款问题。经仲裁庭查明,申请人请求的欠款169,063.94元,是被申请人所属分包单位高青某建筑公司在施工过程中领取的材料及借款。仲裁庭认为,根据申请人和被申请人1995年8月2日签订的“会议纪要”,被申请人应对高青县建筑公司在“会议纪要”形成以前的领物、借款行为负责,即被申请人应支付申请人欠款79,875.50元。

(二)仲裁庭裁决

根据《仲裁法》第三十九条、第五十四条、第五十七条和《民法通则》第一百零六条第一款的规定,仲裁庭裁决如下:

1. 被申请人继续履行双方当事人于1993年10月签订的建设工程施工合同。

2. 被申请人支付申请人停工期间的直接经济损失382,658.44元。

3. 被申请人支付申请人欠款79,875.50元。

4. 仲裁费用31,445.32元(申请人已交),申请人承担9433.6元,被申请人承担22,010.72元。

上述第二项、第三项、第四项合并计算,被申请人济南建筑公司共应向申请人建华公司支付人民币484,545.66元,于本裁决书生效之日起10日内支付给申请人。本裁决为终局裁决,自作出之日起生效。

## 四、结案评析

1. 本案中,发包人与承包人签订的建设工程施工合同主体适格,是双方当事人真实意思表示,是合法有效的,双方当事人应当严格履行。而后双方当事人签订的“会议纪要”是对履行合同过程中个别事项的具体约定,应视为合同的组成部分,对双方均有约束力。

2. 承包人与分包人发生纠纷导致发包人工程停工,由此给发包人造成的损失应当由承包人承担。赔偿范围包括合同约定的工程延期损失,本案裁决承包人承担申请人实际拨付工程款而产生的银行存款利息,按照当时的规定是合法的,但是按银行存款利息计算对发包人不公,现在已经改为按银行贷款利息计算。

3. 发包人与承包人的建设工程施工合同约定了仲裁条款,依法应当选择仲裁程序。分包人与承包人的合同没有约定仲裁条款,分包人选择诉讼程序索要工程款,是合法的。由此产生的问题是分包人先选择去法院起诉承包人,法院裁定对涉案工程进行评估、不准复工,又经一审判决、二审发回重审、重审判决、二审维持判决,时间长达四年多,给发包人造成了巨大损失,包括投资损失、工程不能按期完工、不能投入使用回收资金以及支付银行贷款利息的后果,按照公平合理原则,应当由承包人承担损失。另外,法院应及时完成工程评估,避免因裁定不准复工时间过长,影响承包人自己完成涉案工程、发包人找新的建筑企业完成涉案工程,而给企业造成扩大的损失。

## 五、相关法条

### 1.《民法通则》(1986年4月12日公布)

第一百零六条第一款[①]　公民、法人违反合同或者不履行其他义务的,应当承担民事责任。

---

① 对应《民法典》第五百九十二条第一款:“当事人都违反合同的,应当各自承担相应的责任。”

**2.《仲裁法》(1994年8月31日公布)**

第三十九条[①] 仲裁应当开庭进行。当事人协议不开庭的,仲裁庭可以根据仲裁申请书、答辩书以及其他材料作出裁决。

第五十四条[②] 裁决书应当写明仲裁请求、争议事实、裁决理由、裁决结果、仲裁费用的负担和裁决日期。当事人协议不愿写明争议事实和裁决理由的,可以不写。裁决书由仲裁员签名,加盖仲裁委员会印章。对裁决持不同意见的仲裁员,可以签名,也可以不签名。

第五十七条[③] 裁决书自作出之日起发生法律效力。

---

① 对应《仲裁法》(2017年9月1日修正)第三十九条。

② 对应《仲裁法》(2017年9月1日修正)第五十四条。

③ 对应《仲裁法》(2017年9月1日修正)第五十七条。

# 案例十六　盛安公司建设工程施工合同仲裁及法院撤销、不予执行仲裁裁决案

2007—2012 年，本案历经德州仲裁委员会仲裁、德州市中级人民法院审查撤销仲裁裁决、德州市中级人民法院裁定不予执行仲裁裁决、山东省高级人民法院执行复议、当事人执行和解结案。

## 一、焦点问题

1. 发电工程是否逾期交工及责任、违约金和违约赔偿金承担问题。

2. 补充协议约定的尾项工程违约金是否应当支付问题。

3. 在发电工程使用过程中发生爆管、烧坏轴瓦事故的原因及责任承担问题。

4. 土建工程是否存在质量问题及赔偿责任问题。

## 二、当事人诉求

申请人(反请求被申请人):盛安建设集团有限公司(以下简称盛安公司)

委托代理人:徐贵一，山东齐鲁律师事务所律师

委托代理人:白波，盛安公司法务办公室主任

被申请人(反请求申请人);德州某生物科技集团有限公司(以下简称生物公司)

2007 年 11 月 5 日，申请人向德州仲裁委员会申请仲裁。2007 年 11 月 23 日，德州仲裁委员会受理本案。

申请人盛安公司称，申请人与被申请人生物公司于 2005 年 10 月 8 日签订了《生物公司热电厂工程之主厂房土建安装施工合同》，工程总造价约为 1500 万元，最终决算价款以有资质的审计单位的审计为准。合同签订后，申请人按照合同约定履行了主厂房土建工程和设备安装工程的施工义务。2007 年 4 月中旬，整套试

运行成功通过，申请人提出主厂房土建工程和设备安装工程竣工结算值是19,273,399.53元，减去被申请人已经支付的10,500,000元，被申请人尚欠我公司8,773,399.53元，被申请人未按合同约定履行付款义务，申请人多次向被申请人催讨该笔欠款，但被申请人一直未付。被申请人的违约行为损害了申请人的合法权益，给申请人造成了巨大的损失，为了维护申请人合法权益，特申请仲裁。请求：1. 裁决被申请人立即支付工程款8,773,399.53元及同期贷款利息；2. 赔偿申请人经济损失104,334元；3. 承担本案的仲裁费用。

2007年12月23日，被申请人生物公司提出仲裁异议，认为双方合同约定的仲裁机构为“德州市经济合同仲裁委员会”，与本案受理机构名称有误差，请求对仲裁条款的效力依法裁决。2007年12月25日，德州仲裁委员会作出德仲裁字（2007）第56号决定书。仲裁委认为，依据《最高人民法院关于适用〈中华人民共和国仲裁法〉若干问题的解释》第3条“仲裁协议约定的仲裁机构名称不准确，但能够确定具体的仲裁机构的，应当认定选定了仲裁机构”的规定，虽然合同约定选定的仲裁机构名称不准确，但是依据该约定，能够确定选定的仲裁机构是德州仲裁委员会。德州仲裁委员作出决定：1. 双方签订的安装施工合同中的仲裁条款合法、有效。2. 驳回生物公司的管辖权异议申请，本案继续审理。

2007年12月26日，被申请人生物公司提出反请求。被申请人称，申请人与被申请人签订的安装施工合同约定由申请人承揽被申请人的热电厂土建、设备安装工程，合同约定的竣工交付时间为2006年5月1日，而实际竣工时间却为2007年3月28日，拖延工期如此之长，且申请人尚有部分扫尾工程没有完工。申请人在施工期间，存在技术及施工人员不到位、不按规程施工等大量问题，为此被申请人多次通过工作联系单、通报等形式督促其严格操作规程，加快施工进度，但均未果。2007年3月17日，被申请人在对汽轮机试运转时，导致1号锅炉轴承和负推力瓦烧坏，给被申请人造成损失155,800元。2007年7月23日、11月13日锅炉水冷壁两次爆管，被申请人不得已又点燃2号锅炉应急，两次事故又给被申请人造成巨大损失。为了维护仲裁反请求申请人合法权益，特提出以下仲裁反请求：1. 要求申请人支付逾期交工违约金750,000元；2. 要求申请人赔偿经济损失19,121,939.69元；3. 仲裁费用由申请人承担。仲裁审理过程中，被申请人变更仲裁反请求为：1. 要求申请人支付电费，借用钢材、铲车费用共计386,140.88元；2. 要求申请人支付逾期交工违约金750,000元;3.要求申请人支付尾项工程逾期违约金4,890,000元;4.要求申请人赔偿因逾期交工给被申请人造成的损失4,116,463.28元;5.要求申请人赔偿5次爆管造成的损失2,713,654.30元;6.要求申请人赔偿2007年3月14日烧坏轴瓦造成的损失139,546元;7.要求申请人赔偿因土建问题造成的损失123,244.58元;8.要求申请人支付不锈钢管赔偿金16,288元;9.要求申请人支付房屋租赁费15,400元。

**三、律师辩论和仲裁裁决**

仲裁庭分别于2007年12月26日、2008年3月10日、2008年12月16日、2008年12月23日、2009年2月12日、2009年2月20日、2009年3月5日、2009年3月11日、2009年3月17日、2009年4月3日、2009年5月8日、2009年9月4日、2010年3月16日、2010年11月3日、2011年1月12日、2011年4月22日、2011年4月25日、2011年5月11日共计18次开庭审理本案。

申请人提供了10组证据,被申请人提供了17组证据,仲裁庭收集了3份证据。

仲裁庭归纳双方争议的焦点问题有以下十个:

(一)关于工程造价及应付工程款问题

申请人提供安装施工合同和决算书,主张主厂房土建工程和设备安装工程竣工结算值是19,273,399.53元,减去被申请人已经支付的10,500,000元,被申请人尚欠8,773,399.53元。被申请人对安装施工合同的真实性无异议,但对决算书提出异议,认为决算书是申请人单方编制的证据,因而不予认可。

申请人请求对工程造价进行审计,经双方当事人同意,仲裁庭委托德州某工程造价咨询有限公司对工程造价进行了审计。2008年12月1日,该公司作出德鉴字(2008)006号《关于生物公司热电厂2×90T锅炉+1×15MW汽机及附属建筑安装工程造价结算的鉴定报告》。鉴定结果为“由盛安公司施工的生物公司热电厂2×90T锅炉+1×15MW汽机及附属建筑安装工程结算造价的鉴定值为15,408,376.41元”,双方当事人对该审计结果均无异议。

仲裁庭认为,截至申请人申请仲裁之日,被申请人已向申请人支付工程款10,500,000元。申请人要求被申请人支付4,908,376.41元工程款的仲裁请求应予以支持。

（二）关于被申请人代垫费用问题

申请人提供用电、钢材、铲车等明细表，证明申请人应向被申请人支付代垫费用386,140.88元。申请人对证据的真实性及关联性提出异议，要求对代垫费用进行审计。

被申请人请求对代垫的用电及零星材料费用进行审计，经双方当事人同意，仲裁庭委托德州某工程造价咨询有限公司对申请人用电及零星材料等价值进行了审计。2009年2月20日，该公司作出德鉴字（2009）001号《关于生物公司热电厂2×90T锅炉+1×15MW汽机及附属建筑安装工程用电及零星材料等价值的鉴定报告》。鉴定结果为“由盛安公司施工的生物公司热电厂2×90T锅炉+1×15MW汽机及附属建筑安装工程施工用电、生活用电、生活用水及钢材、铲车（均为业主提供）等价值的鉴定值为201,812.73元”，双方当事人对该审计结果均无异议。

仲裁庭认为，被申请人要求申请人支付施工用电、生活用电、生活用水及钢材、铲车等代垫费用201,812.73元的仲裁请求应予以支持。鉴于申请人应向被申请人支付201,812.73元的代垫费用，仲裁庭认为该部分垫付款应在被申请人向申请人支付的4,908,376.41元工程款中予以扣除，即被申请人实际应向申请人支付工程款4,706,563.68元。

（三）关于申请人要求被申请人赔偿经济损失问题

关于申请人要求被申请人赔偿误工费78,717.58元、催款与仲裁活动差旅费5970元损失的仲裁请求。仲裁庭认为，申请人未提供充分证据证明被申请人造成其误工费、催款与仲裁活动差旅费损失，不予支持该部分请求。

关于申请人要求被申请人赔偿锅炉维修费62,728元损失的仲裁请求。仲裁庭认为，该维修费是因5次爆管维修产生的，申请人的该项仲裁请求可与5次爆管等质量问题一并解决。

（四）关于是否逾期交工及责任、违约金和违约赔偿金承担问题

被申请人主张，按照《安装施工合同》第1.3条约定，工程自2005年10月10日开工，总工期为267天，确保2006年5月1日一台锅炉一台发电机同时达到使用条件。因此，计算逾期交工时间应从2006年5月1日开始计算。但因申请人的原因，2号锅炉及汽轮发电机组于2007年3月18日才具备使用条件。在启动汽

轮机发电过程中，由于申请人的操作失误造成汽轮机轴瓦烧毁，维修又延误10天，因此实际达到投入使用条件的日期为2007年3月28日。在工程施工过程中，工期仅合理顺延3天，该工程至今未进行竣工验收，工期延误328天。因此，申请人存在逾期交工的客观事实，且是申请人的责任。按照合同约定，申请人应当向被申请人支付逾期交工违约金750,000元，并赔偿因逾期交工给被申请人造成的损失，损失为按电厂投资1.2亿元计算银行同期贷款的利息6,691,200元。

申请人主张，双方在《安装施工合同》约定的开工日期为2005年10月10日，总工期267天，即完工日期为2006年7月3日，而实际完成合同范围内的所有工程为2007年3月16日，两者相差256天。导致逾期交工的责任完全在于被申请人一方，由于被申请人在施工过程中设备供货不及时，施工图纸提供延误，设计发生变更并增加工程量，逾期拖欠工程进度款，材料供货不及时，建设单位要求停工等原因造成无法施工而窝工，并造成整体工程工期延误。依据合同专用条件的约定，工期可相应顺延，因此，申请人没有逾期交工。

仲裁庭认为，从申请人与被申请人提交的监理月报中可以认定被申请人设备供货不及时、施工图纸提供延误、设计发生了变更并增加工程量、材料供货不及时的情况客观存在，但无论是被申请人逾期付款，还是设备供货不及时、施工图纸提供延误、设计发生了变更并增加工程量、材料供货不及时，这些因素虽然影响了工期，但是被申请人提供的申请人窝工具体时间证据不充分，并且，庭审中申请人与被申请人均认可工程未间断施工。因此，仲裁庭可以认定申请人存在逾期交工的事实，但申请人所陈述的影响工期的时间难以计算。依据《安装施工合同》专用条件第2.25条的约定，由于申请人的原因，造成了工程的延误，被申请人要求申请人承担逾期交工的违约金的仲裁请求应予以支持。依据德鉴字(2008)006号鉴定报告，该建筑安装工程结算造价的鉴定值为15,408,376.41元。申请人应向被申请人支付工程结算造价5%的违约金，即770,418.82元(15,408,376.41元×5%)。

关于被申请人要求申请人向其赔偿因逾期交工造成6,691,200元损失的仲裁请求，申请人认为违约金与赔偿金不能并用，被申请人未能提供损失的证据，因此，申请人不存在赔偿被申请人损失的问题。

仲裁庭认为，根据《合同法》第一百一十四条的规定，约定违约金条款的目的本身就是对合同不履行或不适当履行造成的损失进行补偿，而损害赔偿同样是赔偿因不履行或不适当履行合同所造成的损失，两者指向同一损害，且作用也是相同的，因此，违约金与损害赔偿条款不能并用。且被申请人提供的证据不足以证明其因申请人逾期交工造成6,691,200元的损失。因此，对被申请人要求申请人向其赔偿因逾期交工造成6,691,200元损失的仲裁请求不予支持。

（五）关于尾项工程的违约金问题

被申请人主张，尾项工程是合同主体工程的有效组成部分，双方签订的《尾项工程施工协议》合法有效，属于仲裁审理范围，并且该协议约定的罚款条款实际是违约金条款，申请人未按规定限期完工，造成尾项工程单项合计逾期489天，应按照该协议约定向被申请人支付每天每项1万元违约金，共计4,890,000元。被申请人对申请人提供的证据《关于尾项工程施工协议的完成情况》提出异议，认为该证据落款处被申请人工地代表“赵某某”的签字非本人书写。

申请人主张，《尾项工程施工协议》没有单位盖章，为无效协议；没有约定仲裁条款，不属于仲裁审理范围；约定的不是违约金而是罚款，被申请人没有罚款权。申请人提供的证据《关于尾项工程施工协议的完成情况》，证明双方签字认可尾项工程已按时完工。

仲裁庭认为，《尾项工程施工协议》虽然无单位印章，但有三方单位工作人员签字，且《尾项工程施工协议》中的施工项目是《安装施工合同》中施工内容的一部分，其内容是在工程期限超出安装施工合同约定的期限的情况下，仅对15项具体施工内容的竣工时间补充约定，该协议不具备一个独立、完整合同必备的要件，不是独立的合同，应认定为安装施工合同的从合同，《尾项工程施工协议》也已实际履行，并且《尾项工程施工协议》中的工程量和工程造价已计算在工程决算中，申请人已计取了尾项工程的费用，因此《尾项工程施工协议》合法有效，应纳入仲裁范围之内。

经仲裁庭调查确认，赵某某原系被申请人热电项目负责人之一，后来离职，2008年10月因车祸去世，无法出庭作证。被申请人申请对《关于尾项工程施工协议的完成情况》上“赵某某”的签字及时间进行笔迹鉴定。仲裁庭认为，为查清本案事实，有必要对《关于尾项工程施工协议的完成情况》上“赵某某”的签字进行笔迹鉴定。经双方当事人协商同意委托北京某司法鉴定中心对“1. 检材中落款处‘赵某某’字迹与赵某某样本字迹是否同一人所写；2. 对检材中落款时间”进行鉴定。

2009 年 10 月 10 日，北京某司法鉴定中心出具(2009)文鉴字第 347 号《司法鉴定文书》，鉴定意见为：1. 检材中落款处“赵某某”字迹的书写习惯特征与赵某某样本字迹的书写习惯特征不相符合，二者不是同一人所写。2. 检材中落款时间字迹不具备形成时间检验条件。申请人对该鉴定书提出异议，认为鉴定结论、程序错误，鉴定书缺乏客观公正性和完整性，请求重新鉴定。被申请人对该鉴定书表示认可。

经仲裁庭合议，决定对“检材中落款处‘赵某某’字迹与赵某某样本字迹是否同一人所写”进行重新鉴定。经双方当事人协商，同意委托中华人民共和国公安部物证鉴定中心重新鉴定。

2010 年 12 月 8 日，公安部物证鉴定中心出具公物证鉴字(2010)4652 号《物证鉴定书》。鉴定意见为：检材右下方的“赵某某”可疑签名字迹与样本 1 ~9 上赵某某字迹是同一人所写。申请人对该鉴定书表示认可。被申请人对该鉴定书提出异议，表示认可北京某司法鉴定中心的鉴定结论。

仲裁庭认为，经北京某司法鉴定中心和公安部物证鉴定中心对《关于尾项工程施工协议的完成情况》落款处“赵某某”的签字进行了两次笔迹鉴定，其鉴定结论相反，仲裁庭认为两个鉴定结论都有权威性，仲裁庭难以采信任何一个结论，因此对该证据中是不是赵某某签字难以认定。

仲裁庭认为，《尾项工程施工协议》是《安装施工合同》的从合同，其内容是在工程期限超出《安装施工合同》约定期限的情况下，仅对尾项工程竣工时间补充约定，而非特别约定。因此，《尾项工程施工协议》中关于违约责任的约定，应当受到安装施工合同中违约金限额的约束，即《安装施工合同》和《尾项工程施工协议》关于违约金的约定可以同时并用，但是不得超过《安装施工合同》专用条件第 2.25 条中赔偿限额为合同总价款 5% 的约定。因此，被申请人要求申请人承担尾项工程逾期完工违约金的仲裁请求应予以支持，但被申请人要求申请人支付逾期交工违约金及尾项工程逾期违约金的总额不得超过合同总价款的 5%。另外，关于申请人主张的要求被申请人支付延期付款利息的仲裁请求，依据《安装施工合同》专用条件第 2.28 条的约定，仲裁庭认为应予以支持。延期付款利息的计算方法应在被申请人支付的 4,706,563.68 元工程款中扣除申请人应向被申请人支付的逾期交工违约金 770,418.82 元后，以 3,936,144.86 元作为计算利息的本金，自

2009年2月21日起开始计算至实际履行完毕之日止，按中国人民银行同期贷款利率计算。

（六）关于5次爆管的原因及责任问题

被申请人主张，1号锅炉发生5次爆管的原因是申请人在施工过程中，没有按照电力施工规范进行施工，申请人在检查中没有发现杂质，在主观上存在侥幸心理，不按照工艺要求对1号锅炉进行应有的检查、清理，致使1号锅炉水冷壁管内残存有大量杂质，从而导致1号锅炉5次爆管，造成被申请人2,713,654.30元的损失，因此，应当由申请人承担赔偿责任。

申请人主张，发生5次爆管事故不是申请人的原因。发生锅炉爆管的责任主体可能有锅炉设计单位、制造单位、安装单位、使用单位、监理单位。被申请人只提供曾经发生过爆管的证据，但无证据证明责任是申请人原因，发生5次爆管事故也可能是其他责任主体、其他原因造成的。5次爆管发生后，申请人及时进行了维修，发生维修费62,728元，该费用应当由被申请人承担。

仲裁庭认为，从原因上分析，发生5次爆管事故可能是锅炉设计、制造等锅炉本身存在质量问题、锅炉安装不当或使用不当一个或多个因素共同造成的。从事故责任主体角度分析，5次爆管除涉及申请人和被申请人外，还涉及锅炉的生产厂家、工程的监理单位等有关当事人。若要为参与该事项的各方当事人确定权利义务，必须经过各方当事人都参加举证、质证和辩论的法定程序，在查清事实的基础上才能予以裁处。但该事故锅炉的生产厂家、该工程的监理单位等有关当事人没有接受仲裁管辖的合同条款或仲裁协议，按照我国仲裁法律制度的规定，仲裁机构无权强制除自愿接受仲裁管辖之外的当事人进入仲裁程序，因此，本仲裁庭无权对该事故锅炉的生产厂家、该工程的监理单位等有关当事人的权利义务进行审查；在不能查清该事实的情况下，不能为5次爆管事故各方当事人确定责任。况且，2008年12月被申请人已向陵县人民法院提起诉讼，以该工程的监理单位济南某热电开发有限公司严重违约、疏于监管，导致1号锅炉多次发生爆管，造成被申请人重大损失为由，要求监理公司赔偿被申请人的损失。鉴于被申请人提供的证据不足以认定发生5次爆管事故是申请人安装造成的，双方对发生5次爆管事故的原因又各执一词，仲裁庭难以认定5次爆管的原因。因此，要查清5次爆管事故的原因，应当由权威的鉴定机构对爆管事故进行科学的技术鉴定。在仲裁过程中,被申请人表示不对5次爆管事故的原因进行技术鉴定。因此,关于被申请人要求申请人承担5次爆管事故的损失及申请人要求被申请人承担爆管维修费的仲裁请求,待双方取得充分证据后另行处理。

(七)关于烧坏轴瓦的原因及责任问题

被申请人主张,烧坏轴瓦事故是在发电工程交付前发生的,其原因是申请人不遵守安装工艺要求,未对油管道彻底清理干净,开机前润滑油过滤不彻底、不干净,导致油循环时油内杂质过多,又违反工艺要求在开机前未拆除油管道滤网,致使滤网堵塞,供油中断,从而导致烧坏轴瓦,造成被申请人直接经济损失39,546元;并且依据《安装施工合同》专用条件第2.25条的约定,因承包商的原因,未能达到一次试车成功,申请人应赔偿被申请人100,000元。因此,申请人应赔偿被申请人因烧坏轴瓦造成的损失共计139,546元。

申请人主张,发生烧坏轴瓦事故不是申请人的原因。发生烧坏轴瓦事故的责任主体可能有锅炉设计单位、制造单位、安装单位、使用单位、监理单位。被申请人只提供曾经发生烧坏轴瓦事故的证据,但无证据证明其责任是申请人的原因,发生烧坏轴瓦事故也可能是其他主体、其他原因造成的。

仲裁庭认为,从原因上分析,发生烧坏轴瓦事故可能是轴瓦设计、制造等轴瓦本身存在质量问题、轴瓦安装不当、操作不当等一种或多种原因造成的。但该事故轴瓦的生产厂家、该工程的监理单位等有关当事人没有接受仲裁管辖的合同条款或仲裁协议,按照我国仲裁法律制度的规定,仲裁机构无权强制除自愿接受仲裁管辖之外的当事人进入仲裁程序,因此,本仲裁庭无权对该事故轴瓦的生产厂家、该工程的监理单位等有关当事人的权利义务进行审查;在不能查清该事实的情况下,不能为烧坏轴瓦事故各方当事人确定责任。鉴于被申请人提供的证据不足以认定发生烧坏轴瓦事故是申请人造成的,双方对发生烧坏轴瓦事故的原因又各执一词,仲裁庭难以认定烧坏轴瓦事故的原因。因此,要查清烧坏轴瓦事故的原因,应当由权威的鉴定机构对烧坏轴瓦事故进行科学的技术鉴定。仲裁审理过程中,被申请人表示不对烧坏轴瓦事故的原因进行技术鉴定。因此,关于被申请人要求申请人承担烧坏轴瓦事故的损失及申请人要求被申请人承担轴瓦维修费的仲裁请求,待双方取得充分证据后另行处理。

(八)关于土建工程问题

被申请人主张,申请人的土建质量存在诸多问题,如因偷工减料,造成主厂房地面及 10 千伏开关室地面多处塌陷；主厂房外墙抹灰存在多处空鼓；土建部分至今未完工。申请人应当赔偿因土建问题给被申请人造成的损失 123,244.58 元。

申请人主张，土建工程未经验收，被申请人擅自使用，其再提质量问题既不符合合同约定，也于法无据，且已过质保期，依据《最高人民法院关于审理建设工程施工合同纠纷案件适用法律问题的解释》第十三条的规定，应当驳回被申请人的该项仲裁请求。

仲裁庭认为，依据《最高人民法院关于审理建设工程施工合同纠纷案件适用法律问题的解释》第十三条的规定："建设工程未经竣工验收，发包人擅自使用后，又以使用部分质量不符合约定为由主张权利的，不予支持。"本案中，被申请人在土建工程未经验收的情况下擅自使用，又以土建部分质量不符合约定为由要求申请人赔偿因土建问题造成的损失的仲裁请求，本庭不予支持。

（九）关于不锈钢管损失的问题

被申请人在仲裁审理过程中放弃了要求申请人赔偿不锈钢管损失的仲裁请求。经审查，被申请人放弃要求申请人赔偿不锈钢管损失的仲裁请求是其真实意思的表示，符合法律规定，本庭对被申请人提出的此项仲裁请求不再审查。

（十）关于房屋租赁费的问题

被申请人主张，申请人缴纳了 2006 年 3 月前的房屋租金，但没有缴纳自 2006 年 4 月至 2007 年 5 月工程交工时止共计 14 个月的房屋租金。

仲裁庭认为，申请人在该期间租赁房屋的事实是客观存在的，被申请人要求申请人按照 2006 年 3 月前房屋租赁费的标准，承担自 2006 年 4 月至 2007 年 5 月工程交工时止共计15,400 元的房屋租赁费的仲裁请求应予以支持。

2011 年 7 月 11 日，德州仲裁委员会作出德仲裁字（2007）第 56 号裁决书。依据《合同法》第一百零七条、第一百零九条、第一百一十四条、第二百六十三条，第二百八十三条，以及《仲裁法》之规定，裁决如下：

1. 被申请人生物公司自本裁决生效之日起 10 日内支付给申请人盛安公司工程款 4,706,563.68 元；

2. 被申请人生物公司自本裁决生效之日起 10 日内支付给申请人盛安公司逾期付款利息（逾期付款利息的计算方法：3,936,144.86 元本金，自 2009 年 2 月 21 日起开始计算至实际履行完毕之日止，按中国人民银行同期贷款利率计算）；

3. 被申请人生物公司自本裁决生效之日起 10 日内支付给申请人盛安公司逾期交工违约金 770,418.82 元;

4. 被申请人生物公司自本裁决生效之日起 10 日内支付给被申请人盛安公司房屋租赁费 15,400 元;

5. 驳回被申请人生物公司、申请人盛安公司的其他仲裁请求;

6. 本案被申请人生物公司预交的仲裁案件受理费 54,910 元,由被申请人生物公司承担;申请人盛安公司预交案件受理费 7 万元,由申请人盛安公司承担。申请人盛安公司承担审计费、鉴定费 15 万元,被申请人生物公司承担审计费、鉴定费 3 万元。

本裁决为终局裁决,自作出之日起发生法律效力。

**四、法院审查仲裁裁决**

2011 年 7 月 31 日,盛安公司向德州市中级人民法院申请强制执行德州仲裁委员会德仲裁字(2007)第 56 号仲裁裁决。

2011 年 8 月 1 日,生物公司向德州市中级人民法院申请撤销德州仲裁委员会德仲裁字(2007)第 56 号仲裁裁决。

2011 年 8 月 23 日,德州市中级人民法院以已受理生物公司申请撤销德州仲裁委员会德仲裁字(2007)第 56 号仲裁裁决为由裁定中止执行。

2011 年 9 月 14 日,德州市中级人民法院开庭审查仲裁裁决。

生物公司诉称,德州仲裁委员会德仲裁字(2007)第 56 号裁决书所依据的仲裁协议无效,程序违法,证据是伪造的。法律根据是《仲裁法》第五十八条,具体理由如下:1. 合同约定的仲裁条款无效,德州仲裁委员会无权仲裁。根据申请人与被申请人签订的合同专用条款,约定仲裁机构为“德州市经济合同仲裁委员会”,而非“德州仲裁委员会”。德州市经济合同仲裁委员会根本不存在,根据《仲裁法》第十八条规定:“仲裁协议对仲裁事项或者仲裁委员会没有约定或者约定不明确的,当事人可以补充协议;达不成补充协议的,仲裁协议无效。”同时,根据申请人与被申请人双方签订的合同通用条款:“凡与本合同有关引起的一切争议,双方应友好协商解决,如经协商仍不能达成协议,依法向业主方所在地人民法院起诉。”根据《最高人民法院关于适用〈中华人民共和国仲裁法〉若干问题的解释》第七条规定“当事人约定争议可以向仲裁机构申请仲裁也可以向人民法院起诉的,仲裁协议无效”,申请人与被申请人在合同中既约定了法院管辖,又约定了仲裁,约定不明,是无效的。因此,德州仲裁委员会无权仲裁。2. 德州仲裁委员会仲裁程序违法。《德州仲裁委员会仲裁规则》规定:仲裁庭应当在组庭之日起三个月内作出仲裁裁决。申请人与被申请人建筑安装施工合同纠纷一案,于 2007 年 11 月 23 日提交仲裁申请,德州仲裁委员会 2011 年 7 月 21 日送达裁决书。从提交仲裁申请到下达裁决书历时将近四年,远远超出《德州仲裁委员会仲裁规则》规定。因此,德州仲裁委员会仲裁程序违法,应依法撤销其仲裁裁决。3. 仲裁裁决所依据的证据是伪造的。《关于尾项工程施工协议的完成情况》中“赵某某”的签字系被申请人伪造。北京某司法鉴定中心是具有司法鉴定资质的鉴定机构,也是双方协商确定的合法鉴定机构,其鉴定结论是合法有效的。被申请人在没有新的证据证明原鉴定机构或鉴定人员不具备相关鉴定资质、程序违法、鉴定结论依据不足的情形下要求重新鉴定并得到仲裁委准许,其程序违法。公安部物证鉴定中心是公安部内设机构,其没有司法鉴定许可证,其鉴定人员没有司法鉴定人执业证,不具有司法鉴定资质。仲裁委违反程序,强行委托并认定其签订结论具有权威性,显然违背了证据规则。因此,德州仲裁委员会根据《关于尾项工程施工协议的完成情况》进行裁决是错误的。综上所述,根据有关法律规定,特向法院提出申请,请求依法撤销德州仲裁委员会德仲裁字(2007)第 56 号裁决书。

盛安公司辩称,德仲裁字(2007)第 56 号裁决所依据的仲裁协议有效,程序合法,证据真实有效,生物公司的申请理由是不存在的,其目的是继续拖延支付工程款。具体理由如下:第一,合同约定的仲裁条款有效,德州仲裁委员会有权仲裁。1. 根据《最高人民法院关于适用〈中华人民共和国仲裁法〉若干问题的解释》第 3 条“仲裁协议约定的仲裁机构名称不准确,但能够确定具体的仲裁机构的,应当认定选定了仲裁机构”,合同对仲裁机构的约定是确定的,仲裁协议有效。2. 生物公司提出合同中既约定了法院管辖又约定了仲裁,是约定不明、仲裁协议无效,盛安公司认为该主张不成立。理由是:合同的第 37 页第 20. 2 条明确约定:“争议裁决委员会的指定按专用条件,执行《中华人民共和国仲裁法》。”合同第 37 页第 20. 2 条是通用条款,合同第 43 页第 2. 30 条是专用条款,专用条款属特别约定,根据合同第 7 页中的文件优先顺序约定:“专用条款优先于通用条款”,因此本案以专用条款约定的仲裁解决为准。3. 生物公司在仲裁程序中未对仲裁协议的效力提出异议,应适用《最高人民法院关于适用〈中华人民共和国仲裁法〉若干问题的解释》第二十七条规定“当事人在仲裁程序中未对仲裁协议的效力提出异议,在仲裁裁决作出后以仲裁协议无效为由主张撤销仲裁裁决或者提出不予执行抗辩的,人民法院不予支持”。因此,双方合同约定的仲裁条款不存在不明确和无效的情况,德州仲裁委员会有权仲裁。第二,仲裁委不存在仲裁程序违法的情况。本案仲裁时间长,是因为生物公司多次给仲裁委开庭制造障碍,如以多次更换律师、本公司职工代理人、申请更换仲裁员等理由要求延期开庭,其目的是拖延支付工程款,现在指责仲裁委超出裁决时间是无事生非。第三,仲裁裁决依据的证据不存在伪造情况。北京某司法鉴定中心的鉴定结论不具权威性和有效性,该鉴定机构存在程序违法、鉴定人员不具备有效鉴定资质、鉴定结论依据不足的情形,盛安公司有权要求重新鉴定。公安部物证鉴定中心是全国十家国家级司法鉴定机构[详见《关于国家级司法鉴定机构遴选结果的通知》(司发通〔2010〕179 号)],其鉴定结论具有权威性。仲裁委依法委托更高权威鉴定机构重新鉴定,程序合法。鉴定结论是《关于尾项工程施工协议的完成情况》中“赵某某”的签字确系生物公司项目负责人赵某某所签。综上所述,双方合同约定的仲裁条款有效,德州仲裁委员会有权仲裁;德州仲裁委不存在仲裁程序违法的情况;仲裁裁决所依据的证据不存在伪造情况。请求法院依法驳回生物公司撤销仲裁裁决的申请。

2011 年 10 月 21 日,生物公司向德州市中级人民法院申请撤诉。

2011 年 10 月 21 日,德州市中级人民法院作出(2011)德中商初字第 53 号民事裁定书。法院认为,申请人生物公司自愿申请撤诉,符合有关法律规定。依照《中华人民共和国民事诉讼法》第一百三十一条第一款的规定,裁定如下:

准许申请人生物公司撤回对德州仲裁委员会德仲裁字(2007)第 56 号仲裁裁决撤销的申请。

案件受理费 400 元,减半收取为 200 元,由生物公司负担。

### 五、法院不予执行

2011 年 10 月 25 日,盛安公司向德州市中级人民法院申请恢复强制执行。

2011 年 10 月 28 日,被执行人生物公司向德州市中级人民法院申请不予执行德州仲裁委员会德仲裁字(2007)第 56 号仲裁裁决。生物公司申请称,德州仲裁委员会德仲裁字(2007)第 56 号裁决书认定事实的主要证据不足,适用法律错误。

根据《民事诉讼法》第二百一十三条的规定，请求法院依法裁定不予执行。理由如下：1. 仲裁委认定盛安公司赔偿申请人违约金770，418.82元错误，应赔偿我公司最低最直接的经济损失6，691，200元，即我公司投资1.2亿元的银行同期贷款利息6，691，200元。2. 关于1号锅炉5次爆管问题，仲裁委认定事实错误，适用法律错误。3. 仲裁委认定"两个鉴定机构都有权威性，仲裁委难以作出采信任何一个的结论"是错误的。4. 仲裁委认定烧坏轴瓦原因、责任和土建工程责任的事实错误。

（一）德州市中级人民法院裁定不予执行

2011年12月7日，德州市中级人民法院作出（2011）德中法执字第93－1号执行裁定。法院认为，在仲裁审理过程中，被申请人对申请人向仲裁庭提供的《关于尾项工程施工协议的完成情况》提出异议，认为《关于尾项工程施工协议的完成情况》中落款处"赵某某"的签字非本人所写。经仲裁庭调查确认，赵某某原系被申请人生物公司热电项目负责人之一，后来离职，2008年10月因车祸去世，无法出庭作证。经仲裁庭合议，并经双方同意对《关于尾项工程施工协议的完成情况》落款处"赵某某"的签字进行笔迹鉴定。2009年10月10日，北京某司法鉴定中心作出（2009）文鉴字第347号《司法鉴定文书》，鉴定意见为："赵某某"字迹的书写习惯特征与赵某某样本字迹的书写习惯特征不相符，二者不是同一人所写。2010年12月8日，中华人民共和国公安部物证鉴定中心作出公物证鉴字（2010）4652号《中华人民共和国公安部物证鉴定书》，鉴定结论为：检材右下方的"赵某某"可疑字迹与样本1～9上赵某某字迹是同一人所写。仲裁庭认为两个鉴定结论都有权威性，难以采信任何一个结论，因此对该证据中是不是赵某某签字难以认定。法院认为，仲裁庭依法委托北京某司法鉴定中心对《关于尾项工程施工协议的完成情况》落款处"赵某某"的签字作出鉴定后，在当事人不符合《最高人民法院关于民事诉讼证据的若干规定》（法释〔2001〕33号）第二十七条规定的申请重新鉴定情形的条件下，应不允许重新鉴定，仲裁的程序违反法定程序。依照《民事诉讼法》第二百一十三条第二款第三项的规定，裁定如下：

对德州仲裁委员会德仲裁字（2007）第56号仲裁裁决不予执行。

（二）山东省高级人民法院复议裁定

2011年12月13日，盛安公司不服德州市中级人民法院（2011）德中法执字第

93－1号不予执行裁定,向山东省高级人民法院申请复议。请求撤销德州市中级人民法院(2011)德中法执字第93－1号执行裁定,恢复本案执行程序。

盛安公司称,德州市中级人民法院(2011)德中法执字第93－1号裁定不予执行,没有事实依据和法律依据,是错误的。具体理由如下:1.第93－1号执行裁定以当事人不符合《民事诉讼证据规则》第二十七条规定、仲裁庭不应允许重新鉴定、仲裁违反法定程序为由不予执行没有法律依据,属适用法律错误。德州市中级人民法院(2011)德中法执字第93－1号执行裁定书引用法律名称错误,其引用的《民事诉讼证据规则》应为《关于民事诉讼证据的若干规定》,《关于民事诉讼证据的若干规定》第二十七条规定"当事人对人民法院委托的鉴定部门作出的鉴定结论有异议申请重新鉴定,提出证据证明存在下列情形之一的,人民法院应予准许",该规定只适用于法院审判委托鉴定需要重新鉴定的情况,不适用于仲裁委仲裁案件委托鉴定的情况。2.仲裁庭允许重新鉴定,不是法律规定的"违反法定程序"。《最高人民法院关于适用〈中华人民共和国仲裁法〉若干问题的解释》第二十条规定:"仲裁法第五十八条规定的'违反法定程序',是指违反仲裁法规定的仲裁程序和当事人选择的仲裁规则可能影响案件正确裁决的情形。"在本案中,适用的法定程序是《仲裁法》规定的仲裁程序和《德州仲裁委员会仲裁规则》,其中关于鉴定的规定只有《仲裁法》第四十四条和《德州仲裁委员会仲裁规则》第三十三条,它们都没有规定不能重新鉴定,所以也就不存在仲裁庭违反法定程序的问题。3.仲裁庭对鉴定报告是否采纳是实体处理,法院执行部门没有法律依据用执行权代替仲裁权。《德州仲裁委员会仲裁规则》第三十四条规定:"鉴定部门的鉴定报告,由仲裁庭决定是否采纳。"本案鉴定的证据只是生物公司诉求违约金的众多证据中的一份证据,仲裁庭对两份鉴定报告未采纳,而是依据其他证据和合同约定已裁决盛安公司向生物公司支付最高额违约金770,418.82元(合同约定违约金最高不能超过合同总价款的5%)。4.法院执行局办案程序违法。第93－1号执行裁定违反以下办案程序:(1)未向我公司送达生物公司的不予执行申请书。我公司都不知道生物公司申请不予执行的理由和时间。(2)在生物公司申请不予执行后,未告知我公司在此环节的权利和义务。(3)未告知我公司答辩,剥夺了我公司的答辩权。(4)未组织听证。综上,在法院执行局作出不予执行裁定前,生物公司曾申请法院撤销仲裁裁决;在开庭后,生物公司可能感到无理、被驳回便申请撤诉,现在又申请不予执行,而且申请的理由都相同,目的是继续拖延支付工程款,也是在浪费司法资源。因此,请依法撤销德州市中级人民法院(2011)德中法执字第93-1号执行裁定书,恢复本案执行程序,让承包人、农民工早日收到工程款。

2012年4月23日,山东省高级人民法院作出(2012)鲁执复议字第19号执行裁定。法院认为:1.德州市中级人民法院(2011)德中法执字第93-1号执行裁定书引用法律名称错误,其引用的《民事诉讼证据规则》应为《关于民事诉讼证据的若干规定》,该规定第二十七条是人民法院审理民事案件委托鉴定的依据,不适用于仲裁程序,而《仲裁法》《德州仲裁委员会仲裁规则》对重新鉴定没有禁止性规定。仲裁庭根据当事人的申请委托重新鉴定并不违反法律规定。两个机构的鉴定结论由仲裁庭结合相关证据决定是否采信。2.德州市中级人民法院(2011)德中法执字第93-1号执行裁定书裁定不予执行的程序有违正当性。《最高人民法院关于人民法院执行公开的若干规定》第十二条规定:"人民法院对案外人异议、不予执行的申请以及变更、追加被执行主体等重大执行事项,一般应当公开听证进行审查……"该案中,在生物公司向法院申请不予执行并递交有关证据后,法院未将生物公司申请法院不予执行的事实告知申请复议人,又未依法组织双方当事人进行听证,即直接裁定不予执行,有违正当程序,应予纠正。综上,德州市中级人民法院(2011)德中法执字第93-1号执行裁定书引用法律有误,程序欠妥,根据《民事诉讼法》第二百一十三条第二款第三项、《最高人民法院关于适用〈中华人民共和国民事诉讼法〉执行程序若干问题的解释》第八条、第九条之规定,裁定如下:

1.撤销德州市中级人民法院(2011)德中法执字第93-1号执行裁定书。

2.本案由德州市中级人民法院重新审查。

本裁定送达后立即生效。

(三)德州市中级人民法院第二次裁定不予执行

2012年7月3日,德州市中级人民法院执行局召开听证会,听取双方当事人的辩论意见。

2012年10月24日,德州市中级人民法院执行局作出(2011)德中法执字第93-2号执行裁定。法院执行局认为,德州仲裁委员会德仲裁字(2007)第56号仲裁裁决书中《关于尾项工程施工协议的完成情况》涉及工程的完成状态、工程进度违约等实际性问题的认定，系双方争议的主要证据焦点。但仲裁庭因《关于尾项工程施工协议的完成情况》中“赵某某”签字的真实性经两次鉴定结果相左而未采用，使《关于尾项工程施工协议的完成情况》出现效力待定的情形，即争议的问题没有得到实际解决，仲裁庭对所争议的焦点及实体问题裁决缺乏主要证据支持。依据《民事诉讼法》第二百一十三条第二款第三项、第四项的规定，裁定如下：

对德州仲裁委员会德仲裁字(2007)第56号仲裁裁决不予执行。

本裁定送达后即发生法律效力。

（四）山东省高级人民法院第二次复议

2012年8月1日，盛安公司不服德州市中级人民法院(2011)德中法执字第93－2号执行裁定，第二次向山东省高级人民法院申请复议。请求：1. 撤销德州市中级人民法院(2011)德中法执字第93－2号执行裁定，恢复本案执行程序。2. 请求山东省高级人民法院依法对本案进行执行监督，纠正德州市中级人民法院对德州仲裁委员会德仲裁字(2007)第56号裁决书的执行错误。

盛安公司申请称，德州市中级人民法院作出的(2011)德中法执字第93－2号执行裁定书无事实依据和法律依据，是错误的，应依法撤销。具体理由如下：仲裁裁决书对盛安公司逾期交工及其责任、承担违约金(包括尾项工程违约金)事实认定的主要证据充分，不存在认定事实的主要证据不足的情形。《关于尾项工程施工协议的完成情况》不是双方争议的主要证据，仅是双方提供的多份证据中盛安公司提供的一份反证据。仲裁书对该事实的认定是：“仲裁庭认为，《尾项工程施工协议》是《安装施工合同》的从合同，其内容是在工程期限超出《安装施工合同》约定的期限的情况下，仅是对尾项工程施工内容的竣工时间上的补充约定，而非特别性约定。因此，《尾项工程施工协议》中关于违约责任的约定，应当受到《安装施工合同》中违约责任限额的约束，即《安装施工合同》和《尾项工程施工协议》关于违约金的约定可以同时并用，但是不得超过《安装施工合同》专用条件第2.25条中赔偿限额为合同总价款的5%的约定。因此，被申请人要求申请人承担尾项工程逾期违约金的仲裁请求应予以支持，但被申请人要求申请人支付逾期交工违约金及尾项工程逾期违约金的总额不得超过合同总价款的5%。”“申请人应向被申请人支付工程结算造价5%的违约金，即770,418.82元(15,408,376.41元×5%)。”因此，仲裁裁决书根本不存在对所争议的焦点及实体问题裁决缺乏主要证据支持的情形。

2012年12月11日,经山东省高级人民法院和德州市中级人民法院多次调解,申请执行人盛安公司和被执行人生物公司达成《执行和解协议书》。执行和解协议约定:1.由生物公司在2012年12月12日向盛安公司一次性支付300万元。此款打入德州市中级人民法院账户。2.生物公司如能履行第1条约定,双方放弃其他一切执行请求及诉权,双方同意一次性了断此案。如乙方逾期付款,本协议自动失效,双方同意恢复对原仲裁裁决书的强制执行。3.盛安公司收到生物公司第1条约定的300万元工程款后,向法院撤回强制执行申请书和复议申请书。4.盛安公司在即日起10日之内将56,600元工程款发票开给生物公司。本协议书一式三份,当事人双方各执一份,交法院一份。

2012年12月12日,盛安公司向德州市中级人民法院提交《撤销强制执行申请书》。盛安公司称,我公司向法院申请的强制执行德州仲裁委员会德仲裁字(2007)第56号裁决书,因我公司于2012年12月11日与被执行人生物公司达成和解协议,由生物公司一次性向我公司支付300万元工程款。生物公司已于2012年12月12日将300万元工程款打入法院账户,我公司现申请撤销对德仲裁字(2007)第56号裁决书的强制执行。

2012年12月14日,盛安公司向山东省高级人民法院提交《撤销复议申请书》,申请撤销对德州市中级人民法院(2011)德中法执字第93-2号执行裁定书的复议申请。

**六、结案评析**

本案颇费周折,不排除有案外因素的影响。在结案10年后再评析本案,有以下三点感悟:

1.本案经过了我国《仲裁法》和《民事诉讼法》规定的所有程序,即仲裁裁决、申请撤销仲裁裁决、裁定不予执行、不予执行复议。

我国法律规定,对经济纠纷实行或裁或审、仲裁优先制度,即对一个经济纠纷,当事人要么选择仲裁程序解决,要么选择法院审判程序解决,实行二选一,不能兼跨。

本案中,当事人双方签订的《安装施工合同》约定了仲裁条款,故发生纠纷只能选择仲裁程序,由仲裁委作出裁决。

仲裁委作出裁决后，当事人不服仲裁裁决，可以按照《仲裁法》第五十九条规定，自收到裁决书之日起6个月内向法院申请撤销裁决。法院应当在受理撤销裁决申请之日起两个月内作出撤销裁决或者驳回申请的裁定。法院认为可以由仲裁庭重新仲裁的，通知仲裁庭在一定期限内重新仲裁，并裁定中止撤销程序。仲裁庭拒绝重新仲裁的，人民法院应当裁定恢复撤销程序。当事人提出证据证明仲裁裁决有下列情形之一的，法院经组成合议庭审查核实，应当裁定撤销仲裁裁决：(1)没有仲裁协议的；(2)裁决的事项不属于仲裁协议的范围或者仲裁委员会无权仲裁的；(3)仲裁庭的组成或者仲裁程序违反法定程序的；(4)裁决所根据的证据是伪造的；(5)对方当事人隐瞒了足以影响公正裁决的证据的；(6)仲裁员在仲裁该案时有索贿受贿、徇私舞弊、枉法裁决行为的。

2. 本案的解决重点是涉案工程是否逾期竣工、安装质量是否合格及相应的违约责任承担问题。仲裁庭按照《安装施工合同》赔偿限额为合同总价款的5%的规定，裁决承包人盛安公司人应向发包人生物公司支付工程结算造价5%的违约金770,418.82元(15,408,376.41元×5%)是正确的。

正如仲裁庭的认定结论所言，《尾项工程施工协议》是《安装施工合同》的从合同，其内容仅是在施工期限超出《安装施工合同》约定期限的情况下，对尾项施工内容的竣工时间做的补充约定，而非特别性约定。因此，《尾项工程施工协议》中关于违约责任的约定应当受到《安装施工合同》中违约责任限额的约束，即《安装施工合同》和《尾项工程施工协议》关于违约金的约定可以同时并用，但是不得超过《安装施工合同》专用条件第2.25条赔偿限额为合同总价款的5%的约定。因此，被申请人要求申请人承担尾项工程逾期违约金的仲裁请求应予以支持，但被申请人要求申请人支付逾期交工违约金及尾项工程逾期违约金的总额不得超过合同总价款的5%。申请人应向被申请人支付工程结算造价5%的违约金，即770,418.82元(15,408,376.41元×5%)。

3. 虽然《德州仲裁委员会仲裁规则》第34条规定，“鉴定部门的鉴定报告，由仲裁庭决定是否采纳”，但从公平合理角度来看，仲裁庭还是应该对先后委托两个鉴定机构作出的鉴定报告作出采用取舍。

为了促进司法公正，提高司法效率，树立司法权威，及时解决多头重复鉴定、久鉴不决和鉴定意见“打架”等突出问题，2010年9月30日，最高人民法院、最高人民检察、公安部、国家安全部、司法部联合下发《关于国家级司法鉴定机构遴选结果的通知》，确定以下10家机构为“国家级司法鉴定机构”：最高人民检察院司法鉴定中心、公安部物证鉴定中心、北京市公安司法鉴定中心、上海市公安司法鉴定中心、广东省公安司法鉴定中心、北京市国家安全局司法鉴定中心、司法鉴定科学技术研究所司法鉴定中心、法大法庭科学技术鉴定研究所、中山大学法医鉴定中心、西南政法大学司法鉴定中心。本案中，出现了两个鉴定意见冲突“打架”问题，仲裁庭理应以国家级司法鉴定机构的鉴定意见为准，即应采用本案委托的公安部物证鉴定中心的鉴定意见。

## 七、相关法条

**1.《合同法》(1999年3月15日公布)**

第一百零七条[①] 当事人一方不履行合同义务或者履行合同义务不符合约定的，应当承担继续履行、采取补救措施或者赔偿损失等违约责任。

第一百零九条[②] 当事人一方未支付价款或者报酬的，对方可以要求其支付价款或者报酬。

第一百一十四条[③] 当事人可以约定一方违约时应当根据违约情况向对方支付一定数额的违约金，也可以约定因违约产生的损失赔偿额的计算方法。

约定的违约金低于造成的损失的，当事人可以请求人民法院或者仲裁机构予以增加；约定的违约金过分高于造成的损失的，当事人可以请求人民法院或者仲裁机构予以适当减少。

当事人就迟延履行约定违约金的，违约方支付违约金后，还应当履行债务。

第二百八十三条[④] 发包人未按照约定的时间和要求提供原材料、设备、场地、资金、技术资料的，承包人可以顺延工程日期，并有权要求赔偿停工、窝工等损失。

---

① 对应《民法典》第五百七十七条。

② 对应《民法典》第五百七十九条：“当事人一方未支付价款、报酬、租金、利息，或者不履行其他金钱债务的，对方可以请求其支付。”

③ 对应《民法典》第五百八十五条。

④ 对应《民法典》第八百零三条。

**2.《仲裁法》(1994 年 8 月 31 日公布)**

第十八条[①] 仲裁协议对仲裁事项或者仲裁委员会没有约定或者约定不明确的,当事人可以补充协议;达不成补充协议的,仲裁协议无效。

第五十八条[②] 当事人提出证据证明裁决有下列情形之一的,可以向仲裁委员会所在地的中级人民法院申请撤销裁决:

(一)没有仲裁协议的;

(二)裁决的事项不属于仲裁协议的范围或者仲裁委员会无权仲裁的;

(三)仲裁庭的组成或者仲裁的程序违反法定程序的;

(四)裁决所根据的证据是伪造的;

(五)对方当事人隐瞒了足以影响公正裁决的证据的;

(六)仲裁员在仲裁该案时有索贿受贿,徇私舞弊,枉法裁决行为的。

人民法院经组成合议庭审查核实裁决有前款规定情形之一的,应当裁定撤销。

人民法院认定该裁决违背社会公共利益的,应当裁定撤销。

第六十三条[③] 被申请人提出证据证明裁决有民事诉讼法第二百一十七条第二款规定的情形之一的,经人民法院组成合议庭审查核实,裁定不予执行。

第六十四条[④] 一方当事人申请执行裁决,另一方当事人申请撤销裁决的,人民法院应当裁定中止执行。

人民法院裁定撤销裁决的,应当裁定终结执行。撤销裁决的申请被裁定驳回的,人民法院应当裁定恢复执行。

**3.《最高人民法院关于适用〈中华人民共和国仲裁法〉若干问题的解释》(2006 年 8 月 23 日公布)**

第三条　仲裁协议约定的仲裁机构名称不准确,但能够确定具体的仲裁机构的,应当认定选定了仲裁机构。

第二十条　仲裁法第五十八条规定的“违反法定程序”,是指违反仲裁法规定

---

① 对应《仲裁法》(2017 年 9 月 1 日修正)第十八条。

② 对应《仲裁法》(2017 年 9 月 1 日修正)第五十八条。

③ 对应《仲裁法》(2017 年 9 月 1 日修正)第六十三条:“被申请人提出证据证明裁决有民事诉讼法第二百一十三条第二款规定的情形之一的,经人民法院组成合议庭审查核实,裁定不予执行。”

④ 对应《仲裁法》(2017 年 9 月 1 日修正)第六十四条。

的仲裁程序和当事人选择的仲裁规则可能影响案件正确裁决的情形。

第二十七条第一款　当事人在仲裁程序中未对仲裁协议的效力提出异议，在仲裁裁决作出后以仲裁协议无效为由主张撤销仲裁裁决或者提出不予执行抗辩的，人民法院不予支持。

**4.《民事诉讼法》(2007 年 10 月 28 日修正)**

第二百一十三条①　对依法设立的仲裁机构的裁决，一方当事人不履行的，对方当事人可以向有管辖权的人民法院申请执行。受申请的人民法院应当执行。

被申请人提出证据证明仲裁裁决有下列情形之一的，经人民法院组成合议庭审查核实，裁定不予执行：

(一)当事人在合同中没有订有仲裁条款或者事后没有达成书面仲裁协议的；

(二)裁决的事项不属于仲裁协议的范围或者仲裁机构无权仲裁的；

(三)仲裁庭的组成或者仲裁的程序违反法定程序的；

(四)认定事实的主要证据不足的；

(五)适用法律确有错误的；

(六)仲裁员在仲裁该案时有贪污受贿，徇私舞弊，枉法裁决行为的。

……

仲裁裁决被人民法院裁定不予执行的，当事人可以根据双方达成的书面仲裁协议重新申请仲裁，也可以向人民法院起诉。

---

①　对应《民事诉讼法》(2021 年 12 月 24 日修正)第二百四十四条："对依法设立的仲裁机构的裁决，一方当事人不履行的，对方当事人可以向有管辖权的人民法院申请执行。受申请的人民法院应当执行。被申请人提出证据证明仲裁裁决有下列情形之一的，经人民法院组成合议庭审查核实，裁定不予执行：(一)当事人在合同中没有订有仲裁条款或者事后没有达成书面仲裁协议的；(二)裁决的事项不属于仲裁协议的范围或者仲裁机构无权仲裁的；(三)仲裁庭的组成或者仲裁的程序违反法定程序的；(四)裁决所根据的证据是伪造的；(五)对方当事人向仲裁机构隐瞒了足以影响公正裁决的证据的；(六)仲裁员在仲裁该案时有贪污受贿，徇私舞弊，枉法裁决行为的。人民法院认定执行该裁决违背社会公共利益的，裁定不予执行。裁定书应当送达双方当事人和仲裁机构。仲裁裁决被人民法院裁定不予执行的，当事人可以根据双方达成的书面仲裁协议重新申请仲裁，也可以向人民法院起诉。"

# 案例十七　菏泽某黄河河务局建设工程施工合同纠纷案

2012—2014 年，本案历经山东省菏泽市中级人民法院一审、山东省高级人民法院二审、最高人民法院再审、最高人民检察院抗诉后结案。

## 一、焦点问题

1. 实际施工人以承包人为被告起诉后，又追加发包人为共同被告，是否合法？发包人对实际施工人承担责任的范围是什么？

2. 承包人和实际施工人未签订合同，发生的工程款如何结算？

3. 承包人与实际施工人协议约定，承包人给予实际施工人一定数额的资助款，实际施工人不得再以任何理由和形式就施工事件向有关部门上访或作出其他任何有损承包人形象、信誉、利益的言行，否则，承包人有权收回资助款并收取利息损失。事后，实际施工人起诉承包人的行为是否属于违反协议约定的有损承包人形象、信誉、利益的言行？承包人因此要求实际施工人返还资助款并支付利息是否会得到法院支持？

4. 法院受理被告的反诉、上诉是否程序违法？

## 二、一审辩论和裁判

原告（反诉被告）：开封某江河疏浚工程有限公司（以下简称开封公司）

被告：菏泽某黄河河务局（以下简称菏泽河务局）

委托代理人：徐贵一，山东齐鲁律师事务所律师

被告（反诉原告）：山东菏泽黄河工程局（以下简称菏泽工程局）

被告：江苏盐城某水利建设有限公司（以下简称盐城公司）

2011 年 9 月 2 日，山东省菏泽市中级人民法院受理原告开封公司诉与被告菏

泽河务局、菏泽工程局、盐城公司建设工程施工合同纠纷一案。菏泽市中级人民法院分别于2012年2月20日、4月20日两次开庭审理本案。

原告(反诉被告)开封公司诉称,2004年11月1日,菏泽工程局、盐城公司分别承包了菏泽河务局发包的山东东明黄河放淤固堤工程第五标、第六标,合同工期为2004年11月5日至2006年6月30日。同年,被告菏泽工程局与盐城公司让原告投资购买二被告推荐的黄河抽沙专用设备并加入山东东明黄河放淤固堤工程的施工。该二被告承诺给原告的工程量价款分别是机淤工程量价款900万元、泥浆泵泵淤工程量价款150万元,总价计1050万元。原告为组织施工进行投资购买设备,从2004年6月组织设备进入现场安装并进行施工。后三被告擅自缩短施工工期、改变施工方案、更换施工队伍,给原告造成经济损失400万元。2007年9月17日,被告菏泽工程局、盐城公司以付工程款的名义给付原告90万元。但原告花费600万元购买的抽沙专用设备在完工后处理仅收回95万元,仅是被告给原告承诺工程量的20%,工程完工后,三被告未对原告的工程款进行结算。2011年11月2日,原告申请追加被告菏泽河务局为被告,与菏泽工程局、盐城公司承担连带责任,共同支付原告工程款、损失400万元,支付从2005年6月30日起至2009年7月30日同期银行贷款利息104.37万元。2012年4月12日,原告增加诉讼请求200万元,理由为被告承诺给原告工程量总价款为1050万元,原告已收到被告支付工程款304.123万元,被告仍应支付原告745.88万元。综上,原告要求三被告共同支付其工程款600万元(原告民事起诉状中诉求的400万元与增加诉讼请求200万元之和)及利息104.37万元。

被告菏泽河务局辩称,原告申请追加菏泽河务局为本案被告并承担连带责任没有法律和事实依据,法院应依法驳回原告追加菏泽河务局为本案被告并承担连带责任的申请。具体理由是:1.菏泽河务局作为案涉工程的招标者,与菏泽工程局、盐城公司分别签订了第五标段、第六标段的建设工程承包合同,而与原告不存在发包承包法律关系,也不了解原告是否参与了案涉工程的施工;2.对案涉工程的工程款,菏泽河务局与菏泽工程局、盐城公司都早已结算并全部支付到位,菏泽河务局提供两个标段的工程款结算书,两个承包单位也分别出具了两个标段工程款已结算完毕的说明。因此,按照法律规定,即使原告参与了承包人的施工,也无权以菏泽河务局欠拨承包人工程款为由对菏泽河务局主张实体权利。

被告（反诉原告）菏泽工程局辩称，原、被告之间是以原告完成土方工程量来作为结算劳动报酬的依据，按照黄河系统的行话叫作“坐地收方”，按照法律俗语来讲是即时结算，即菏泽工程局不欠原告工程款，依法不应承担任何责任。原告的诉求前后矛盾，诉状中要求各被告共同支付其工程款及损失，当庭陈述又变更为共同支付其全部工程款。2007 年 8 月 28 日双方签订的协议证实，原告无法达到预期收益的责任完全在于原告；菏泽工程局已依约支付原告 45 万元资助款，双方之间的矛盾纠纷已一次性解决。请依法驳回原告的诉讼请求。

被告盐城公司辩称，答辩意见同被告菏泽工程局，原告要求被告盐城公司支付工程款无法律依据和事实依据，应驳回其诉讼请求。

被告（反诉原告）菏泽工程局反诉称，自 2004 年 6 月起，反诉被告开封公司参与反诉原告承建的山东东明标准化堤防第五标部分工程施工，由于反诉被告管理水平差、技术力量落后，不适应高强度工程建设需要，最终无法达到预期收益目的，该经营风险应由原告自行承担。因反诉被告不断上访给反诉原告造成严重影响，经双方协商于 2007 年 8 月 28 日签订协议书，对双方争议进行了一次性解决，并约定反诉原告给付反诉被告资助款 45 万元。反诉被告收到该款后，仍违背协议约定作出不利于反诉原告的言行，故反诉原告有权按照协议约定收回全部资助款，并按月息 2% 收取利息 43.8 万元。

原告（反诉被告）开封公司答辩称，反诉被告未收到菏泽工程局所谓的 45 万元资助款，不应返还，请求驳回反诉原告的诉讼请求。

被告菏泽河务局、盐城公司认为，反诉原告的诉求及反诉被告的答辩与其无关，均不发表意见。

法院查明：2004 年 11 月 1 日，菏泽河务局作为建设单位分别与菏泽工程局、盐城公司签订施工合同，将黄河洪水管理亚行贷款项目山东东明黄河堤防加固工程第五标、第六标的放淤加固工程承包给菏泽工程局、盐城公司。两份合同的主要内容为：工期为 2004 年 11 月 5 日至 2006 年 6 月 30 日；承包人应完成的主体工程项目为第五标段、第六标段的背河淤区清基，辅道基础清理，背河放淤填筑及围堤、格堤填筑，淤区土方填筑等；第五标段、第六标段合同金额分别为 33,688,608 元、28,150,518 元。被告菏泽工程局、盐城公司就第五标段和第六标段工程已分别支付原告工程款 1,353,681.55 元、787,548.87 元；原告自述其自行处理施工设备收回资金95万元。2007年8月28日,原告分别与菏泽工程局、盐城公司签订协议书,协议书主要内容为:由于原告管理水平差,技术力量落后,不适应高强度工程建设需要,加上外界气候和人为因素,原告无法达到预期收益,致其多次上访,造成不良影响,为此双方协商订立协议,菏泽工程局、盐城公司分别一次性资助原告45万元;本协议签订后,原告不得再以任何理由和形式就施工事件向有关部门上访或作出其他任何有损菏泽工程局、盐城公司形象、信誉、利益的言行,否则,菏泽工程局、盐城公司有权收回资助款,并按月息2%收取利息损失。2007年9月10日,菏泽工程局、盐城公司分别电汇原告45万元。2008年3月16日,被告菏泽河务局作为发包人分别与被告菏泽工程局、盐城公司签订施工合同补充协议,确定第五标、第六标工程最终合同价款为47,925,031元、29,251,405元,被告菏泽河务局提交向被告菏泽工程局、盐城公司足额支付工程款的凭证(含代扣税金)。庭审中,被告菏泽河务局、菏泽工程局、盐城公司均认可菏泽河务局按照上述合同约定及实际工程量足额支付工程款。

2012年5月21日,菏泽市中级人民法院作出(2011)菏民三初字第28号民事判决。法院认为,关于本诉、反诉各方当事人争议的焦点有两个:

1.本诉三被告是否应支付原告(反诉被告)工程款600万元及利息104.37万元。

(1)关于菏泽河务局责任承担问题。被告菏泽河务局将案涉工程承包给被告菏泽工程局、盐城公司,并按照合同约定和实际完成工程量分别足额支付菏泽工程局、盐城公司47,925,031元、29,251,405元,对此,被告菏泽工程局、盐城公司亦予以认可,即不存在被告菏泽河务局在欠付工程款范围内承担责任的事实基础;原告亦未与被告菏泽河务局签订合同,故原告要求被告菏泽河务局承担责任的理由不成立,依法不予以支持。

(2)原告要求菏泽工程局、盐城公司支付其600万元款项及利息104.37万元的请求不应予以支持。理由如下:第一,原告与被告菏泽工程局、盐城公司就双方争议问题已达成一次性解决协议并履行完毕。2007年8月28日,原告开封公司与被告菏泽工程局、盐城公司订立协议,协议双方认可原告承包案涉工程因各方面原因未达到预期收益,被告菏泽工程局、盐城公司分别一次性支付原告45万元,并约定"07.7.28前一切作为过去不计",原告不得再上访或采取其他方式提起争议。该协议经双方协商自愿签订，不存在《合同法》第五十二条规定的合同无效情形，也没有证据证明签订协议时显失公平或存在重大误解，因而合法有效，对协议各方当事人均具有法律约束力，各方当事人均应遵守协议约定。被告菏泽工程局、盐城公司已经按照上述协议约定分别支付原告45万元，双方就案涉工程的争议即一次性解决，原告不应再向该二被告主张权利。第二，原告要求被告菏泽工程局、盐城公司支付款项的请求无事实根据。原告诉称二被告承诺给原告工程量的总价款为900万元，根据原告实际完成工程量支付工程款，双方认可被告菏泽工程局、盐城公司已就原告完成的工程量分别支付其工程款1,353,681.55元、787,548.87元。原告未就案涉工程第五标、第六标与被告菏泽工程局、盐城公司签订书面合同，也不能提供证据证明其主张的除上述工程款之外价值600万元的工程量。第三，被告菏泽工程局、盐城公司不存在不履行合同义务或履行合同义务不符合约定给原告造成损失的情况。原告主张其为参与案涉工程第五标、第六标施工投入大量资金购买设备、支付人工工资，但因双方未就案涉工程签订书面合同、工程款按照原告完成的工程量据实结算，故原告的设备投资与其主张的工程款没有必然联系。因此，原告要求三被告支付其600万元款项及利息104.37万元无事实根据和法律依据，依法不应予以支持。

2. 原告（反诉被告）开封公司是否应返还被告（反诉原告）菏泽工程局资助款45万元及利息43.8万元。

开封公司虽辩称未收到菏泽工程局的资助款，但从双方于2007年8月28日签订的协议中关于菏泽工程局支付开封公司资助款45万元的明确约定及菏泽工程局提交的发票、2007年9月19日电汇凭证来看，开封公司确曾收到菏泽工程局45万元的资助款。开封公司按照双方约定收取菏泽工程局的资助款，双方在协议中并未明确约定开封公司起诉后即应返还该资助款并支付利息，开封公司的起诉行为不属于协议约定的有损菏泽工程局形象、信誉、利益的言行，故对菏泽工程局要求开封公司返还45万元资助款并支付利息43.8万元的诉讼请求，不予以支持。

综上，原告（反诉被告）开封公司、被告（反诉原告）菏泽工程局均不能提供充分证据支持其主张，根据《合同法》第四条、第八条、第五十二条、第五十四条、第一百一十三条、第二百七十条，《最高人民法院关于审理建设工程施工合同纠纷案件

适用法律问题的解释》第二十六条,《最高人民法院关于民事诉讼证据的若干规定》第二条之规定,判决如下:

1. 驳回原告(反诉被告)开封公司要求被告菏泽河务局、菏泽工程局、盐城公司共同支付其工程款600万元及104.37万元利息的诉讼请求;

2. 驳回被告(反诉原告)菏泽工程局要求原告(反诉被告)开封公司返还其45万元资助款并支付利息43.8万元的诉讼请求。

本诉案件受理费61,106元,由原告(反诉被告)开封公司负担;反诉案件受理费6340元,由被告(反诉原告)菏泽工程局负担。

如不服本判决,可在判决书送达之日起15日内上诉于山东省高级人民法院。

**三、二审辩论和裁判**

上诉人(原审原告、反诉被告):开封公司

上诉人(原审被告、反诉原告):菏泽工程局

被上诉人(原审被告):菏泽河务局

委托代理人:徐贵一,山东齐鲁律师事务所律师

被上诉人(原审被告):盐城公司

2012年6月,开封公司和菏泽工程局均不服菏泽市中级人民法院(2011)菏民三初字第28号民事判决,分别向山东省高级人民法院提起上诉。

2012年8月22日,山东省高级人民法院开庭审理本案。

上诉人开封公司上诉称,请求撤销一审判决第一项,判令被上诉人支付上诉人工程欠款477万元和经济损失50万元,从2005年6月30日起到2012年6月底利息233万元,合计760万元,主张704万元;或因被上诉人合同违约造成上诉人损失的赔偿款704万元。被上诉人承担一、二审诉讼费用。主要事实和理由如下:1. 一审对应当采用的证据故意不予采信,对不应当采信的证据故意采信,一审适用证据错误。一审认定2007年8月28日的协议书与本案没有关联性,没有生效也没有履行。2. 一审判决适用法律错误。上诉人没有收到菏泽工程局盖章后的协议,也没有收到菏泽工程局的一次性资助款。一审判决适用《合同法》第一百一十三条规定驳回上诉人的诉讼请求,适用法律错误。

菏泽工程局答辩称,原审法院认定事实清楚,适用法律正确,程序合法,请求二审法院驳回上诉人开封公司的上诉请求,维持原审判决第一条。

菏泽河务局辩称，一审判决认定事实清楚，适用法律正确，程序合法，请求二审法院依法驳回开封公司的上诉，维持原判。

盐城公司辩称，一审判决认定事实清楚，适用法律正确，请求驳回上诉，维持原判。

菏泽工程局上诉称，请求开封公司返还45万元资助款及利息43.8万元。反诉案件受理费及上诉费由开封公司承担。主要事实和理由如下：1.菏泽工程局与开封公司之间的争议，已于2007年8月28日协议一次性解决，菏泽工程局愿意以开封公司停止上访等引发争端和对菏泽工程局造成损害的言行为前提支付45万元。签订协议后，开封公司客观上即负有不再对争议制造事端的法律义务。2.开封公司的起诉行为损害了菏泽工程局的利益。开封公司违反约定再度引起争执，使菏泽工程局拖入一场诉讼中，开封公司应当返还资助款和支付利息。

开封公司答辩称，菏泽工程局的上诉已经超过了法定期限，菏泽工程局上诉的案件不能和本案合并审理。

2013年3月25日，山东省高级人民法院作出（2012）鲁民一终字第230号民事判决。法院认为：1.关于开封公司主张按照总价款1050万元作为结算工程总价款的请求是否应当支持的问题。开封公司的主要依据是盐城公司与菏泽工程局向开封市顺河区地税局出具的证明，该证明仅能证明开封公司在东明黄河段承包抽沙淤土工程据实结算总价约900万元，但不能证明其实际完成的工程量。开封公司未能提供足够的证据证明其已经完成工程量1050万元，其主张按照1050万元作为结算工程总价款的请求，不予支持。

2.开封公司的投资款是否应当由被上诉人菏泽工程局、盐城公司承担。开封公司主张投入管道341万元，泵、泥浆泵及浮船157.10万元，以及电力设施、运输、通信设备等费用合计572万元系开封公司对工程的垫资，应当按照工程欠款处理。法院认为，所谓垫资是指承包人在合同开始履行时，不要求发包方先支付工程款或者支付部分工程款，而是利用自有资金先进场进行施工，待工程施工到一定阶段或者工程全部完成后，由发包方再支付垫付的工程款。首先，开封公司投入的购买管道、泵、泥浆泵、浮船以及电力设施、运输、通信设备等费用不属于菏泽工程局、盐城公司应当支付的款项，所以不构成垫资。其次，开封公司与菏泽工程局、盐城公司之间的工程量结算，应当按照“坐地收方”来计算工程量，开封公司由于购买设备等出资不应视为对工程的垫资，不应适用《关于审理建设工程施工合同纠纷案件适用法律问题的解释》第六条“当事人对垫资没有约定的，按照工程欠款处理”的规定。

3. 开封公司是否应当返还45万元资助款以及利息。在2007年8月28日的协议中，菏泽工程局与开封公司约定了开封公司返还45万元资助款的条件，即“开封公司不得再以任何理由和形式就施工事件向有关部门上访或作出其他任何有损菏泽工程局、盐城公司形象、信誉、利益的言行”，开封公司起诉主张工程款及利息不属于有损菏泽工程局、盐城公司形象、信誉、利益的言行，菏泽工程局反诉请求返还资助款的条件并没有成就。因此，菏泽工程局上诉请求返还资助款及利息的上诉理由不能成立。上诉人开封公司认为2007年8月28日的协议没有生效也没有履行，与本院查明的事实不符，其上诉理由不能成立。

4. 一审判决是否应当适用《合同法》第一百一十三条驳回上诉人的诉讼请求。首先，根据《合同法》第一百一十三条的规定，当事人一方不履行义务或者履行合同义务不符合约定，给对方造成损失的，损失赔偿额应当相当于因违约所造成的损失，包括合同履行后可以获得的利益，但不得超过违反合同一方订立合同时预见到或者应当预见到的因违反合同可能造成的损失。上诉人开封公司并没有与有关当事人签订施工合同，上诉人开封公司已经实际履行了部分施工任务，菏泽工程局也根据“坐地收方”的惯例全部支付了相应的工程价款。对于开封公司在施工过程中因购买设备、铺设管道等产生的损失，双方并没有约定该损失由哪一方负担，因此，菏泽工程局对该项费用不予结算，不存在违约。其次，开封公司没有证据证明菏泽工程局履行合同义务中存在违约行为，给其造成了损失，因此原审法院适用该法律规定驳回其诉讼请求并无不当。

综上，原审判决认定事实清楚，适用法律得当，审判程序合法，应当维持。依照《民事诉讼法》第一百七十条第一款第一项之规定，判决如下：

驳回上诉，维持原判。

二审案件受理费73,786元，由上诉人开封公司负担61,106元，上诉人菏泽工程局负担12,680元。

本判决为终审判决。

**四、最高人民法院再审**

再审申请人（一审原告、反诉被告，二审上诉人）：开封公司

被申请人(一审被告、反诉原告,二审上诉人):菏泽工程局

被申请人(一审被告、二审被上诉人):菏泽河务局

委托代理人:徐贵一,山东齐鲁律师事务所律师

被申请人:(一审被告、二审被上诉人):盐城公司

2013 年 9 月,开封公司不服山东省高级人民法院(2012)鲁民一终字第 230 号民事判决,向最高人民法院申请再审。2013 年 10 月 28 日,最高人民法院立案审查。

开封公司申请再审称:1. 一、二审判决认定事实缺乏基本证据。第一,被申请人应当支付开封公司的垫资款。2004 年,投标人菏泽工程局、盐城公司动员申请人投资购买黄河抽沙专用设备,加入放淤固堤工程,并承诺给开封公司第五标段、第六标段中各 450 万元的工作量,总价共 900 万元。2004 年 6 月 28 日,开封公司参与第五标段、第六标段工程的施工,有两组新证据证明开封公司因工程需要及工程局、盐城公司要求,先后购买多种设备。第一组证据:论文《黄河东明段大堤纵向裂缝防治对策》,证明黄河标准化堤防施工方案为利用水利管道将河道中的泥沙输送至大堤背河侧沉放,由于取沙地点距离案涉工程地点 9 公里左右,故按工程局、盐城公司要求,开封公司先后购买多种设备。第二组证据:一审时,菏泽河务局提交的《委托招标代理合同书》,菏泽工程局、盐城公司提交的《中标通知书》以及《企业基本注册信息查询单》,证明菏泽工程局、盐城公司投标时未准备设备及施工人员,使用开封公司购买的设备中标,应偿还开封公司购买设备垫资款 572 万元。第二,被申请人擅自改变《施工合同》内容,缩短施工工期、改变设计施工方案、更换施工队伍,减少了工程量,构成违约。2. 原审法院受理菏泽工程局的反诉、上诉违法。本诉是建设工程施工合同纠纷,菏泽工程局的反诉是返还资助款,非同一法律关系,不应合并审理,一、二审法院受理反诉、上诉违法。此外,菏泽工程局未按期缴纳上诉费用,二审法院受理其上诉违法。综上,开封公司根据《民事诉讼法》第二百条第一项、第二项、第三项、第四项、第六项、第十三项的规定申请再审。

菏泽工程局答辩称:1.《黄河东明段大堤纵向裂缝防治对策》为论文,即个人见解,与其欲证明的施工方式无关,不属于新证据;其他证据在一、二审提交过,并非新证据。2. 菏泽工程局未向开封公司承诺过 450 万元工程量,也未动员其购买

设备。3. 开封公司在庭审中先后主张垫资款、工程款，具体诉讼请求不清；工程局已按“坐地收方”的惯例支付了全部工程款；2007 年 8 月 28 日所签协议，证明争议已得到一次性解决。4. 开封公司违约应返还菏泽工程局的资助款 45 万元及利息。2007 年 8 月 28 日协议已经生效，2007 年 9 月 9 日菏泽工程局给开封公司电汇 45 万元。

菏泽河务局答辩称：1. 开封公司提交的不是新证据，在原审中均经过出示和质证。2.《黄河东明段大堤纵向裂缝防治对策》是学术论文，不能作为证据使用。3. 菏泽河务局是案涉工程的建设方，与承包人工程局、盐城公司分别签订第五标段、第六标段的建设工程施工合同，且已经结算完毕并全额支付工程款。4. 开封公司时而主张工程款，时而主张赔偿损失，但均未提供合法有效的证据。请求驳回开封公司的再审申请。

盐城公司答辩称：1. 开封公司的再审申请不符合法律有关再审的规定。第一，新证据《黄河东明段大堤纵向裂缝防治对策》为论文，与开封公司的施工内容无关联，不是新证据。第二，《委托招标代理合同书》《中标通知书》《企业基本注册信息查询单》《亚行项目东明放淤固堤工程单价工程量确认书》均为一、二审提交过的证据，不是新证据。2. 盐城公司从未向开封公司承诺过土方工程量，也未推荐其购买黄河抽沙设备。开封公司购买相关设备为其经营需要，参与案涉项目是依据实际完成土方工程量进行结算的。3. 开封公司的陈述自相矛盾。第一，2007 年 8 月 28 日的协议已生效，且被申请人已经支付相关款项。第二，被申请人未违约，不欠开封公司工程款。第三，开封公司在一审、二审、申请再审时的诉讼请求不同，自相矛盾。4. 一、二审认定事实清楚，适用法律正确，程序合法。请求驳回开封公司的再审申请。

2014 年 3 月 31 日，最高人民法院作出（2013）民申字第 2139 号民事裁定。法院认为：1. 关于新证据的问题。开封公司申请再审提出以下几组证据：第一组证据：论文《黄河东明段大堤纵向裂缝防治对策》。开封公司提交该论文，旨在证明国家投资黄河标准化堤防建设，其为完成施工任务，按照二投标人的要求购买钢管、挖泥船、泵吸设备等。该论文主要涉及对黄河东明段标准化堤防工程中出现裂缝的研究和探讨，是作者的主观创作，与施工人完成施工任务需要购买哪些设备之间不存在必然的因果联系，不能直接证明待证事实。第二组证据：一审中菏泽河务局提交的《委托招标代理合同书》、菏泽工程局和盐城公司提交的《中标通知书》《企业基本注册信息查询单》。第三组证据：一审中菏泽河务局提交的《亚行项目东明放淤固堤工程单价工程量确认书》《工程量计算说明》。上述两组证据均由当事人在一审时提交且经过质证，不属于《最高人民法院关于适用〈中华人民共和国民事诉讼法〉审判监督程序若干问题的解释》第十条规定的新证据。第四组证据：开封公司提交的菏泽工程局上诉状一份，二审结束后开封公司发现的菏泽工程局交费凭证、一审法院向开封公司邮寄的菏泽工程局上诉状速递查询单一份，以及二审法院受理菏泽工程局上诉的受理案件通知书一份。拟证明菏泽工程局未在法定期间内缴纳诉讼费用，二审法院受理菏泽工程局的上诉违法。菏泽工程局的上诉状为二审诉讼资料，不属于新证据；菏泽工程局的缴费凭证等证据，即使系开封公司二审结束后新发现，也不属于足以推翻原审判决的新证据。

2. 关于责任承担问题。第一，关于菏泽河务局应否承担责任的问题。案涉工程建设方是菏泽河务局，菏泽工程局、盐城公司是承包人，菏泽河务局依约按照实际完成工作量向菏泽工程局、盐城公司分别支付了工程款，对此，菏泽工程局、盐城公司均认可，因此，菏泽河务局已经履行支付工程款义务，且其与开封公司无其他合同关系，根据《最高人民法院关于审理建设工程施工合同纠纷案件适用法律问题的解释》的相关规定，菏泽河务局亦无须向开封公司承担责任。第二，关于菏泽工程局、盐城公司应否承担责任的问题。开封公司主张菏泽工程局、盐城公司应支付的款项包括购买施工设备的垫资款、工程款和违约赔偿款。首先，关于垫资款问题。《招标投标法》第二十七条仅规定在参与投标时应当在投标文件中写明拟用于完成项目的机械设备，并未要求在投标时备齐施工设备，菏泽工程局、盐城公司与开封公司亦未就施工设备购买费用由谁承担签订协议。开封公司作为实际施工人，购买施工设备是其完成施工任务、获得工程款的基本条件，故其要求菏泽工程局、盐城公司承担设备购置费缺乏事实及法律依据。其次，关于工程款的问题。菏泽工程局、盐城公司与开封公司之间无施工合同，仅有菏泽工程局、盐城公司亚行项目东明堤防加固项目组经理部向河南省开封市顺河区地税局出具的四份证明，写明双方按照完工量计算工程款。开封公司承认已经收到第五标段工程款 1,353,681.55 元，第六标段工程款 787,548.87 元，现其将设备购置费作为工程款，向菏泽工程局、盐城公司主张权利，缺乏合同和法律依据。最后，关于违约赔偿款问题。由于双方未签订书面合同，在原审诉讼中，菏泽工程局、盐城公司不予承认，故无法确定菏泽工程局、盐城公司是否承诺给予开封公司100万立方米的工作量。在2007年8月28日双方签订的协议书中，开封公司承认工程未能继续主要是其自身的原因；菏泽工程局、盐城公司为化解矛盾，弥补开封公司的损失，分别一次性资助开封公司45万元，已经实际支付。现开封公司主张违约赔偿，缺乏合同依据，本院不予支持。

3. 关于原审法院受理菏泽工程局的反诉、上诉是否程序违法的问题。一审中，菏泽工程局针对开封公司支付工程款和损失的诉讼请求提起反诉，主张根据2007年8月28日双方所签协议，双方纠纷已经一次性解决，开封公司的起诉违反协议约定，请求判令开封公司返还45万元资助款。该反诉请求既具有独立性，意在吞并或抵消开封公司的起诉，又与本诉存在牵连，反诉的依据即2007年8月28日协议书系双方为解决案涉的建设工程施工合同纠纷所签，故一审法院受理该反诉符合法律的规定，不存在程序违法。至于菏泽工程局是否在法定期间内缴纳二审诉讼费用问题，不属于法定再审事由，本院不予审查。

综上，开封公司的再审申请不符合《民事诉讼法》第二百条第一项、第二项、第三项、第四项、第六项、第十三项规定的情形。依照《民事诉讼法》第二百零四条第一款之规定，裁定如下：

驳回开封公司的再审申请。

**五、最高人民检察院审查抗诉**

2014年4月，开封公司不服最高人民法院驳回开封公司再审申请的(2013)民申字第2139号民事裁定，向最高人民检察院申请抗诉。

最高人民检察院经审查，决定不予抗诉。

**六、结案评析**

1. 本案原告三审败诉的原因在于原告作为实际施工人，未与承包人菏泽工程局、盐城公司签订书面施工合同，以致对施工工程量及结算缺乏书面证据，法院当然无法支持原告的诉求。

2. 原告有权利追加发包方菏泽河务局作为本案被告，但发包方菏泽河务局只需在欠付承包人工程款范围内承担责任。根据《最高人民法院关于审理建设工程施工合同纠纷案件适用法律问题的解释》第二十六条的规定：“实际施工人以转包人、违法分包人为被告起诉的,人民法院应当依法受理。实际施工人以发包人为被告主张权利的,人民法院可以追加转包人或者违法分包人为本案当事人。发包人只在欠付工程价款范围内对实际施工人承担责任。"菏泽河务局按照合同约定和实际完成工程量已足额支付菏泽工程局、盐城公司工程款,即不存在被告菏泽河务局在欠付工程款范围内承担责任的事实基础,所以法院三审均判决被告菏泽河务局胜诉。

## 七、相关法条

### 1.《合同法》(1999 年 3 月 15 日公布)

第四条① 当事人依法享有自愿订立合同的权利,任何单位和个人不得非法干预。

第八条第一款② 依法成立的合同,对当事人具有法律约束力。当事人应当按照约定履行自己的义务,不得擅自变更或者解除合同。

第五十二条③ 有下列情形之一的,合同无效:

(一)一方以欺诈、胁迫的手段订立合同,损害国家利益;

(二)恶意串通,损害国家、集体或者第三人利益;

(三)以合法形式掩盖非法目的;

(四)损害社会公共利益;

(五)违反法律、行政法规的强制性规定。

---

① 对应《民法典》第五条:"民事主体从事民事活动,应当遵循自愿原则,按照自己的意思设立、变更、终止民事法律关系。"

② 对应《民法典》第一百一十九条:"依法成立的合同,对当事人具有法律约束力。"第一百三十六条:"民事法律行为自成立时生效,但是法律另有规定或者当事人另有约定的除外。行为人非依法律规定或者未经对方同意,不得擅自变更或者解除民事法律行为。"

③ 对应《民法典》第一百四十三条:"具备下列条件的民事法律行为有效:(一)行为人具有相应的民事行为能力;(二)意思表示真实;(三)不违反法律、行政法规的强制性规定,不违背公序良俗。"第一百四十八条:"一方以欺诈手段,使对方在违背真实意思的情况下实施的民事法律行为,受欺诈方有权请求人民法院或者仲裁机构予以撤销。"第一百四十九条:"第三人实施欺诈行为,使一方在违背真实意思的情况下实施的民事法律行为,对方知道或者应当知道该欺诈行为的,受欺诈方有权请求人民法院或者仲裁机构予以撤销。"第一百五十条:"一方或者第三人以胁迫手段,使对方在违背真实意思的情况下实施的民事法律行为,受胁迫方有权请求人民法院或者仲裁机构予以撤销。"第一百五十一条:"一方利用对方处于危困状态、缺乏判断能力等情形,致使民事法律行为成立时显失公平的,受损害方有权请求人民法院或者仲裁机构予以撤销。"第一百五十四条:"行为人与相对人恶意串通,损害他人合法权益的民事法律行为无效。"

第五十四条[①] 下列合同，当事人一方有权请求人民法院或者仲裁机构变更或者撤销：

（一）因重大误解订立的；

（二）在订立合同时显失公平的。

一方以欺诈、胁迫的手段或者乘人之危，使对方在违背真实意思的情况下订立的合同，受损害方有权请求人民法院或者仲裁机构变更或者撤销。

当事人请求变更的，人民法院或者仲裁机构不得撤销。

第一百一十三条第一款[②] 当事人一方不履行合同义务或者履行合同义务不符合约定，给对方造成损失的，损失赔偿额应当相当于因违约所造成的损失，包括合同履行后可以获得的利益，但不得超过违反合同一方订立合同时预见到或者应当预见到的因违反合同可能造成的损失。

第二百七十条[③] 建设工程合同应当采用书面形式。

**2.《最高人民法院关于审理建设工程施工合同纠纷案件适用法律问题的解释》（2004 年 10 月 25 日公布）**

第二十六条 实际施工人以转包人、违法分包人为被告起诉的，人民法院应当依法受理。

实际施工人以发包人为被告主张权利的，人民法院可以追加转包人或者违法分包人为本案当事人。发包人只在欠付工程价款范围内对实际施工人承担责任。

**3.《最高人民法院关于民事诉讼证据的若干规定》（2001 年 12 月 21 日公布）**

第二条 当事人对自己提出的诉讼请求所依据的事实或者反驳对方诉讼请求所依据的事实有责任提供证据加以证明。

没有证据或者证据不足以证明当事人的事实主张的，由负有举证责任的当事人承担不利后果。

---

① 对应《民法典》第一百四十七条："基于重大误解实施的民事法律行为，行为人有权请求人民法院或者仲裁机构予以撤销。"第一百四十八条："一方以欺诈手段，使对方在违背真实意思的情况下实施的民事法律行为，受欺诈方有权请求人民法院或者仲裁机构予以撤销。"第一百五十条："一方或者第三人以胁迫手段，使对方在违背真实意思的情况下实施的民事法律行为，受胁迫方有权请求人民法院或者仲裁机构予以撤销。"

② 对应《民法典》第五百八十四条。

③ 对应《民法典》第七百八十九条。

# 案例十八　聊城市黄河工程局建设工程施工合同纠纷案

2013—2016 年，本案历经新疆和田地区中级人民法院一审、新疆维吾尔自治区高级人民法院发回重审、新疆和田地区中级人民法院并案一审、新疆维吾尔自治区高级人民法院二审结案。

## 一、焦点问题

1. 发包人、分包人分别起诉承包人，法院分别立案、判决合法吗？

2. 应当怎样认定合同法定解除的条件？

3. 建设工程未按期完工，发包人、承包人、实际施工人如何承担责任？

4. 如何认定承包人与实际施工人的内部管理合同效力？承包人如何收取管理费？

## 二、发包人、分包人分别起诉承包人形成两案

2012 年 6 月 15 日和 2012 年 8 月 23 日，新疆同一名律师分别代理发包人新疆和田地区某水利枢纽工程建设管理局（以下简称和田建管局）和实际施工人陈某向新疆和田地区中级人民法院起诉承包人聊城市黄河工程局（以下简称聊城工程局），和田地区中级人民法院分别立案，案号分别为（2012）和中民二初字第 10 号和（2012）和中民一初字第 17 号，由民二庭和民一庭分别审理。

第 10 号案：原告和田建管局诉称，2010 年 11 月 15 日，发包人和田建管局与承包人聊城工程局签订《某水利枢纽工程表孔溢洪洞 2#交通洞工程（第二标段）建设工程施工合同书》，合同价款 46,664,610 元，但由于聊城工程局违约致使其不能实现合同目的，依据《合同法》第九十四条规定，已依法解除合同。解除合同前，和田建管局先后付给聊城工程局工程款 15,130,200.24 元。根据鉴定结论，聊

城工程局实际完成工程量仅为3,237,266元,要求聊城工程局返还工程款11,892,934.24元。聊城工程局提起反诉,认为工程超期是和田建管局的原因造成,要求其支付增加工程量的工程款11,914,454元。2012年12月26日,和田地区中级人民法院作出(2012)和中民二初字第10号民事判决,判决聊城工程局返还和田建管局工程款11,892,934.24元、和田建管局支付聊城工程局新增工程量工程款1,545,690.06元。

第17号案:实际施工人陈某诉称,2011年3月15日,其与聊城工程局签订《某水利枢纽工程导流洞2标工程施工管理内部管理合同》,内部承包价为38,058,990元。2012年4月26日,聊城工程局通知终止履行施工合同。故陈某向和田地区中级人民法院提起诉讼,要求聊城工程局支付各项费用和损失共计26,804,478.33元。和田地区中级人民法院对该案已审理完毕,即将作出判决。

按照以上两案诉求和一审判决,聊城工程局承包涉案工程不但不能盈利,反而需倒贴22,021,522.27元,故聊城工程局戏称两案原告是"一个萝卜两头切——甜头全占了"。

在以上两案的和田地区中级人民法院一审程序中,聊城工程局聘请的诉讼代理人皆为新疆某律师。

2013年1月,作者接受聊城工程局委托,代理两案的后续程序。作者先做了两项工作:1.对第10号案向新疆维吾尔自治区高级人民法院提起上诉,请求对第10号案发回重审,并指令和田地区中级人民法院将第10号案与第17号案合并审理。2.向和田地区中级人民法院递交更换律师委托书,并申请和田地区中级人民法院对第17号案暂缓作出判决,待新疆维吾尔自治区高级人民法院对第10号案发回重审、与第17号案合并审理。

## 三、承包人上诉要求并案审理

上诉人(原审被告、反诉原告):聊城工程局

委托代理人:徐贵一,山东齐鲁律师事务所律师

被上诉人(原审原告、反诉被告):和田建管局

2013年1月28日,聊城工程局不服和田地区中级人民法院(2012)和中民二初字第10号民事判决,向新疆维吾尔自治区高级人民法院提出上诉。

聊城工程局上诉称:1.一审违反法定程序,认定事实不清,导致实体判决错

误。第一,一审认定双方签订的建设工程施工合同符合法定解除的条件并已解除,超出了当事人的诉讼请求。和田建管局在诉状中并未提出解除合同的请求,庭审中也未增加该请求。聊城工程局在反诉中主张合同有效,要求继续履行。在一审原告未诉求解除合同,双方亦未就解除达成一致意见的情况下,一审法院作出超出原告诉讼请求的认定,属程序违法。第二,《补充鉴定报告》未经开庭质证,不能作为认定事实的依据。鉴定机构先后出具了两份鉴定报告,聊城工程局对第一份提出多项异议,第二份报告不但未对上诉人提出的工程量增加及损失进行评估,而且也未经开庭质证,属程序违法。第三,一审认定聊城工程局"在超过约定工期 75 天的情况下仅完成不足 10% 的工程量"不符合事实。施工合同第 3 条明确约定"有效工期 305 天",有效工期也就是有效工作日,应扣除不可抗力及停工窝工的天数。按照合同约定,和田建管局完成"三通一平"后才能开工,但"三通一平"直到 2012 年 7 月 19 日才完成,因此,扣除不计入有效工期的天数,工期应依法顺延,聊城工程局有能力在 305 天内完成工作。第四,聊城工程局反诉请求增加工程量及各项损失合计 9,774,168 元,应予认定。2. 本案与陈某诉聊城工程局的第 17 号案涉及同一工程,工程量、工程付款、鉴定结论以及各项损失的索赔具有一致性,为防止两案审判结果不一致,请求对第 10 号案发回重审,并指令和田地区中级人民法院将第 10 号案与第 17 号案合并审理。综上,请求撤销一审判决,依法发回重审。

聊城工程局提交第 17 号案原告陈某的起诉状、和田地区中级人民法院的立案通知、开庭传票和开庭笔录等材料,作为要求并案的证据。

被上诉人和田建管局未提交书面答辩意见。

2013 年 6 月 7 日,新疆维吾尔自治区高级人民法院开庭审理本案。

2013 年 6 月 9 日,新疆维吾尔自治区高级人民法院作出(2013)新民一终字第 86 号民事裁定。法院查明,2011 年 3 月 15 日,聊城工程局与陈某签订《某水利枢纽工程导流洞 2 标工程施工管理内部管理合同》,聊城工程局将其承包的表孔溢洪洞、2 号交通洞工程交予陈某施工。2012 年 8 月 23 日,陈某将聊城工程局诉至和田地区中级人民法院,要求聊城工程局支付拖欠工程款及赔偿各项损失合计 22,086,046 元。法院认为,本案与陈某诉聊城工程局一案,涉及同一工程,工程量、工程付款以及各项损失的索赔具有重复性,为利于查清案件事实及保持审判结果的一致，二案合并审理为宜。因此，将本案发回重审，建议一审法院将本案与陈某诉聊城工程局一案并案处理。依照《民事诉讼法》第一百七十条第一款、第三款之规定，裁定如下：

1. 撤销和田地区中级人民法院（2012）和中民二初字第10号民事判决；

2. 本案发回和田地区中级人民法院重审。

聊城工程局交纳的二审案件受理费141,998.61元予以退还。

**四、法院并案**

2013年7月1日，和田地区中级人民法院作出（2012）和中民一初字第17号民事裁定。

原告：陈某，聊城工程局某水利枢纽工程项目负责人

被告：聊城工程局

委托代理人：徐贵一，山东齐鲁律师事务所律师

和田地区中级人民法院认为：本院在审理原告陈某与被告聊城工程局建设工程施工合同纠纷一案中，新疆维吾尔自治区高级人民法院作出（2013）新民一终字第86号民事裁定，要求本案与和田建管局诉聊城工程局建设工程施工合同纠纷一案合并审理。本院认为，根据新疆维吾尔自治区高级人民法院作出的（2013）新民一终字第86号民事裁定书，本案与和田建管局诉聊城工程局建设工程施工合同纠纷一案，涉及同一工程，工程量、工程付款以及各项损失的索赔具有重复性，为利于查清案件事实及保持审判结果的一致，本案应与和田建管局诉聊城工程局建设工程施工合同纠纷一案合并审理。依照《民事诉讼法》第五十二条第一款的规定，裁定如下：

1. 撤销本院（2012）和中民一初字第17号案；

2. 本案与本院（2013）和中民二初字第18号案（和田建管局诉聊城工程局建设工程施工合同纠纷案）合并审理。

本案案件受理费152,260元，由本院退还给原告陈某。

**五、合并案一审**

原告（反诉被告）：和田建管局

被告（反诉原告）：聊城工程局

委托代理人：徐贵一，山东齐鲁律师事务所律师

第三人:陈某

2013 年 7 月 22 日,和田地区中级人民法院开庭审理本案。

本案基本事实:2010 年 11 月 15 日,聊城工程局通过招投标方式与和田建管局签订了《建设工程施工合同》。约定合同价款为 46,664,610 元,采用"固定单价 + 现场签证"的方式确定,工程预付款为中标价的 30%,后续按项目进度付款,在工程完工验收合格后支付工程总造价的 95%,质量保证金 5% 在质保期满后付清;承包形式:包工包料;有效工期 305 天;发包人负责"三通一平"。

合同签订后,聊城工程局缴纳了履约保证金 515 万元。2011 年 6 月 1 日,聊城工程局接到开工通知书。2012 年 4 月 5 日,和田建管局作出《关于解除聊城工程局吉音水利枢纽工程表孔溢洪洞及 2 号交通洞施工合同的函》,并由监理公司送达聊城工程局。2012 年 6 月 15 日,和田建管局又作出《解除合同通知书》,委托和田地区公证处向聊城工程局送达。2011 年 3 月 15 日,聊城工程局(甲方)与陈某(乙方)签订《某水利枢纽工程导流洞 2 标工程施工管理内部管理合同》,约定:有效工期为 300 天;承包方式采用单价承包,单价中包含一切费用,两洞间临时施工道路、现场其他临时施工道路及所有临时施工用场地、设施、设备、材料等采用总价承包,承包价为 50 万元,甲方按工程进度需要按时联系和提供工程材料(主要是钢材、水泥、砂石料、火工材料);每月 25 日前支付上月工程进度款的 95%,待工程完工保质期到后付清全部工程款。合同签订后,陈某于 2011 年 6 月 1 日开始施工,施工过程中多次停工、窝工。2012 年 4 月 26 日,聊城工程局通知陈某解除内部管理施工合同,并要求陈某立即做好清场工作,将人员和机械撤出工地。

本案有以下三个争议焦点:

第一,关于和田建管局与聊城工程局签订的《建设工程施工合同》是否符合法定解除的条件,合同被解除的责任应由谁承担的问题。

和田建管局诉称,涉案工程于 2011 年 6 月 1 日开始施工,截至 2012 年 4 月 5 日、6 月 15 日和田建管局提出解除合同的通知,聊城工程局施工总日历天数已有 380 天;按照双方合同约定合同工期总日历天数为 305 天,聊城工程局施工却仅完成总价款 46,664,610 元中的 3,237,266 元工程量。聊城工程局收到解除合同时,双方之间的合同已解除。

聊城工程局辩称,双方的合同不具备解除条件,聊城工程局能在合同约定的工期内完成施工任务,要求继续履行合同。《建设工程施工合同》第三条明确约定“有效工期 305 天”。有效工期是指有效工作日,应扣除不可抗力及和田建管局造成的停工、窝工天数。按照合同约定,和田建管局须完成“三通一平”后才能开工,但“三通一平”直到 2012 年 7 月 19 日才完成,即 2012 年 7 月 19 日是实际开工日,施工期间,和田建管局多次因变更图纸、阶段工程验收不及时、采购炸药不到位等原因造成停工窝工。因此,扣除不计入有效工期的天数,工期应依法顺延,聊城工程局可以在有效工期 305 天内完成工程。

法院认为,《合同法》第九十四条第四项规定,当事人一方迟延履行债务或者有其他违约行为致使不能实现合同目的,对方当事人可以解除合同。聊城工程局在超过约定工期 75 天的情况下,仅完成不足工程总造价 10% 的工程量,致使和田建管局不能实现合同目的,因而和田建管局有权根据法律规定解除合同。依据《合同法》第九十六条规定,解除合同通知送达当事人时合同解除;如果聊城工程局认为合同解除不当,应在 3 个月内请求法院确认解除合同的效力。聊城工程局在收到通知后,未向法院提出诉讼请求确认合同解除的效力,故双方的《建设工程施工合同》符合法定解除条件并已解除,导致合同解除的责任应由聊城工程局承担。

第二,关于工程款结算如何认定的问题。

和田建管局诉称,其向聊城工程局支付工程款、代付材料款及民工工资合计 1500 万元。聊城工程局实际完成工程造价 600 万元,聊城工程局应当返还工程款 900 万元。

聊城工程局答辩并反诉称,其施工的合同内工程造价 3,237,266 元;增加的合同外工程造价 6,240,953.06 元;和田建管局应赔偿停工窝工损失 7,798,678.5 元(包括可得利益损失 3,007,767 元)。请求法院重新鉴定。

陈某称,对和田建管局和聊城工程局之间的结算不发表意见。

法院认为,和田建管局共向聊城工程局支付款项 15,130,200.24 元,扣减聊城工程局已缴纳的履约保证金 5,150,000 元,聊城工程局还应当返还和田建管局 9,980,200.24 元。根据鉴定部门作出的鉴定结论,聊城工程局完成合同内工程造价 3,237,266 元,增项工程造价 2,606,783.06 元,合计 5,843,739.06 元,应由和田建管局支付给聊城工程局。对聊城工程局要求重新鉴定的请求,不予支持。对其提出的其他反诉请求，均不予支持。

第三，关于陈某请求聊城工程局赔偿损失应如何认定的问题。

陈某诉称，其与聊城工程局内部承包价为38,058,990元。聊城工程局通知终止履行施工合同，要求聊城工程局支付各项费用和窝工等损失共计26,804,478.33元。

聊城工程局辩称，陈某的施工人员的停工窝工责任不在聊城工程局，而在和田建管局，是和田建管局违约，没有按时提供“三通一平”施工必备条件，导致开工日期拖延、施工工期拖后。聊城工程局项目部管理人员也因和田建管局的违约行为产生停工窝工损失，也主张了索赔。因此，双方的窝工损失均系和田建管局违约导致，应由和田建管局赔偿聊城工程局项目部管理人员及陈某的施工人员的停工窝工等损失。现在是两案合并一案审理，陈某应在三方都到庭的情况下直接向和田建管局主张窝工损失。

法院认为，和田建管局与聊城工程局签订的施工合同价款为46,664,610元，聊城工程局与陈某签订的内部施工管理合同承包价款为38,058,990元，施工管理费比例为18%。聊城工程局扣除施工管理费用后，应支付给陈某的合同内工程款为2,654,558元（3,237,266元×82%）。陈某新增的钢支撑价款1,060,783元，两项便道工程价款1,115,834元，施工发电柴油费用579,005元，民工窝工损失4,225,535.26元，便桥、桥墩加固使用材料及施工中所修建临时建筑设施价款50万元，机械设备退场费177,000元，机械进场费及工人进、退场费398,800元。以上合计10,711,515.26元，扣减聊城工程局已向陈某支付的6,032,736元，还应向陈某支付4,678,779.26元。

2013年8月19日，和田地区中级人民法院作出（2013）和中民二初字第18号民事判决。依照《合同法》第九十四条第四项、第九十六条，《最高人民法院关于适用〈中华人民共和国合同法〉若干问题的解释（二）》第二十四条，《最高人民法院关于审理建设工程施工合同纠纷案件适用法律问题的解释》第十条第一款、第十九条，《最高人民法院关于民事诉讼证据的若干规定》第二条、第七十一条之规定，判决如下：

1. 聊城工程局向和田建管局返还多付工程款9,980,200.24元；

2. 和田建管局支付聊城工程局工程款5,843,739.06元；

3. 上述二项折抵后,聊城工程局向和田建管局返还多付工程款 4,136,461.18 元;

4. 驳回聊城工程局的其他反诉请求;

5. 聊城工程局向陈某支付工程款及赔偿损失合计 4,678,779.26 元。

一审本诉案件受理费 81,800 元,反诉案件受理费 58,643 元,合计 140,443 元,由和田建管局负担 32,155 元,聊城工程局负担 108,288 元;案件保全费 5000 元,由聊城工程局负担;鉴定费 230,859 元,由和田建管局负担 88,601 元,聊城工程局负担 142,258 元。如不服一审判决,可在判决书送达之日起 15 日内,上诉于新疆维吾尔自治区高级人民法院。

## 六、合并案二审

2013 年 9 月,被告聊城工程局和第三人陈某均不服和田地区中级人民法院作出的一审判决,向新疆维吾尔自治区高级人民法院提起上诉。

2014 年 3 月 7 日,新疆维吾尔自治区高级人民法院开庭审理本案。

聊城工程局上诉称:1. 一审判决认定事实错误。第一,一审判决认定建设工程施工合同因聊城工程局原因解除并由聊城工程局承担责任错误。本案中,和田建管局未履行合同约定的发包人义务,没有提供“三通一平”条件,在路、桥、电不通的情况下,导致无法按期施工,和田建管局违约在先,开庭时三方当事人对该事实均予以认可。因“三通一平”条件不具备,和田建管局指令聊城工程局先施工“三通一平”条件中通往施工现场的左岸、右岸临时道路和两座钢桥,自行发电,并承诺作为合同外工程量另外计价,所以产生了增量工程款。过河大桥直到 2012 年 7 月 19 日才验收合格,高压电才正式接入工地,因此 2012 年 7 月 19 日应当视为“三通一平”完成的最终时间,在此之前的时间不应计入施工合同约定的 305 天有效工期。高压电接入工地后,停电导致停工 23 天;业主未及时供应火工品(炸药等)导致停工 74 天;第三方工地闹事致使业主、监理离开工地,未及时验收二号交通洞隐蔽部位停工 16 天。综合上述情形,有效工期实际履行 157 天,只履行至总有效工期的一半。因此,一审判决认定“仅完成总价款 46,664,610 元中的 3,237,266 元的工程量”及“由于聊城工程局内部管理不善,在超过约定工期 75 天的情况下仅完成不足工程造价 10% 的工程量”不属实。第二,一审判决依据的鉴定结论失实且未经全部质证,对于聊城工程局实际完成工程量、增项工程量及损失认定不清，申请二审法院重新鉴定。第三，本案三方当事人诉争的是同一工程，工程量相同、索赔事实相同，一审判决对聊城工程局赔偿损失的诉求没有支持，反而支持了陈某的相关请求，系"一案两果"。本案中，和田建管局的违约行为造成陈某施工人员停工窝工，陈某应当与聊城工程局共同向和田建管局要求赔偿损失，而一审法院认定聊城工程局向陈某支付窝工损失共计4,225,535.26元，显然是错误的。另外，陈某提交的停工窝工人员数量和工资标准不实，没有聊城工程局签字认可，一审不能按照其单方提交的材料认定停工窝工损失。2. 一审判决适用法律错误。第一，一审判决适用《合同法》第九十四条第四项、第九十六条错误。和田建管局未提供"三通一平"施工条件，系严重违约，其不具备《合同法》第九十四条规定的法定解除权。不具备《合同法》第九十四条规定的条件，更不能适用第九十六条。第二，一审判决适用《最高人民法院关于民事诉讼证据的若干规定》第七十一条错误。鉴定结论存在明显的越权、失实的瑕疵，一审判决不能适用上述规定第七十一条认定鉴定结论的效力。3. 一审判决程序违法。第一，一审判决认定施工合同符合法定解除条件并已解除，超出当事人的诉讼请求。和田建管局在起诉书中并未提出解除合同的诉讼请求，在庭审过程中也未增加该诉讼请求；聊城工程局反诉主张该合同合法有效，并要求继续履行。因此，一审判决应以原、被告双方均未提出解除合同的诉讼请求、双方又未达成解除合同的一致意见为由，依法驳回原告和田建管局的起诉。第二，对三方均认可、已施工的工程量和发生的费用，聊城工程程局提交了重新鉴定申请书，一审法院未依法委托鉴定机构重新鉴定，属程序违法。第三，一审法院在2013年7月22日开庭时，未对并案审理前的鉴定报告组织三方当事人质证，也未通知鉴定人出庭接受质询，违反《民事诉讼法》第七十八条的规定。综上，请求二审法院依法改判；由被上诉人和第三人承担一、二审诉讼费用。

被上诉人和田建管局答辩称：1. 关于一审判决书认定事实是否错误的问题。第一，自2011年6月1日至2012年4月30日的305天，即是本案工程的有效工期。一审以此认定上诉人至合同被解除的2012年4月5日、6月15日的380天内，仅完成合同总工程量的10%，符合事实。第二，上诉人提出的增加工程量和索赔请求，没有上诉人及监理部门的有效签证。一审判决依据鉴定报告确认本案的实际工程量，也同样符合事实。第三，被上诉人不仅完成了"三通一平"的施工条件，而且依照合同如期给付了工程预付款和进度款。不存在任何违约行为。2. 一审判决适用法律没有错误。3. 关于一审程序是否违法问题。一审法院没有采纳上诉人的重新鉴定申请具有法律依据，也符合相关法律规定。对于鉴定报告，在原一审中，已经原、被告双方进行了质证，鉴定人也出庭接受了质询。故对于重审中上诉人提出的异议，无须进行补充鉴定或另行委托鉴定机构鉴定。请求二审依法驳回上诉人的上诉请求。

被上诉人陈某答辩称：1. 对一审法院关于聊城工程局与和田建管局《建设工程施工合同》履行情况及归责原因，陈某不持异议。2. 由于和田地区中级人民法院在原审委托鉴定环节未通知第三人陈某参与，重审时也未将鉴定结论组织三方当事人质证，故鉴定程序有瑕疵。所以，上诉人聊城工程局关于鉴定问题的上诉请求陈某不持异议，建议二审法院根据实际情况予以补正。3. 陈某作为本案中有独立诉讼请求的第三人，享有实体上的权利和义务，原审法院根据有关法律和司法解释的规定，将涉案工程款直接判付建设工程实际施工人法律依据充分，并无不当。

陈某上诉称：1. 原审鉴定违反法定程序，剥夺陈某的诉讼权利。一审法院所审理的（2013）和中民二初字第 18 号案件，系根据高级法院二审裁定将两案合并审理后的案件，陈某作为有独立请求权的第三人应享有当事人的诉讼权利，一审法院直接采用原一审时原、被告双方共同选定鉴定机构出具的鉴定报告，从而剥夺了上诉人陈某作为案件当事人提出异议或申请复议的诉讼权利。2. 工程施工内部管理合同实为非法转包合同，应依法认定为无效，被上诉人收取 18% 管理费无合同和法律依据，应向实际施工人全额支付已完工程款。3. 原审核定人员窝工损失工资标准明显偏低，既不符合水利建设工程客观实际，又与在当地公安机关监督下发放的实际工薪标准不符。4. 原审在已认定存在窝工这一基本事实的情况下，却对机械设备窝工损失的诉讼请求不予支持，无法律依据。5. 鉴于《建设工程施工合同》已依法解除，《工程施工管理内部管理合同》也应当被依法确认无效，其责任均在聊城工程局，故聊城工程局理应承担赔偿陈某合同目的无法实现的可得利益损失 2,352,914.15 元。陈某上诉请求：撤销一审判决第五项，依法改判或发回重审；聊城工程局偿付合同内工程款、合同外增加工程款并赔偿各项损失合计 10,525,368.45 元。

聊城工程局答辩称:1. 聊城工程局与陈某签订的《工程施工管理内部管理合同》是单价分包合同,合法有效,没有约定聊城工程局收取18%的管理费。一审法院根据和田建管局和聊城工程局的建设工程施工合同价款46,664,610元和聊城工程局与陈某签订的内部管理合同单价合计38,058,990元,计算出聊城工程局支付的项目部人员费用和缴纳的税费8,605,620元、占比为18%,这是聊城工程局施工管理的必要成本,陈某请求全额支付工程款没有事实和法律依据。2. 陈某要求聊城工程局赔偿人员停工窝工损失选择主体错误,也没有证据支持,陈某应当与聊城工程局一起向和田建管局主张停工窝工损失。首先,由于和田建管局违约,未履行合同约定的发包人义务,特别是没有提供"三通一平"条件,给聊城工程局及陈某造成停工窝工损失,聊城工程局同是受害方,陈某的损失应当由和田建管局承担责任。其次,陈某虚报人数、虚报工资标准,没有提供聊城工程局和监理签字认可的工人人数和工人身份证明及在场证明。3. 陈某要求聊城工程局赔偿可得利益损失没有法律和事实依据。

二审期间,聊城工程局同意解除与和田建管局签订的《建设工程施工合同》。

和田建管局、聊城工程局和陈某均同意对案涉工程造价及各赔偿项目重新鉴定。法院委托中国某银行新疆分行造价咨询业务部进行司法鉴定。2015年8月14日,中国某银行新疆分行造价咨询业务部作出(2015)第010号司法鉴定报告书,鉴定意见分为计价项目、不计价项目和由法院裁定三部分。和田建管局、聊城工程局和陈某三方对鉴定报告均未提出异议。

2016年7月27日,新疆维吾尔自治区高级人民法院作出(2013)新民一终字第245号民事判决。法院认为:1. 对于聊城工程局与和田建管局的《建设工程施工合同》如何结算及各项损失如何认定的问题。聊城工程局与和田建管局签订的《建设工程施工合同》符合国家法律规定,系双方当事人的真实意思表示,合同合法有效。现双方当事人对解除合同无异议,二审法院予以确认。结合鉴定意见及双方当事人的举证,认定聊城工程局完成的合同内工程造价3,362,243.10元,合同外新增项目左岸临时道路1,545,699.11元、左岸两座钢结构桥1,404,632.77元、右岸临时道路922,900.31元、钢支撑造价1,031,903.63元、电价补差573,071.85元,聊城工程局完成的工程总造价为8,840,450.77元,和田建管局已经支付工程款15,130,200.24元,多付6,289,749.47元。和田建管局未及时完成

“三通一平”工作，聊城工程局进场后无法展开施工，《合同法》第二百八十三条规定，发包人未按照约定的时间和要求提供原材料、设备、场地、资金、技术资料的，承包人可以顺延工程日期，并有权要求赔偿停工、窝工等损失。因此，和田建管局应赔偿聊城工程局损失 376,621.50 元。2. 对于聊城工程局与陈某的内部管理合同如何结算及各项损失如何认定的问题。聊城工程局在与和田建管局签订《建设工程施工合同》后，将其承建工程的全部施工内容以内部管理合同形式交付陈某施工。聊城工程局与陈某均认可陈某并非聊城工程局的职工，与聊城工程局没有建立劳动合同关系，陈某是工程的实际施工人。陈某个人无施工资质，双方签订的内部管理合同违反《建筑法》第六十六条、第六十七条的禁止性规定，认定合同无效，双方均应对合同无效承担责任。《合同法》第五十八条规定：“合同无效或者被撤销后，因该合同取得的财产，应当予以返还；不能返还或者没有必要返还的，应当折价补偿。有过错的一方应当赔偿对方因此所受到的损失，双方都有过错的，应当各自承担相应的责任。”《最高人民法院关于审理建设工程施工合同纠纷案件适用法律问题的解释》第二条规定：“建设工程施工合同无效，但建设工程经竣工验收合格，承包人请求参照合同约定支付工程价款的，应予支持。”根据上述规定，虽然聊城工程局与陈某的内部管理合同因违反了法律的禁止性规定而无效，但陈某施工的工程已由和田建管局接收，和田建管局未对工程质量提出异议，因此，对陈某完成的工程价款，可以参照内部管理合同约定的结算方式给予折价补偿。关于是否应当收取管理费，首先，聊城工程局收取管理费是双方当事人协商一致的结果；其次，根据内部管理合同，聊城工程局实施了管理行为，产生了相应的施工管理成本。因此，二审法院对聊城工程局应当收取一定比例的管理费予以确认。至于具体的收取比例，根据本案实际情况，酌定管理费比例为 9%。结合鉴定意见及当事人的举证，认定陈某实际完成工程造价合同内 2,684,912.31 元，鉴定单位按内部管理合同单价计算，即提取了管理费 18%，二审法院按聊城工程局应收取 9% 的管理费进行调整，为 2,979,597.8 元；合同外新增 1,956,158.8 元，该造价鉴定单位按 12% 提取了管理费，二审法院按聊城工程局应收取 9% 的管理费进行调整，为2,022,846 元；电价补差 549,369.23 元；以上合计 5,551,813 元，聊城工程局已支付工程款6,032,736元，多付 480,923 元。综上，原审认定基本事实不清，二审法院予以纠正，依照《民事诉讼法》第一百七十条第一款第三项之规定，判决如下：

1. 撤销和田地区中级人民法院(2013)和中民二初字第18号民事判决书；

2. 聊城工程局返还和田建管局工程款1,139,749.47元；

3. 和田建管局赔偿聊城工程局损失376,621.50元；

4. 驳回和田建管局的其他诉讼请求；

5. 驳回聊城工程局的其他反诉请求；

6. 驳回陈某的诉讼请求。

一、二审本诉案件受理费163,461.4元,和田建管局负担135,831.7元,聊城工程局负担27,629.7元。反诉案件受理费127,814.25元,聊城工程局负担124,387.25元,和田建管局负担3427元。聊城工程局针对陈某上诉缴费44,230.23元,由陈某负担;陈某应缴上诉费85,919.42元,由陈某负担;陈某实际缴纳141,213.14元,多缴纳的55,293.72元,予以退还。(2015)第010号鉴定报告鉴定费100,000元,由和田建管局与聊城工程局各负担一半;(2015)第011号鉴定报告鉴定费129,000元,由聊城工程局与陈某各负担一半。

本判决为终审判决。

**七、结案评析**

1. 新疆维吾尔自治区法院的法庭硬件和软件与内地同级法院基本一致,主审法官业务熟练,态度认真,作风干练,重点突出,对审理难点即工程量争议,指令开庭程序结束后由当事人当庭核对,不在法庭调查和法庭辩论中直接处理,这使庭审时间大大缩短,当事人也均接受。两案合并后的一审判决书70页,二审判决书61页,都对当事人争议的每一项工程量作了分析认定,只是两审法官的裁判观点存在差异,判决结果大相径庭。公正地说,二审判决是正确的。

2. 和田建管局有权解除合同,聊城工程局也享有对解除合同的异议权,法院应当对此作出确认。

法定解除是指在合同成立以后,没有履行或没有履行完毕以前,当事人一方行使法定的解除权而使合同效力消灭的行为。其特点是由法律直接规定解除合同的条件,在具备条件时,当事人可以行使解除权。根据规定,有下列情形之一的,当事人可以解除合同:(1)不可抗力。因不能预见、不能避免并不能克服的客观原因致使不能实现合同目的,合同的双方当事人都可以解除合同。(2)预期违约。在履行期限届满之前，当事人一方明确表示或者以自己的行为表明不履行主要债务，另一方有权在要求其继续履行和解除合同之间作出选择，选择解除合同的，合同对双方便不再有拘束力。(3)迟延履行。当事人一方迟延履行主要债务，经催告后在合理的期限内仍未履行的，表明其没有履行合同的诚意，或根本不可能履行合同，另一方当事人可以解除合同。(4)根本违约。当事人一方迟延履行债务或者有其他违约行为致使不能实现合同目的，严重影响订立合同时期望的经济利益，另一方当事人可以解除合同。(5)法律规定的其他解除情形。当事人一方依照规定主张解除合同的，应当通知对方。合同自通知到达对方时解除。对方有异议的，可以在收到解除合同通知之日起3个月内请求法院或者仲裁机构确认解除合同的效力。在异议期限届满后才提出异议并向人民法院起诉的，人民法院不予支持。

本案中，承包人聊城工程局选用的实际施工人陈某迟延履行合同、施工工期严重违约，致使发包人和田建管局不能实现按期竣工的合同目的，和田建管局分别于2012年4月5日和2012年6月15日委托监理公司和公证处向聊城工程局送达解除合同通知书，合同自聊城工程局收到通知时解除。聊城工程局收到解除合同通知书后，没有主动向法院起诉确认解除合同的效力，而是在2012年6月15日和田建管局起诉其返还工程款后，于2012年7月18日提起的反诉中要求继续履行合同，按照2012年4月5日和田建管局委托监理公司送达通知书计算，已过3个月异议期，但按照2012年6月15日和田建管局委托公证处送达通知书计算，未过3个月异议期。因此，和田建管局有权解除合同，聊城工程局也享有对解除合同的异议权。对此，一审法院确认和田建管局解除合同成立，因二审期间聊城工程局同意解除与和田建管局的《建设工程施工合同》，二审法院予以确认。

3. 建设工程施工合同承包、转包、分包的效力认定及工程款结算问题。

建设工程施工合同具有下列情形之一的，应当认定无效：(1)承包人未取得建筑施工企业资质或者超越资质等级的；(2)没有资质的实际施工人借用有资质的建筑施工企业名义的；(3)建设工程必须进行招标而未招标或者中标无效的。如果属于转包或违法分包，发包人与承包人之间的建设工程承包合同是有效合同，但承包人与实际施工人之间的转包合同是无效合同。建设工程施工合同解除后，已经完成的建设工程质量合格的，发包人应当按照约定支付相应的工程价款。

本案中，和田建管局与聊城工程局签订的《建设工程施工合同》是有效的，聊城工程局与陈某签订的管理合同是无效的，但和田建管局接受解除合同前聊城工程局管理、陈某实际施工的工程量，所以法院终审判决三方当事人应依法按照合同约定进行结算，包括聊城工程局应得的管理费和陈某应得的工程款。

4. 发包人、承包人、实际施工人应如何行使诉权？

发包人和承包人之间有建设工程施工合同关系，可以相互行使诉权；承包人和实际施工人之间有转包或分包合同关系，也可以相互行使诉权；发包人和实际施工人之间没有合同关系，但法律规定实际施工人可以直接起诉发包人，发包人只在欠付承包人工程价款范围内对实际施工人承担责任。

本案中，发包人和田建管局与承包人聊城工程局相互提起本诉和反诉，它们之间的争议得到了彻底解决。实际施工人陈某选择只起诉承包人聊城工程局，没有选择同时起诉发包人和田建管局，其诉求没有得到彻底解决。二审法院认定，根据陈某及聊城工程局提供的证据可以证明，2011 年 3 月 15 日至 5 月 30 日的窝工是和田建管局未及时完成施工场地的“三通一平”工作、到达施工作业面的道路及电力未接通所致，不是聊城工程局的原因，所以陈某要求聊城工程局承担责任无依据。本案中，陈某未对和田建管局提出诉讼主张，双方当事人可就此期间的窝工损失另行协商解决。

## 八、相关法条

### 1.《合同法》(1999 年 3 月 15 日公布)

第五十八条[①]　合同无效或者被撤销后，因该合同取得的财产，应当予以返还；不能返还或者没有必要返还的，应当折价补偿。有过错的一方应当赔偿对方因此所受到的损失，双方都有过错的，应当各自承担相应的责任。

---

① 对应《民法典》第一百五十七条：“民事法律行为无效、被撤销或者确定不发生效力后，行为人因该行为取得的财产，应当予以返还；不能返还或者没有必要返还的，应当折价补偿。有过错的一方应当赔偿对方由此所受到的损失；各方都有过错的，应当各自承担相应的责任。法律另有规定的，依照其规定。”

第九十四条[1] 有下列情形之一的，当事人可以解除合同：

（一）因不可抗力致使不能实现合同目的；

（二）在履行期限届满之前，当事人一方明确表示或者以自己的行为表明不履行主要债务；

（三）当事人一方迟延履行主要债务，经催告后在合理期限内仍未履行；

（四）当事人一方迟延履行债务或者有其他违约行为致使不能实现合同目的；

（五）法律规定的其他情形。

第九十五条[2] 法律规定或者当事人约定解除权行使期限，期限届满当事人不行使的，该权利消灭。

法律没有规定或者当事人没有约定解除权行使期限，经对方催告后在合理期限内不行使的，该权利消灭。

第九十六条第一款[3] 当事人一方依照本法第九十三条第二款、第九十四条的规定主张解除合同的，应当通知对方。合同自通知到达对方时解除……

第九十七条[4] 合同解除后，尚未履行的，终止履行；已经履行的，根据履行情况和合同性质，当事人可以要求恢复原状、采取其他补救措施，并有权要求赔偿损失。

**2.《最高人民法院关于适用〈中华人民共和国合同法〉若干问题的解释（二）》（2009 年 4 月 24 日公布）**

第二十四条 当事人对合同法第九十六条、第九十九条规定的合同解除或者

---

① 对应《民法典》第五百六十三条："有下列情形之一的，当事人可以解除合同：（一）因不可抗力致使不能实现合同目的；（二）在履行期限届满前，当事人一方明确表示或者以自己的行为表明不履行主要债务；（三）当事人一方迟延履行主要债务，经催告后在合理期限内仍未履行；（四）当事人一方迟延履行债务或者有其他违约行为致使不能实现合同目的；（五）法律规定的其他情形。以持续履行的债务为内容的不定期合同，当事人可以随时解除合同，但是应当在合理期限之前通知对方。"

② 对应《民法典》第五百六十四条："法律规定或者当事人约定解除权行使期限，期限届满当事人不行使的，该权利消灭。法律没有规定或者当事人没有约定解除权行使期限，自解除权人知道或者应当知道解除事由之日起一年内不行使，或者经对方催告后在合理期限内不行使的，该权利消灭。"

③ 对应《民法典》第五百六十五条："当事人一方依法主张解除合同的，应当通知对方。合同自通知到达对方时解除；通知载明债务人在一定期限内不履行债务则合同自动解除，债务人在该期限内未履行债务的，合同自通知载明的期限届满时解除。对方对解除合同有异议的，任何一方当事人均可以请求人民法院或者仲裁机构确认解除行为的效力。当事人一方未通知对方，直接以提起诉讼或者申请仲裁的方式依法主张解除合同，人民法院或者仲裁机构确认该主张的，合同自起诉状副本或者仲裁申请书副本送达对方时解除。"

④ 对应《民法典》第五百六十六条。

债务抵销虽有异议，但在约定的异议期限届满后才提出异议并向人民法院起诉的，人民法院不予支持；当事人没有约定异议期间，在解除合同或者债务抵销通知到达之日起三个月后才向人民法院起诉的，人民法院不予支持。

**3.《建筑法》(2011年4月22日修正)**

第六十七条第一款　承包单位将承包的工程转包的，或者违反本法规定进行分包的，责令改正，没收违法所得，并处罚款，可以责令停业整顿，降低资质等级；情节严重的，吊销资质证书。

**4.《最高人民法院关于审理建设工程施工合同纠纷案件适用法律问题的解释》(2004年10月25日公布)**

第二条　建设工程施工合同无效，但建设工程经竣工验收合格，承包人请求参照合同约定支付工程价款的，应予支持。

第八条　承包人具有下列情形之一，发包人请求解除建设工程施工合同的，应予支持：

(一)明确表示或者以行为表明不履行合同主要义务的；

(二)合同约定的期限内没有完工，且在发包人催告的合理期限内仍未完工的；

(三)已经完成的建设工程质量不合格，并拒绝修复的；

(四)将承包的建设工程非法转包、违法分包的。

第十条　建设工程施工合同解除后，已经完成的建设工程质量合格的，发包人应当按照约定支付相应的工程价款；已经完成的建设工程质量不合格的，参照本解释第三条规定处理。

因一方违约导致合同解除的，违约方应当赔偿因此而给对方造成的损失。

# 案例十九　东平湖工程局建设工程施工合同纠纷案

2013—2014 年,本案经山东省枣庄市中级人民法院一审和山东省高级人民法院二审结案。

## 一、焦点问题

1. 个人与施工企业签署联合协议并对水利工程进行施工的合作方式合法有效吗?

2. 若实际施工人用自己编制、以承包人项目部名义上报发包人的竣工结算书为证据起诉承包人支付工程款,法院判决会支持吗?

3. 若承包人与实际施工人的联合协议约定承包人收取一定比例的管理费,法院判决会支持吗?

## 二、一审判决

原告(反诉被告):王某(实际施工人)

被告(反诉原告):东平湖工程局(承包人)

原告(反诉被告)王某诉求:1. 依法判令东平湖工程局支付工程款 500 万元;2. 诉讼费用由东平湖工程局承担。

被告(反诉原告)东平湖工程局反诉请求:1. 判令王某返还工程款 43,643.90 元、支付管理费 604,691.72 元、支付税金 351,043.56 元、支付垫付费用 100,706.50 元,共计 1,100,085.68 元;2. 诉讼费用由王某负担。

2013 年 12 月 16 日,山东省枣庄市中级人民法院作出(2012)枣民初字第 86 号民事判决。

法院查明,2008 年 6 月 29 日,东平湖工程局作为承包方与发包方枣庄市治淮东调南下工程建设管理处(以下简称枣庄治淮管理处)签订韩庄运河(湖口—台儿庄)扩大工程万年闸节制闸扩建工程施工合同,合同总金额为 681.87 万元。

2009 年 1 月 15 日,东平湖工程局(甲方)与王某(乙方)签订《联合协议》。该协议约定联合项目为韩庄运河(湖口—台儿庄)扩大工程万年闸节制闸扩建工程(以下简称万年闸工程),约定由甲方派遣项目经理、项目副总工两名,相关费用乙方承担;甲方提供资质、资信、业绩、财务状况、设备、人员方面材料并提供印章;甲方在施工技术、工程质量、资料整理交工验收、编制预算等生产技术方面给乙方指导和协助,对施工质量监督和检查,行使质量否决权。该协议约定乙方按本工程实际结算工程价款的 7% 支付甲方管理费并负责缴纳工程税款建设单位支付的工程款,甲方收到后按拨款比例扣除项目管理费和税费,其余款项及时拨付给乙方;施工中发生的债权、债务及其他法律责任,由乙方处理和承担;乙方负责交工验收、保修期内的维修及相应费用并负责向甲方提供本工程的有关资料;乙方不得用项目部公章签订购料、劳务等合同文件。《联合协议》签订后,王某进行了工程施工。

2011 年 9 月 11 日,万年闸工程项目部向监理单位编制报送竣工结算书,总造价为 14,905,621.63 元。2011 年 9 月 28 日,监理单位审核竣工结算审核书,确认工程款为 9,148,798.76 元。2012 年 5 月 30 日,江苏某工程投资管理咨询公司接受水利部淮河水利委员会委托作出审计报告,载明涉案工程已通过涉案单位工程验收,质量全部合格;涉案工程的合同价为 6,818,700 元,送审造价为 9,148,798.75 元,核定造价为 8,638,453.10 元。

经对账,枣庄治淮管理处已支付东平湖工程局工程款 8,609,381.56 元,并出具代扣税金 291,043.56 元的完税凭证。自 2008 年 12 月 17 日至 2012 年 1 月 4 日,原告王某先后 39 次从东平湖工程局借支款项金额 8,682,097 元。王某认可收到 7,662,097 元,对 2010 年 9 月 20 日的 102 万元借支款项有异议,认为无明细。

法院认为:1. 王某以与东平湖工程局签署联合协议的形式对涉案工程进行施工,实为转包,王某为实际施工人。王某不具有施工资质,其签署协议的行为无效,但其建设完成工程经竣工验收合格,王某依法享有支付工程款的请求权。2. 监理单位根据工程竣工结算审核书,对王某所完成工程量的多少及质量合格作出确认,东平湖工程局、王某均未提出异议。江苏某工程投资管理咨询公司依据监理部门确认的竣工结算审核书所作出的审计报告，客观真实，应当作为定案的依据。王某诉称审计报告不符合实际情况，有漏审项目，没有证据证实。王某申请重新评估鉴定工程量，没有事实和法律依据，一审法院不予支持。3. 王某认可收到工程款7,662,097元，对于其本人于2010年9月20日书写的102万元借据认为没有明细，而存争议。对此，一审法院认为王某从东平湖工程局所支取的工程款，均是以借据的形式出现，王某出具该借据以后又多次收取工程款，直至起诉之日从未对该102万元的借据及款项提出异议。因此，该笔102万元应认定已由王某实际收取。王某已收到工程款应为8,682,097元(7,662,097元+1,020,000元)，已超出审计报告所确定的工程款8,638,453.10元。王某起诉请求支持500万元未付工程款，没有事实根据，不予支持。4. 王某已从东平湖工程局多支取的工程款43,643.90元(8,682,097元－8,638,453.10元)，应予返还。东平湖工程局代缴的税金291,043.56元，王某作为实际施工人享有收取工程款的权利，亦依法负有承担税赋的义务，因此上述税款应支付给东平湖工程局。东平湖工程局反诉请求王某支付管理费，因《联合协议》无效，而东平湖工程局亦履行了相应义务，一审法院酌定管理费按照约定7%的1/2予以支付，即王某应支付给东平湖工程局管理费302,345.86元(8,638,453.10×3.5%)。综上，依据《民法通则》第四条和第一百零八条、《建筑法》第二十八条、《最高人民法院关于审理建设工程施工合同纠纷案件适用法律问题的解释》第一条和第二条、《最高人民法院关于民事诉讼证据的若干规定》第二条之规定，判决如下：

1. 驳回原告王某的诉讼请求；

2. 反诉被告王某返还反诉原告东平湖工程局工程款43,643.90元、支付税金291,043.56元、支付管理费302,345.86元，以上合计637,033.32元于本判决生效后10日内履行完毕；

3. 驳回反诉原告东平湖工程局的其他诉讼请求。

本诉案件受理费46,800元，由原告王某负担；反诉案件受理费14,701元，由反诉被告王某负担10,170.33元，反诉原告东平湖工程局负担4530.67元。如不服本判决，可在判决书送达之日起15日内上诉于山东省高级人民法院。

### 三、二审辩论和判决

上诉人(原审原告、反诉被告)：王某(实际施工人)

被上诉人(原审被告、反诉原告):东平湖工程局(承包人)

委托代理人:徐贵一,山东齐鲁律师事务所律师

2014年1月12日,王某不服枣庄市中级人民法院(2012)枣民初字第86号民事判决,向山东省高级人民法院提起上诉。

2014年5月7日,山东省高级人民法院开庭审理本案。

王某上诉称:1.一审判决明显袒护一方,程序违法、判决不公。工程竣工后,万年闸工程项目部向建设单位委托的监理单位编制了竣工结算书,是根据双方认可的工程量作出的工程结算值。按照竣工结算书确定的工程造价14,905,621.63元,减去被上诉人已支付的工程款8,282,097元,被上诉人尚欠付工程款6,623,524.63元。上诉人在一审中仅请求被上诉人支付500万元,不仅未获得支持,反而判决上诉人支付被上诉人工程款、税金、管理费等费用637,033.32元,一审判决认定事实不清,判决结果错误。上诉人在一审时申请对工程结算进行审计,未获得一审法院的准许,违反了法定诉讼程序,导致一审判决错误。2.原审认定上诉人收到工程款8,682,097元是错误的,重复计算了40万元,上诉人实际收到工程款8,282,097元。请求撤销原判或发回重审。

被上诉人东平湖工程局辩称,一审判决认定事实清楚,适用法律正确,请求驳回上诉人的上诉请求,维持原判。具体理由如下:1.上诉人与被上诉人的工程款结算必须以建设单位与被上诉人的实际结算价款为依据;涉案工程已经业主委托的审计机构审计,上诉人要求重新审计不合法。根据上诉人与被上诉人的《联合协议》第三条、第四条约定,双方的结算方式是东平湖工程局收到建设单位支付的工程款后,按拨款数额扣除7%的管理费和税款,剩余工程款拨付给王某。东平湖工程局与王某合作施工的涉案工程已经建设单位委托的审计机构审计,核定工程总造价为8,638,453.10元,上诉人与被上诉人的工程款结算必须以该造价为依据。王某提交的万年闸工程项目部盖章的竣工结算书不能作为王某与被上诉人工程款结算的依据,因为该结算书是2009年9月11日王某自己编写、又让万年闸工程项目部盖章向监理单位报送的结算报告初稿,2011年9月16日监理单位经审查,以“资料不完整、格式不符合竣工结算要求,上报的工程量过多,单价申报过高”为由退回万年闸工程项目部,要求按照业主及监理单位的要求重新申报资料,有监理单位出具的《证明》(见一审卷第119页)可以印证,因此,竣工结算书不是

东平湖工程局给王某出具的结算依据，因为在工程未经建设单位审计前，东平湖工程局无权单方确定最终工程价款，最终应以监理单位及发包方审计报告认可的工程价款作为东平湖工程局扣除管理费、税金以及与王某结算工程款的依据。2. 上诉人称部分工程款未收到，没有新的证据支持，应依法驳回上诉。施工过程中，东平湖工程局与王某结算工程款使用山东省黄河系统通用的借据，下方注明本据无“借款结算联”即证明借款已结清。具体流程是：王某施工工地购买原料等用款、由东平湖工程局直接向卖方付钱并留存收款凭证、累计一段时间到较大数额时由双方对账、由双方在借据签字结清累计款项。本案涉及的其他多张无异议的借据结算与上诉人上诉称部分未收到工程款的借据是一样的，上诉人称未收到款项可能是记忆问题，没有新的证据支持其主张。综上，一审判决认定事实清楚、适用法律得当、程序合法，请依法维持原判，驳回上诉人的上诉。

2014 年 6 月 26 日，山东省高级人民法院作出（2014）鲁民一终字第 123 号民事判决。法院认为：1. 被上诉人作为涉案工程承包人与工程发包人枣庄治淮管理处签订的建设工程施工合同为有效合同，而上诉人与被上诉人签订的联合协议是以被上诉人与发包人的施工合同为前提和基础的，并非独立的建设工程施工合同，联合协议中未约定的事项应当以被上诉人与发包人施工合同的约定为依据。上诉人主张联合协议与被上诉人和发包人签订的施工合同没有联系，是独立的施工协议，显然与事实不符。虽然上诉人与被上诉人签订的《联合协议》名为联合协议实为转包合同应认定无效，但由于上诉人作为实际施工人施工的工程质量经竣工验收合格，根据《最高人民法院关于审理建设工程施工合同纠纷案件适用法律问题的解释》第二条的规定，可以参照《联合协议》约定的结算方式进行涉案工程量的确认和工程款的结算。上诉人与被上诉人签订的《联合协议》未明确约定合同价款，仅在第四条约定了工程款支付的顺序，即“建设单位支付的工程款，转入甲方（东平湖工程局）设立的项目部账户，在收到工程款后，甲方按拨款比例扣除项目管理费和税费，其款项及时拨付给乙方（王某）”。该条款应当解释为涉案工程量和工程款的认定，除上诉人和被上诉人共同确认外，还须依赖发包人或者发包人委托的工程造价审计机构的最终审核确认，涉案工程价款的最终支付主体是工程的发包人，被上诉人并非涉案工程价款的最终支付主体。上诉人与被上诉人共同编制的竣工结算书，以及上诉人庭审后提交的被上诉人单方制作的工程竣工结算书,均属于工程承包方或者实际施工人单独或者共同向发包人及其监理人单方报送的工程送审价,是施工方之间对工程量确认和工程价款结算的行为。依据我国建设工程法律法规和行业规范关于建设工程竣工结算的相关规定,发包方或者其委托的监理人有权根据建设工程竣工结算规范、招投标文件、中标通知书以及施工合同的约定对承包方的单方送审价进行审核确认,以确定最终的工程造价。本案中,涉案工程的发包人委托具有资质的工程造价审计单位对上诉人与被上诉人单方报送的送审价进行了审核确认,并出具了审计报告,核定的涉案工程最终造价为8,638,453.10元。上诉人没有证据证明发包人与被上诉人的工程款结算是以被上诉人的单方报价为结算依据,由此表明被上诉人与发包人的结算是以审计报告为结算标准。在双方《联合协议》未明确约定工程价款结算标准的情况下,上诉人与被上诉人之间的工程款结算只能以发包人与被上诉人的第一手工程款结算为前提条件,且上诉人王某作为实际施工人在不具有施工资质的情况下承揽工程,本身具有过错,其不可能获得比在有效合同基础上的发包人与被上诉人的第一手工程款结算更多的工程价款,因而原审采信该审计报告作为确定上诉人与被上诉人之间涉案工程造价结算的依据是妥当的。上诉人王某请求按照其与被上诉人共同确认的工程量和工程款进行结算,不符合我国建设工程价款结算规范的相关规定,法院不予支持。2. 上诉人王某申请对涉案工程造价通过司法鉴定予以确认,司法鉴定需要当事人在合同中明确约定工程造价作为依据,但上诉人与被上诉人签订的《联合协议》未明确约定工程价款。在工程造价鉴定依据不明确的情况下,法院无法启动委托司法鉴定程序,况且工程造价鉴定需要发包人提供相关的工程资料,在上诉人原审未起诉发包人的情况下,也无法通过司法鉴定确认涉案工程造价,因此,对上诉人提出的对涉案工程造价司法鉴定的申请,法院不予准许。3. 上诉人主张发包人在审核确认送审价时遗漏围堰工程等工程量未予计算,二审法院认为在上诉人原审期间未起诉发包人的情况下,本案也无法查清涉案工程是否存在工程漏项;如上诉人持有证据证明确实存在工程漏项,且漏项的工程款未包含在本案确定的工程价款结算值中,上诉人可以另行主张。4. 上诉人王某主张其实际收到被上诉人支付的工程款为8,282,097元,而非原审认定的8,682,097元,其中40万元虽有结算凭证,但被上诉人实际未支付。本案中上诉人与被上诉人是采取双方签订借款借据的方式支付工程价款的,在有争议的借款借据中，上诉人王某认可是其签名，仅主张未实际收到该笔款项，但未提供确实充分的证据加以证实。上诉人主张应将未实际支付该笔款项的举证责任分配给被上诉人，并要求被上诉人提供相应的公司会计资料，证明其未支付该笔工程款。对此二审法院认为，只有上诉人提供了初步证据证实被上诉人未支付该笔款项的情况下，才能合理分配和转移举证责任的承担，在上诉人仅是主张而未完成初步举证义务的情况下，就请求由对方举证证明其未付款，显然不符合我国《民事诉讼法》关于举证责任分配的一般规则，因此，对上诉人的该上诉理由及申请法院调取被上诉人单位有关会计资料的申请，法院不予支持。5. 关于双方在《联合协议》中约定的被上诉人应收取的管理费应否处理的问题。虽然双方对管理费的支付问题没有提起上诉，依据《民事诉讼法》的规定，二审法院审理二审民事案件不限于上诉人上诉请求的范围，对于当事人的行为违反民事法律或者损害社会公共利益、公共秩序的事项，人民法院仍应审查处理。本案中，《联合协议》约定被上诉人应收取的管理费属于非法所得，依据《最高人民法院关于审理建设工程施工合同纠纷案件适用法律问题的解释》第四条的规定，应由人民法院采取民事制裁措施或者建议当地行政主管部门依据相关规定予以收缴，但考虑到涉案工程的实际情况，本案对被上诉人约定取得的管理费不宜直接予以收缴。双方签订的《联合协议》实为工程转包合同，依法应认定无效，但上诉人作为实际施工人履行了涉案工程施工义务，且施工的工程经竣工验收质量合格，而协议中约定的管理费实为工程价款的组成部分，原审判令上诉人按照协议约定支付被上诉人工程管理费，既有违《合同法》《建筑法》的强制性规定，也不符合民事权利义务相一致的原则，对此二审予以纠正。

综上，依据《民事诉讼法》第一百六十九条、第一百七十条第一款第二项、第一百七十五条之规定，判决如下：

1. 维持枣庄市中级人民法院(2012)枣民初字第86号民事判决第一项、第三项和一审案件受理费的负担。

2. 变更枣庄市中级人民法院(2012)枣民初字第86号民事判决第二项为上诉人王某返还被上诉人东平湖工程局工程款43,643.90元、支付税金291,043.56元，以上合计334,687.46元，于本判决生效后10日内履行完毕。

二审案件受理费46,800元，由上诉人王某负担40,000元，被上诉人东平湖工程局负担6800元。本判决为终审判决。

**四、结案评析**

1.一、二审判决认定涉案合同为无效合同是正确的。

在建设工程施工合同中,承包人、分包人或实际施工人必须具备一定的资质才能成为合同的合法当事人。本案中,上诉人王某作为实际施工人不具备相应资质,违反了《合同法》《建筑法》的相关规定,其与被上诉人签订的以涉案工程施工为内容的《联合协议》实为工程转包合同,应认定为无效。《最高人民法院关于审理建设工程施工合同纠纷案件适用法律问题的解释》第二条规定:"建设工程施工合同无效,但建设工程经竣工验收合格,承包人请求参照合同约定支付工程价款的,应予支持。"这在实务界俗称为"无效合同、有效支付"。因此,一、二审判决均确认发包方应当按照审计报告核定的工程造价向承包人支付工程款。

2.实际施工人王某起诉承包人东平湖工程局索要发包人审计报告之外的增项工程款,属于选择被告错误,应当一并起诉发包人。

从本案事实看,发包人枣庄治淮管理处已按照审计报告将8,638,453.10元工程款支付给承包人东平湖工程局,王某通过日常借支工程款的方式从承包人东平湖工程局处支取8,682,097元(多支取工程款43,643.90元)。原告在本案的诉求是发包人在审核确认送审价时遗漏围堰工程等工程量500万元未予计算,请求对此重新审计,但原告未同时起诉发包人,法院无法查清涉案工程是否存在工程漏项,所以,法院判决如原告持有证据证明确实存在工程漏项,且漏项的工程款未包含在本案确定的工程价款结算值中,可以另行主张。原告王某应当在本案一审一并起诉发包人,或者与承包人东平湖工程局联合,共同起诉发包人枣庄治淮管理处。

3.二审改判实际施工人王某不需要向承包人东平湖工程局支付管理费不当。

本案中,一审判决认定:东平湖工程局反诉请求王某支付管理费,因《联合协议》无效,而东平湖工程局亦履行了派遣项目经理、两名副总工,在施工技术、工程质量、资料整理交工验收、编制预算等生产技术方面给王某指导和协助、对施工质量监督和检查等相应义务,法院酌定管理费按照约定7%的1/2予以支付,即王某应支付给东平湖工程局管理费302,345.86元(8,638,453.10×3.5%)。二审判决认定:虽然双方对管理费的支付问题没有提起上诉,依据《民事诉讼法》的规定,二审法院审理二审民事案件不限于上诉人上诉请求的范围，对于当事人的行为违反民事法律或者损害社会公共利益、公共秩序的事项，人民法院仍应进行审查处理。本案《联合协议》约定被上诉人东平湖工程局应收取的管理费属于非法所得，依据《最高人民法院关于审理建设工程施工合同纠纷案件适用法律问题的解释》第四条的规定，应由人民法院采取民事制裁措施或者建议当地行政主管部门依据相关规定予以收缴，但考虑到涉案工程的实际情况，本案对被上诉人东平湖工程局约定取得的管理费不宜直接予以收缴。双方签订的《联合协议》实为工程转包合同，依法应认定无效，但上诉人王某作为实际施工人履行了涉案工程施工义务，且施工的工程经竣工验收质量合格，而协议中约定的管理费实为工程价款的组成部分，原审判令上诉人按照协议约定支付被上诉人东平湖工程局工程管理费，既有违《合同法》《建筑法》的强制性规定，也不符合民事权利义务相一致的原则，对此二审予以纠正改判：撤销一审判决王某支付给东平湖工程局的管理费302,345.86元（按照约定7%的1/2计算）。

作者认为，本案一审判决符合合同当事人的真实意思表示，也符合最高人民法院和一些省市法院的通常判法，二审法院应当维持一审判决，二审判决改判不当。一是因为二审法院审理超出上诉人的请求范围。上诉人对管理费问题没有上诉，被上诉人也未就此答辩，双方对此均服从一审判决且没有争议，按照民事案件“不告不理”的原则，二审判决没有必要“节外生枝”、额外裁判。二是因为二审判决的裁判思路与最高人民法院相同判例的裁判要旨相悖。

从最高人民法院和地方人民法院的判例来看，对施工企业收取管理费的问题存在以下三种判决方法：

第一，承包人参与了工程管理的，支持按照转包合同约定扣除管理费。转包人虽然转包工程，但其仍是施工合同的承包人，为完成施工合同，组建了项目部，委派了管理人员，参与了质量、工期、结算等各项管理，对外承担了质量缺陷责任、逾期交工责任，管理费并非纯粹意义上的非法所得，故转包人有权获得管理费。

案例1：(2020)最高法民申2954号民事裁定书。认定：煜塬公司和西北公司签订的《劳务分包协议》约定，西北公司按照每次收到建设单位支付工程款的95%向煜塬公司支付劳务费。西北公司在施工过程中有代付工人工资、支付塔吊费、打桩费、参与工程结算等行为。双方关于工程款的约定是扣除5%管理费，根据司法解释规定可以参照适用。按95%计算承包人西北公司应付实际施工人煜塬公司的工程款,并无不当,且不存在超出诉讼请求的情形。

案例2:最高人民法院(2019)最高法民终1752号民事判决书。认定:实际施工人冯某主张1000万元管理费构成不当得利的理由,不能成立。案涉《工程承包合同》无效系因违反法律、法规的强制性规定,但管理费的给付系双方基于工程项目建设资格交换的对价,并在《工程承包合同》中进行了明确。冯某实际参与了施工,并与承包人华宇建设公司进行了结算,该管理费既非给付错误,也无权利侵害,并非冯某遭受的损失,尚难认定符合不当得利的构成要件。另,冯某并未在一审提出反诉或主张该抗辩,故对冯某关于返还和抵扣管理费的上诉请求,最高人民法院不予支持。

案例3:最高人民法院(2016)最高法民终603号民事判决书。认定:实际施工人陈某、沈某与承包人中兴建设集团在《内部承包施工协议》第十四条第一款约定,造价分别下浮6.5%计取工程价款,并备注"部分费用用于工程管理、业务开拓、外联内协等"。实际施工过程中,中兴建设集团对陈某、沈某组织的施工人员工资均统一造册发放,派员对工程进行管理。按照约定,工程造价下浮6.5%亦是为了支付该部分费用。陈某、沈某主张下浮的价款不应从工程款中扣除的上诉理由不能成立。一审法院认定工程价款应下浮6.5%计算并无不当,最高人民法院予以维持。

案例4:最高人民法院(2020)最高法民终1008号民事判决书。认定:转包人与实际施工人之间的转包行为无效,双方基于无效行为产生的管理费不属于法院应该强制判决的款项;一审中实际施工人愿意参照约定的1%标准自愿给付承包人管理费786,630元,处分自身权益,二审认为客观合理,二审不再调整。

第二,转包人实际进行了管理,酌情予以支持。《民法典》第七百九十三条第一款规定:"建设工程施工合同无效,但是建设工程经验收合格的,可以参照合同关于工程价款的约定折价补偿承包人。"转包合同无效,转包人可以参照合同约定向转承包人支付工程款,转承包人获取的是扣除管理费之外的价款(转承包人也是违法行为人,基于"任何人不得从违法行为中取得利益"的原则,不应取得额外价款),故双方应当遵守诚实信用原则,遵守合同约定,转包人应当扣除约定的管理费。如果约定的管理费比例过高,法院可以酌定调整,一些地方法院就是这样裁判的。

案例:本书案例十八——新疆维吾尔自治区高级人民法院(2013)新民一终字第245号民事判决书。认定:关于是否应当收取管理费,首先,聊城工程局收取管理费是双方当事人协商一致的结果;其次,根据内部管理合同,聊城工程局实施了管理行为,产生了相应的施工管理成本。因此,二审法院对聊城工程局应当收取一定比例的管理费予以确认。至于具体的收取比例,二审法院根据该案实际情况,酌定管理费比例为9%(一审判决18%)。

本案一审判决也是这样认定的:东平湖工程局反诉请求王某支付管理费,因《联合协议》无效,而东平湖工程局亦履行了工程管理相应义务,一审法院酌定管理费按照约定7%的1/2予以支付,即王某应支付给东平湖工程局管理费302,345.86元(8,638,453.10×3.5%)。

第三,转包人未提供工程管理的,转包行为违法,转包人取得管理费没有合法根据,不予支持。

案例:(2020)最高法民终898号民事裁定书。认定:八冶公司、八冶西宁分公司是专业建筑施工企业,将案涉工程转包给无相应建筑施工资质的李某(个人)。八冶公司、八冶西宁分公司的转包行为存在明显过错,转包协议无效。八冶公司、八冶西宁分公司不能举证证明其参与了工程建设的相关管理,其上诉请求管理费缺乏依据,不予支持。

综上可以看出,最高人民法院裁判要旨为:实际施工人与承包人之间存在转包合同关系,该合同无效。合同约定了管理费,承包人履行了管理职责的,承包人有权收取管理费;承包人未提供工程管理义务的,不支持参照约定收取管理费。

## 五、相关法条

### 1.《建筑法》(2011年4月2日修正)

第二十六条第一款　承包建筑工程的单位应当持有依法取得的资质证书,并在其资质等级许可的业务范围内承揽工程。

第二十八条　禁止承包单位将其承包的全部建筑工程转包给他人,禁止承包单位将其承包的全部建筑工程肢解以后以分包的名义分别转包给他人。

**2.《最高人民法院关于审理建设工程施工合同纠纷案件适用法律问题的解释》(2004 年 10 月 25 日公布)**

第二条 建设工程施工合同无效,但建设工程经竣工验收合格,承包人请求参照合同约定支付工程价款的,应予支持。

第四条 承包人非法转包、违法分包建设工程或者没有资质的实际施工人借用有资质的建筑施工企业名义与他人签订建设工程施工合同的行为无效。人民法院可以根据民法通则第一百三十四条规定,收缴当事人已经取得的非法所得。

# 案例二十　盛安公司建设工程施工合同纠纷及工程价款优先权确认纠纷案

2018—2021 年，本案历经山东省邹平市人民法院一审、滨州市中级人民法院二审、邹平市人民法院重审、当事人破产重整和解结案。

## 一、焦点问题

1. 盛安公司对建设安装工程的价款是否享有优先受偿权？如果有，是否超过权利行使期限？

2. 供热公司管理人将法院判决生效的盛安公司优先受偿权变为破产普通债权是否合法有效？

3. 供热公司管理人将法院判决生效的盛安公司优先受偿权变为破产普通债权，盛安公司再次起诉请求确认该行为违法无效，是否属于重复起诉？

## 二、建设工程施工合同纠纷

原告：盛安建设集团有限公司（以下简称盛安公司）

委托代理人：徐贵一，山东齐鲁律师事务所律师

被告：邹平县某供热有限公司（以下简称供热公司）

2018 年 7 月 30 日，盛安公司以建设工程施工合同纠纷向邹平市人民法院提起诉讼。

盛安公司诉称，2013 年 7 月 14 日，供热公司与盛安公司签订《安装施工合同》，由盛安公司负责供热公司 1×440t/h×260t/h 锅炉 +1×135MW +1×60MW 汽轮发电机组安装工程。合同约定：总工期为 10 个月；工程开工不预付工程款，施工期间拨款按每月项目进度的 70% 拨付，工程调试合格后付至 90%，竣工验收后 30 日内承包方提供结算书，发包人自收到结算书之日起 3 个月内审计完毕，留

10%的质保金。质保金在保修期内如未发生保修事项,在保修期满后无质量问题一个月一次性付清。2013年7月23日,盛安公司支付给供热公司500,000元履约保证金。2016年6月,盛安公司对1号机组调试完毕并已投入使用。2017年8月盛安公司对2号机组全部单机调试完毕。2018年5月,盛安公司人员撤离施工现场。在盛安公司按照合同约定履行施工义务后,由于供热公司工程款严重拖延拨付、设备材料到货晚、土建交付严重滞后、图纸多次变动修改等原因,整个工程项目开开停停,合同迟迟未能履行完毕。其间,盛安公司多次派人和致函请求供热公司支付工程款未果。盛安公司报送的施工工程结算值为43,278,162.28元,截至盛安公司向法院起诉前,供热公司仅支付工程款共计19,223,039.36元,欠付工程款24,162,362.18元。盛安公司诉讼请求为:1.供热公司向盛安公司支付工程款24,162,362.18元,投标保证金500,000.00元,合计24,662,362.18元;2.供热公司向盛安公司支付以24,662,362.18元为基数,按照同期人民银行贷款利率计算的自2018年8月1日起至供热公司付清工程款之日止的利息;3.判令盛安公司在欠付工程款范围内对本案工程拍卖、变卖后的价款享有建设工程优先受偿权;4.判令解除原告与被告签署的《邹平县某供热有限公司供热项目安装工程施工合同》。

2018年9月10日,邹平市人民法院开庭审理本案。

供热公司辩称,盛安公司未按照建设工程施工合同约定完成全部工程项目,已完工部分未审计定案,盛安公司要求支付24,162,362.18元工程款及利息没有事实和法律依据。另外,工程款中还应扣除罚款4000元、公司垫支的维修费6829元、配件费112,800元。投标保证金根据合同约定退还。

盛安公司当庭申请对本案已完工部分工程造价进行鉴定。

2018年9月14日,邹平市人民法院裁定受理被告及案外人等3家公司破产重整申请,并于同日指定各公司清算组为各公司的管理人;2018年11月9日,邹平市人民法院裁定受理邹平县某集团有限公司等15家公司的破产重整申请,并于同日分别指定6家公司的清算组为各公司的管理人;2018年12月6日,邹平市人民法院裁定上述18家公司合并重整,并指定邹平县某集团有限公司管理人为合并重整管理人。盛安公司向供热公司管理人申报债权总额为26,099,360.68元。2018年12月,第一次债权人会议公布《邹平县某集团有限公司等十八家公司合并重整债权表》,管理人对盛安公司申请债权的审查意见为:盛安公司对供热公司享有的债权为担保债权,债权金额暂未确认。

2019 年 4 月 18 日,经某招标造价咨询有限公司鉴定,盛安公司已完工部分工程造价为 39,237,139.97 元。

2019 年 4 月 24 日,邹平市人民法院第二次开庭审理本案。

原告、被告双方对鉴定工程造价 39,237,139.97 元没有异议;双方对于盛安公司是否享有建设工程价款优先受偿权有争议。供热公司认为,盛安公司主张建设工程价款优先受偿权已过 6 个月的法定期限。盛安公司认为,根据《最高人民法院关于审理建设工程施工合同纠纷案件适用法律问题的解释(二)》第二十二条的规定,“承包人行使建设工程价款优先受偿权的期限为六个月,自发包人应当给付建设工程价款之日起算”。双方至今未对已完工工程进行最终结算,工程款欠付数额尚未明确,所以没有超过行使建设工程价款优先受偿权 6 个月的法定期限。

2019 年 5 月 5 日,邹平市人民法院作出(2018)鲁 1626 民初 2950 号民事判决。法院认为:1. 关于欠付工程价款债权的数额。该案工程经双方共同选定的鉴定机构鉴定:盛安公司已完工部分工程造价为 39,237,139.97 元,扣除供热公司已支付的工程款 19,223,039.36 元,供热公司应支付盛安公司剩余工程款 20,014,100.61 元。根据《企业破产法》第四十六条“未到期的债权,在破产申请受理时视为到期。附利息的债权自破产申请受理时起停止计息”的规定,利息应计算至破产申请受理之日,盛安公司主张按银行同期贷款利率 4.35% 计算,未超出法律规定范围,一审法院予以支持。供热公司应支付盛安公司利息 103,989.93 元。2013 年 7 月 23 日,盛安公司支付给供热公司 500,000 元履约保证金,现双方的建设工程施工合同已解除,供热公司应将该保证金予以返还。2. 关于建设工程价款优先受偿权的行使期限。根据《最高人民法院关于审理建设工程施工合同纠纷案件适用法律问题的解释(二)》第二十二条“承包人行使建设工程价款优先受偿权的期限为六个月,自发包人应当给付建设工程价款之日起算”的规定,本案盛安公司提起诉讼时,双方未对盛安公司已完工工程进行最终结算,工程款欠付数额尚未明确。2018 年 12 月,第一次债权人会议公布《邹平县某集团有限公司等十八家公司合并重整债权表》,管理人对盛安公司申请债权的审查意见为:盛安公司对供热公司享有的债权为担保债权,但对盛安公司主张的欠付工程款数额暂未确认。经盛安公司申请,双方共同委托鉴定机构对已完工部分工程造价进行鉴定,2019 年 4 月 18 日鉴定结束,此时该案已完工部分工程造价最终得以确定,欠付工程款数额得以明确。因此,盛安公司主张行使建设工程价款优先受偿权未超出法律规定期限,一审法院予以支持。3. 关于建设工程价款优先受偿权的受偿范围。根据法律规定,承包人就逾期支付建设工程价款的利息、违约金、损害赔偿金等主张优先受偿的,人民法院不予支持。判决如下:

1. 供热公司于判决生效之日起 10 日内支付盛安公司工程款 20,014,100.61 元、利息 103,989.93 元,共计 20,118,090.54 元;

2. 供热公司于判决生效之日起 10 日内返还盛安公司履约保证金 500,000 元;

3. 盛安公司在欠付工程款 20,014,100.61 元范围内对本案工程享有优先受偿权;

4. 驳回盛安公司的其他诉讼请求。

如不服本判决可以在判决书送达之日起 15 日内,向本院递交上诉状,上诉于山东省滨州市中级人民法院。

一审判决后,双方当事人均未上诉,一审判决生效。

2019 年 6 月,该判决生效后,盛安公司向供热公司管理人申报了包括建设工程优先受偿债权 20,014,100.61 元在内的共计 26,099,360.68 元的债权,并提交了债权申报资料,供热公司管理人予以确认。

### 三、破产债权优先权确认纠纷

原告:盛安建设集团有限公司(以下简称盛安公司)

委托代理人:徐贵一,山东齐鲁律师事务所律师

被告:邹平县某公共集中供热有限公司(以下简称供热公司)

2019 年 9 月 16 日,供热公司管理人向盛安公司出具《邹平县某集团有限公司等十八家公司合并重整债权沟通函》(以下简称《沟通函》),载明:对盛安公司享有的债权为工程款 20,014,100.61 元,履约保证金 500,000 元,诉讼费 167,000 元予以确认,其中盛安公司在工程款 20,014,100.61 元范围内对涉案工程享有优先受偿权。涉案工程在本次重整程序中,按照移地续用方式评估,工程评估价值为零,因此盛安公司债权金额确认为普通债权。盛安公司如对管理人的审核意见有异议,可与管理人沟通或者于债权人会议后 15 日内向邹平市人民法院提起诉讼

确认债权。

2019年9月21日，盛安公司对供热公司管理人出具的《沟通函》提出书面异议。

2019年9月29日，供热公司管理人召开债权人会议，在债权表中将盛安公司通过法院判决享有优先受偿权的20,014,100.61元债权变更为普通债权。

2019年10月5日，盛安公司以破产债权确认纠纷诉至邹平市人民法院。

（一）一审裁定

盛安公司诉称，2018年7月30日，邹平市人民法院受理原告诉被告建设工程施工合同纠纷一案并于2018年9月10日开庭。2019年5月5日，法院作出的（2018）鲁1626民初2950号民事判决，对盛安公司26,099,360.68元债权予以确认，并同时确认原告在欠付工程款20,014,100.61元范围内对涉案工程享有优先受偿权。在后续债权申报中，供热公司管理人确认原告申报的判决款项列入优先受偿权。现在，供热公司管理人擅自采用"拆零变现"的评估方法，在2019年9月29日债权人会议上，在债权表中将原告通过法院判决享有优先受偿权的20,014,100.61元债权变更为普通债权，没有任何法律及事实依据，严重侵犯了原告的合法权益。建设工程优先受偿权是法定权利，目的在于保护农民工工资优先受偿，这既有合同明确约定，又有法院生效判决确认。供热公司管理人擅自以评估方法问题为由改变债权性质没有任何法律及事实依据，严重侵害了原告的合法权益，破坏了法院生效判决的正义与权威。根据《最高人民法院关于适用〈中华人民共和国企业破产法〉若干问题的规定（三）》第八条"债务人、债权人对债权表记载的债权有异议的，应当说明理由和法律依据。经管理人解释或调整后，异议人仍然不服的，或者管理人不予解释或调整的，异议人应当在债权人会议核查结束后十五日内向人民法院提起债权确认的诉讼"的规定，请求依法确认供热公司管理人2019年9月29日债权人会议在债权表中将盛安公司通过法院判决获得的20,014,100.61元享有优先受偿权的债权变更为普通债权的行为无效。

2019年10月25日邹平市人民法院开庭审理。

2019年12月12日，邹平市人民法院作出（2019）鲁1626民初4605号民事裁定书。法院认为，供热公司欠付盛安公司工程款20,014,100.61元，盛安公司在欠款数额范围内对该工程享有优先受偿权的事实，已由邹平市人民法院（2018）鲁

1626 民初 2950 号民事判决书确认，且该判决书已生效。盛安公司在诉状中请求确认供热公司将盛安公司享有优先受偿权的债权 20,014,100.61 元变更为普通债权的行为无效，其目的是盛安公司重新确认对供热公司欠付工程款 20,014,100.61 元享有优先受偿权，属于重复起诉，依法应予以驳回。依照《民事诉讼法》第一百一十九条、第一百五十四条第一款第三项和《最高人民法院关于适用〈中华人民共和国民事诉讼法〉的解释》第二百零八条第三款、第二百四十条之规定，裁定如下：

驳回原告盛安公司的起诉。

如不服本裁定，可在裁定书送达之日起 10 日内，向本院递交上诉状，上诉于山东省滨州市中级人民法院。

（二）二审裁定

2020 年 1 月 4 日，盛安公司不服一审裁定，上诉至滨州市中级人民法院。

盛安公司上诉称，邹平市人民法院以重复起诉为由驳回起诉的裁定系认定事实不清、适用法律错误，应依法予以撤销，进行实体审理。具体理由为：1. 一审裁定书认定事实不清，上诉人盛安公司与被上诉人供热公司建设施工合同纠纷法律文书生效后，被上诉人供热公司又发生了新的侵权事实，本案与前诉并非同一标的和同一诉讼请求。2. 一审裁定书适用法律错误。本案之诉完全符合《民事诉讼法》第一百一十九条和《最高人民法院关于适用〈中华人民共和国企业破产法〉若干问题的规定（三）》第八条规定的起诉条件，源于被上诉人管理人新的侵权行为发生，一审法院认定本案属于重复起诉，属于适用法律错误。

供热公司管理人辩称，破产重整受理前，上诉人盛安公司与被上诉人供热公司之间发生的建设施工合同纠纷之诉与破产重整程序中上诉人盛安公司对破产债权有异议提起的破产债权确认纠纷之诉是两个诉讼标的不一致的诉讼。一审法院裁定驳回上诉人盛安公司的诉讼请求不符合法理。

2020 年 3 月 17 日，滨州市中级人民法院作出（2020）鲁 16 民终 862 号民事裁定书。法院认为，本案系因上诉人盛安公司对供热公司管理人将债权表中其享有优先受偿权的 20,014,100.61 元债权变更为普通债权持有异议而提起的诉讼，上诉人的起诉符合《企业破产法》第五十八条，《最高人民法院关于适用〈中华人民共和国企业破产法〉若干问题的规定（三）》第八条、第九条以及《民事诉讼法》第一百一十九条的规定,应予受理。本案与一审法院已审结的(2018)鲁1626民初2950号建设工程施工合同纠纷一案标的、事实和理由均不相同,不构成重复起诉,一审法院裁定驳回上诉人起诉不当,二审法院予以纠正。依照《民事诉讼法》第一百七十一条、《最高人民法院关于适用〈中华人民共和国民事诉讼法〉的解释》第二百三十二条之规定,裁定如下:

1. 撤销邹平市人民法院(2019)鲁1626民初4605号民事裁定书。

2. 本案指令邹平市人民法院审理。

本裁定为终审裁定。

(三)一审判决

2020年5月18日,邹平市人民法院重新立案。

2020年6月15日,邹平市人民法院开庭审理本案。

经主审法官释明,盛安公司的诉讼请求由“依法确认供热公司债权人会议在债权表中将盛安公司通过法院判决获得的20,014,100.61元享有优先受偿权的债权变更为普通债权的行为无效;判令供热公司按重整方案中盛安公司所施工的包含锅炉、汽轮发电机组等设备及装置在内的涉案工程优先受偿金额20,014,100.61元范围内按优先权比例偿还盛安公司债权”变更为“依法确认盛安公司对供热公司享有的工程款债权金额20,014,100.61元,在其安装的工程范围内(包括锅炉2台,含1台440吨、1台260吨;2台汽轮发电机组,包含1台60MW、1台135MW;配套辅机、辅助设备、工艺管道、电气、输煤系统、热控安装、钢结构及非标制作、防腐保温、锅炉砌筑浇筑等安装工程)享有优先受偿权”。

在庭审中,双方确认盛安公司为供热公司完成的安装工程包括:锅炉2台,包括1台440吨、1台260吨;2台汽轮发电机组,包括1台60MW、1台135MW;配套辅机、辅助设备、工艺管道、电气、输煤系统、热控安装、钢结构及非标制作、防腐保温、锅炉砌筑浇筑等。

本案的焦点问题:供热公司管理人改变债权性质行为的合法性问题。

盛安公司认为,建设工程款优先受偿权是法定权利,目的在于保护农民工工资优先受偿,这既有双方合同的明确约定,又有法院生效判决确认,供热公司管理人擅自改变债权性质没有任何法律及事实依据。具体理由如下:1. 供热公司进入破产程序后,盛安公司依法申报优先权债权,履行了自己的积极申报义务,并且,这一权利得到了供热公司管理人的审查通过并给予确认。后因供热公司管理人违规采用“移地续用”“拆零变现”的评估方法，在2019年9月29日债权人会议上在债权表中将盛安公司的上述债权擅自变更为普通债权，等于否定了原审生效判决的既判力，也就否定了盛安公司20,014,100.61元工程款的优先受偿权。2.本案中，供热公司管理人让资产评估公司出具了两种评估报告：一种是企业重整、不拆除工程的评估报告，其评估有价值；另一种是企业破产清算、拆除工程的评估报告，其评估值是零。现在供热公司管理人执行的是法院裁定批准的《合并重整计划》，因此应当选用重整续用的第一种评估报告，按照评估报告上的价值清偿债权，而不能选用破产清算的第二种评估报告。3.在建设工程后期，供热公司管理人把盛安公司承建的、应享有优先受偿权的工程设备以融资租赁、银行抵押等形式进行社会融资，在破产重整中未依法审核融资租赁合同和抵押合同是否有效和优先权的法定先后顺序，违规把融资租赁公司、银行的债权列为担保债权，又违规把法院判决生效的盛安公司应享有的工程款优先受偿权转为普通债权，这严重侵犯了盛安公司依法享有的对所建工程折价或拍卖的价款优先受偿的权利。盛安公司围绕诉讼请求向法院提交了12组证据。

供热公司辩称，判决书确认盛安公司对其享有的债权在涉案建筑工程拍卖、变卖的价款范围内享有优先受偿权，但是破产程序中供热公司将原告所享有的破产债权的性质审查确定为普通债权符合事实及法律规定，原告的诉讼请求应当依法予以驳回。具体理由如下：1.从法律上讲，《企业破产法》并没有规定将建设工程款优先受偿权另分为一组来对重整计划草案进行表决，在重整案件中管理人一般都是将建设工程款优先受偿权放入担保债权组一并对重整计划草案进行表决。《合并重整计划》确定了优先受偿债权金额，超过担保财产清算评估价值未获清偿的部分作为普通债权，按照普通债权的调整方案执行，该计划经包括特定财产担保债权组在内的各组债权人表决，获得通过，并经法院裁定批准，因而生效。破产债权的审查确认更多是基于破产程序的需要，管理人对盛安公司破产债权的调整并不是对民商事法律关系下的建设工程价款优先受偿权法律关系的否认。在法律没有明确规定的前提下，管理人对于盛安公司破产债权的审查确认方式是合理的，应当依法予以支持。2.从事实上讲，供热公司的电厂机组违规建设，后期很难继续使用并且需要被拆除。资产评估公司对部分资产的清算价值进行评估时采用了移地续用假设,电厂拆除对其相关机器设备进行变现处置。此外,其承包的工程项目是供热公司的供热安装工程,其涉案安装工程的评估价值范围有且可能只是相关机器设备的评估价值,而供热公司的机器设备已进行了融资租赁,相关设备的所有权转移至融资租赁公司。综上所述,破产程序中管理人根据建筑工程的清算评估价值确定其优先受偿的金额,而该金额就是破产债权中的担保债权。这样的处理方式更符合破产重整程序的需要,对于后续重整计划草案中担保债权组表决权金额的确认,以及后续重整计划执行过程中优先金额的清偿能更好的确认。基于这样的处理方式,管理人基于重整程序中评估机构作出的评估报告,审查确认原告所享有的破产债权的性质为普通债权符合事实以及法律规定,故原告的诉讼请求应当依法予以驳回。

2020 年 7 月 21 日,邹平市人民法院作出(2020)鲁 1626 民初 1717 号民事判决。法院认为,该案的争议焦点为盛安公司对所享有的工程款债权 20,014,100.61 元是否享有优先受偿权。此前建设工程施工合同纠纷案中的(2018)鲁 1626 民初 2950 号民事判决已生效,该判决确认了盛安公司对供热公司享有的债权数额,并同时确认盛安公司在欠付工程款 20,014,100.61 元范围内对涉案工程款享有优先受偿权,供热公司对上述事实无异议,故盛安公司要求对在供热公司欠付工程款 20,014,100.61 元范围内对涉案工程款享有优先受偿权的主张成立,一审法院予以采信。供热公司辩称"供热公司在破产重整程序中,涉案工程按照移地续用方式评估,盛安公司安装的工程评估价值为零,所以将盛安公司享有优先受偿权的债权变更为普通债权",盛安公司对供热公司欠付工程款应享有优先受偿权的事实,不能因涉案工程评估价值降低而改变盛安公司所享有的债权性质,故供热公司的辩称理由不能成立,一审法院不予采信。该案供热公司对盛安公司完成安装的工程范围均无异议,一审法院予以确认。综上所述,盛安公司主张确认对供热公司享有工程款债权金额 20,014,100.61 元,并就其为供热公司安装的工程范围享有优先受偿权的诉讼请求成立。判决如下:

确认盛安公司对供热公司享有工程款债权金额 20,014,100.61 元,并就其为供热公司安装的工程(包括:锅炉 2 台,含 1 台 440 吨、1 台 260 吨;2 台汽轮发电机组,包含 1 台 60MW、1 台 135MW;配套辅机、辅助设备、工艺管道、电气、输煤系统、热控安装、钢结构及非标制作、防腐保温、锅炉砌筑浇筑等安装工程)折价或拍卖的价款享有优先受偿权。

如不服该判决可以在判决书送达之日起 15 日内，向一审法院递交上诉状，上诉于山东省滨州市中级人民法院。

双方当事人均未上诉，一审判决书生效。

（四）重整和解

2021 年 11 月，盛安公司与供热公司破产管理人达成债权和解协议，本案终结。

## 四、结案评析

由于缺乏统一权威的法律适用规范，建设工程价款优先受偿权在破产重整程序中的行使和保护成为实务中的一个难点问题。

建设工程涉及资金数额较大，合同履行周期较长，发包人往往会将工程进行抵押或者质押，以缓解自身压力。企业进入破产程序后，已经资不抵债，建设工程价款优先受偿权人、抵押权人等各个债权人都希望自己的债权能够优先并且尽可能多地得到清偿。根据《最高人民法院关于审理建设工程施工合同纠纷案件适用法律问题的解释（一）》的规定，建设工程价款优先受偿权应作为法定优先权优先于抵押权和其他债权获得清偿；但在企业破产实践中，其却与抵质押担保债权一同被列为有特定财产担保债权一组进行表决，这就使在承包人建设工程价款优先受偿权受到损害或者侵害时，尤其是建设工程优先受偿债权金额没有在分组中占据表决优势时，同组债权人为了维护自己的利益而通过重整计划草案，阻碍建设工程价款的优先受偿，而令承包人在重整程序中实现建设工程价款优先受偿权的难度大大增加。

本案中，尽管盛安公司的建设工程价款优先受偿权已经法院生效文书确认，也向管理人申报了债权，但是在后续的重整程序中仍被管理人转变为普通债权。在权利受损后，盛安公司只能通过法院再次起诉确认优先权，还险些被法院以重复起诉为由驳回起诉。2019 年 3 月 28 日，最高人民法院颁布《关于适用〈中华人民共和国企业破产法〉若干问题的规定（三）》（法释〔2019〕3 号），赋予依法享有建设工程款优先受偿权的债权人有依法起诉的权利，本案就是以此为依据实现维权的典型案例。

## 五、相关法条

**1.《合同法》(1999年3月15日公布)**

第六十条[①] 当事人应当按照约定全面履行自己的义务。

当事人应当遵循诚实信用原则,根据合同的性质、目的和交易习惯履行通知、协助、保密等义务。

第二百八十六条[②] 发包人未按照约定支付价款的,承包人可以催告发包人在合理期限内支付价款。发包人逾期不支付的,除按照建设工程的性质不宜折价、拍卖的以外,承包人可以与发包人协议将该工程折价,也可以申请人民法院将该工程依法拍卖。建设工程的价款就该工程折价或者拍卖的价款优先受偿。

**2.《全国民事审判工作会议纪要》(2011年发布)**

26. 非因承包人的原因,建设工程未能在约定期间内竣工,承包人依据合同法第二百八十六条规定享有的优先受偿权不受影响;承包人行使优先受偿权的期限为六个月,自建设工程合同约定的竣工之日起计算;建设工程合同未约定竣工日期,或者由于发包人的原因,合同解除或终止履行时已经超出合同约定的竣工日期的,承包人行使优先受偿权的期限自合同解除或终止履行之日起计算。

**3.《企业破产法》(2006年8月27日公布)**

第四十四条 人民法院受理破产申请时对债务人享有债权的债权人,依照本法规定的程序行使权利。

第四十六条 未到期的债权,在破产申请受理时视为到期。

附利息的债权自破产申请受理时起停止计息。

第五十八条 依照本法第五十七条规定编制的债权表,应当提交第一次债权人会议核查。

债务人、债权人对债权表记载的债权无异议的,由人民法院裁定确认。

债务人、债权人对债权表记载的债权有异议的,可以向受理破产申请的人民法院提起诉讼。

---

① 对应《民法典》第五百零九条。

② 对应《民法典》第八百零七条。

**4.《最高人民法院关于审理建设工程施工合同纠纷案件适用法律问题的解释（二）》（2018 年 12 月 29 日公布）**

第二十一条 承包人建设工程价款优先受偿的范围依照国务院有关行政主管部门关于建设工程价款范围的规定确定。

承包人就逾期支付建设工程价款的利息、违约金、损害赔偿金等主张优先受偿的，人民法院不予支持。

第二十二条 承包人行使建设工程价款优先受偿权的期限为六个月，自发包人应当给付建设工程价款之日起算。

**5.《最高人民法院关于审理企业破产案件若干问题的规定》（2002 年 7 月 30 日公布）**

第五十五条 下列债权属于破产债权：

（一）破产宣告前发生的无财产担保的债权；

（二）破产宣告前发生的虽有财产担保但是债权人放弃优先受偿的债权；

（三）破产宣告前发生的虽有财产担保但是债权数额超过担保物价值部分的债权；

（四）票据出票人被宣告破产，付款人或者承兑人不知其事实而向持票人付款或者承兑所产生的债权；

（五）清算组解除合同，对方当事人依法或者依照合同约定产生的对债务人可以用货币计算的债权；

（六）债务人的受托人在债务人破产后，为债务人的利益处理委托事务所发生的债权；

（七）债务人发行债券形成的债权；

（八）债务人的保证人代替债务人清偿债务后依法可以向债务人追偿的债权；

（九）债务人的保证人按照《中华人民共和国担保法》第三十二条的规定预先行使追偿权而申报的债权；

（十）债务人为保证人的，在破产宣告前已经被生效的法律文书确定承担的保证责任；

（十一）债务人在破产宣告前因侵权、违约给他人造成财产损失而产生的赔偿责任。

(十二)人民法院认可的其他债权。

以上第(五)项债权以实际损失为计算原则。违约金不作为破产债权,定金不再适用定金罚则。

**6.《最高人民法院关于适用〈中华人民共和国企业破产法〉若干问题的规定(三)》(2019 年 3 月 27 日公布)**

第八条　债务人、债权人对债权表记载的债权有异议的,应当说明理由和法律依据。经管理人解释或调整后,异议人仍然不服的,或者管理人不予解释或调整的,异议人应当在债权人会议核查结束后十五日内向人民法院提起债权确认的诉讼。当事人之间在破产申请受理前订立有仲裁条款或仲裁协议的,应当向选定的仲裁机构申请确认债权债务关系。

第九条　债务人对债权表记载的债权有异议向人民法院提起诉讼的,应将被异议债权人列为被告。债权人对债权表记载的他人债权有异议的,应将被异议债权人列为被告;债权人对债权表记载的本人债权有异议的,应将债务人列为被告。

对同一笔债权存在多个异议人,其他异议人申请参加诉讼的,应当列为共同原告。

**7.《民事诉讼法》(2017 年 6 月 27 日修正)**

第一百一十九条①　起诉必须符合下列条件:

(一)原告是与本案有直接利害关系的公民、法人和其他组织;

(二)有明确的被告;

(三)有具体的诉讼请求和事实、理由;

(四)属于人民法院受理民事诉讼的范围和受诉人民法院管辖。

第一百五十四条第一款、第二款②　裁定适用于下列范围:

(一)不予受理;

(二)对管辖权有异议的;

(三)驳回起诉;

(四)保全和先予执行;

(五)准许或者不准许撤诉;

---

① 对应《民事诉讼法》(2021 年 12 月 24 日修正)第一百二十二条。

② 对应《民事诉讼法》(2021 年 12 月 24 日修正)第一百五十七条。

（六）中止或者终结诉讼；

（七）补正判决书中的笔误；

（八）中止或者终结执行；

（九）撤销或者不予执行仲裁裁决；

（十）不予执行公证机关赋予强制执行效力的债权文书；

（十一）其他需要裁定解决的事项。

对前款第一项至第三项裁定，可以上诉。

**8.《最高人民法院关于适用〈中华人民共和国民事诉讼法〉的解释》（2015 年 1 月 30 日公布）**

第九十条　当事人对自己提出的诉讼请求所依据的事实或者反驳对方诉讼请求所依据的事实，应当提供证据加以证明，但法律另有规定的除外。

在作出判决前，当事人未能提供证据或者证据不足以证明其事实主张的，由负有举证证明责任的当事人承担不利的后果。

第九十三条　下列事实，当事人无须举证证明：

（一）自然规律以及定理、定律；

（二）众所周知的事实；

（三）根据法律规定推定的事实；

（四）根据已知的事实和日常生活经验法则推定出的另一事实；

（五）已为人民法院发生法律效力的裁判所确认的事实；

（六）已为仲裁机构生效裁决所确认的事实；

（七）已为有效公证文书所证明的事实。

前款第二项至第四项规定的事实，当事人有相反证据足以反驳的除外；第五项至第七项规定的事实，当事人有相反证据足以推翻的除外。

第二百零八条　人民法院接到当事人提交的民事起诉状时，对符合民事诉讼法第一百一十九条的规定，且不属于第一百二十四条规定情形的，应当登记立案；对当场不能判定是否符合起诉条件的，应当接收起诉材料，并出具注明收到日期的书面凭证。

需要补充必要相关材料的，人民法院应当及时告知当事人。在补齐相关材料后，应当在七日内决定是否立案。

立案后发现不符合起诉条件或者属于民事诉讼法第一百二十四条规定情形的，裁定驳回起诉。

第二百四十七条　当事人就已经提起诉讼的事项在诉讼过程中或者裁判生效后再次起诉，同时符合下列条件的，构成重复起诉：

（一）后诉与前诉的当事人相同；

（二）后诉与前诉的诉讼标的相同；

（三）后诉与前诉的诉讼请求相同，或者后诉的诉讼请求实质上否定前诉裁判结果。

当事人重复起诉的，裁定不予受理；已经受理的，裁定驳回起诉，但法律、司法解释另有规定的除外。

第三百三十二条　第二审人民法院查明第一审人民法院作出的不予受理裁定有错误的，应当在撤销原裁定的同时，指令第一审人民法院立案受理；查明第一审人民法院作出的驳回起诉裁定有错误的，应当在撤销原裁定的同时，指令第一审人民法院审理。

# 第六编　租赁合同案例

## 诉讼指引

租赁合同，是出租人将租赁物交付承租人使用、收益，承租人支付租金的合同。租赁合同的内容一般包括租赁物的名称、数量、用途、租赁期限、租金及其支付期限和方式、租赁物维修等条款。

办理租赁合同纠纷案件，一般应当注意以下问题：

1. 审查出租人是否按照约定将租赁物交付承租人，以及承租人是否返还租赁物。出租人应当按照约定将租赁物交付承租人，并在租赁期限内保持租赁物符合约定的用途。出租人未按照约定将租赁物交付承租人的，出租人不得向承租人主张租赁费。租赁期限届满，承租人应当返还租赁物。返还的租赁物应当符合按照约定或者根据租赁物的性质使用后的状态。本编案例二十一涉及这一问题。

2. 审查承租人是否按照约定的期限支付租金。承租人应当按照约定的期限支付租金。对支付租金的期限没有约定或者约定不明确，租赁期限不满一年的，应当在租赁期限届满时支付；租赁期限一年以上的，应当在每届满一年时支付，剩余期限不满一年的，应当在租赁期限届满时支付。承租人无正当理由未支付或者迟延支付租金的，出租人可以请求承租人在合理期限内支付；承租人逾期不支付的，出租人可以解除合同。本编案例二十二涉及这一问题。

3. 审查租赁物损耗或毁损、灭失的赔偿责任问题。承租人按照约定的方法或者根据租赁物的性质使用租赁物，致使租赁物受到损耗的，不承担赔偿责任。承租人未按照约定的方法或者未根据租赁物的性质使用租赁物，致使租赁物受到损失的，出租人可以解除合同并有权请求赔偿损失。出租人应当履行租赁物的维修义务，但是当事人另有约定的除外。承租人在租赁物需要维修时可以请求出租人在合理期限内维修。出租人未履行维修义务的，承租人可以自行维修，维修费用由出租人负担。维修租赁物影响承租人使用的，应当相应减少租金或者延长租期。由于承租人的过错致使租赁物需要维修的，出租人不承担维修义务。承租人应当妥善保管租赁物，保管不善造成租赁物毁损、灭失的，应当承担赔偿责任。不可归责于承租人的事由致使租赁物部分或者全部毁损、灭失的，承租人可以请求减少租金或者不支付租金；租赁物部分或者全部毁损、灭失致使不能实现合同目的的，承租人可以解除合同。

4. 承租人对租赁物进行改善或者增设他物的处理问题。承租人经出租人同意，可以对租赁物进行改善或者增设他物。承租人未经出租人同意，对租赁物进行改善或者增设他物的，出租人可以请求承租人恢复原状或者赔偿损失。本编案例二十二涉及这一问题。

# 案例二十一　聊城市黄河工程局租赁合同纠纷案

2004—2005 年，本案历经山东省聊城市中级人民法院一审判决、山东省高级人民法院二审判决结案。

## 一、焦点问题

1. 因虚假意思表示而签订的《租赁合同》补充协议是否有效？

2.《租赁合同》于何时终止？

## 二、当事人诉求

原告：河南某黄河工程有限公司第十一工程处（以下简称河南十一处）

被告：聊城市黄河工程局第二工程处（以下简称聊城二处）

被告：山东阳谷黄河河务局（以下简称阳谷河务局）

被告：聊城市黄河工程局（以下简称聊城工程局）

2003 年 10 月，原告河南十一处向聊城市中级人民法院提起诉讼。诉求：1. 依法确认原告河南十一处与被告聊城二处签订的《租赁合同》及其补充协议有效；2. 终止双方签订的《租赁合同》及其补充协议；3. 被告将挖掘机返还原告，如不能返还应赔偿损失；4. 依法判决被告支付给原告租赁费 641,600 元；5. 诉讼费用由被告承担。

原告诉称，2002 年 4 月 17 日，原告与被告聊城二处签订《租赁合同》一份，约定聊城二处租用原告的挖掘机，用于东平湖土方施工，租赁费用收取标准为自 2002 年 4 月 17 日至 2002 年 6 月 30 日，聊城二处按每立方米 0.5 元支付租赁费，7 月 1 日起按每天 1200 元支付租赁费。合同签订后，聊城二处将挖掘机运走使用，先后完成了东平湖土方工程、郑滑公路施工任务，至起诉时未支付租赁费。

2003 年 6 月 13 日，聊城二处在挖掘机运输途中被人抢走。现原告要求终止双方签订的《租赁合同》及其补充协议，要求被告聊城二处返还挖掘机，支付租赁费 87.6 万元及以后的租赁费，并要求另两被告承担连带责任。

**三、一审辩论和判决**

一审争议焦点：1.补充协议是否有效；2.《租赁合同》是否已经终止。

被告聊城二处辩称：第一，其租赁原告挖掘机施工的东平湖土方工程已完工结算，已将挖掘机返还原告，《租赁合同》已经终止；第二，郑滑公路工程是其承包后又分包给原告的，其与原告之间是承包发包关系，而不是租赁关系；第三，其与原告签订的补充协议与事实不符，对其无效力，原告以此主张的租赁费不能成立，请求法院予以驳回。

被告阳谷河务局辩称，被告聊城二处与其没有任何法律关系，它是聊城工程局的下属单位，不应承担任何法律义务，请求法院驳回原告诉讼请求。

被告聊城工程局未作答辩。

在举证期间，被告聊城二处提交如下证据：1.原告出具给聊城二处的证明，以此证实《租赁合同》补充协议的签订是为了起诉范某和应付省、市局检查之用，对聊城二处不具有任何法律效力。2.原告向公安机关的报案材料一宗，用以证实聊城二处租用的挖掘机已于 2002 年 6 月由原告投入郑滑公路施工，该工程由聊城二处承包后又分包给原告，二者是承包发包关系，并非租赁关系；该挖掘机是在原告自行运输过程中被范某等人抢走的。

2004 年 9 月 2 日，聊城市中级人民法院作出（2004）聊民二初字第 99 号民事判决。法院认为，原告与被告聊城二处签订的《租赁合同》的形式与内容符合法律规定，应认定有效。合同中明确了工程内容为东平湖土方施工，并不包括郑滑公路等其他工程。该土方工程已于 2002 年 6 月施工完毕，并办理了结算手续，对此，双方并无争议，应视为《租赁合同》因履行完毕而终止。原告在该合同终止后，再行主张解除明显不当。关于原告请求的 87.6 万元租赁费是按《租赁合同》约定自 2002 年 7 月 1 日起每天 1200 元计算的主张，原告在向公安机关提交的报案材料中载明，该部挖掘机，是原告在分包了聊城二处所承包的某公路工程后于 2002 年 6 月自行调运至该工程施工，是在 2003 年 6 月运回河南途中被人抢走的，依此，可以确认原告与被告聊城二处自 2002 年 6 月终止了《租赁合同》后，又形成了新的承包发包关系。原告虽有补充协议为据，主张租赁关系延续至今，但被告聊城二处持有的《证明》足以认定该补充协议内容与客观事实不符，是为起诉范某和应付省、市局检查而虚构，并非当事人的真实意思表示，且双方并未按该补充协议履行，应确认该补充协议无效。原告明知挖掘机在自己占有过程中被人抢走，却请求聊城二处返还，并根据早已终止的《租赁合同》和双方虚构的补充协议来计算、请求支付租赁费87.6万元及以后的租赁费，其理由显然不能成立，该诉求一审法院依法不予支持。关于原告请求被告聊城工程局和阳谷河务局承担连带责任问题，因原告未能提交该两被告承担责任的相关依据，其该项请求一审法院依法不予支持。根据《民事诉讼法》第六十四条、第一百三十条，《最高人民法院关于民事诉讼证据的若干规定》第二条的规定，判决如下：

驳回原告河南十一处对被告聊城二处、聊城工程局、阳谷河务局的各项诉讼请求。

案件受理费13,770元，由原告自行负担。

如不服本判决，可在判决书送达之日起15日内上诉于山东省高级人民法院。

**四、二审辩论和判决**

上诉人（原审原告）：河南十一处

被上诉人（原审被告）：阳谷河务局

委托代理人：徐贵一，山东齐鲁律师事务所律师

被上诉人（原审被告）：聊城工程局

委托代理人：徐贵一，山东齐鲁律师事务所律师

二审争议焦点：在东平湖土方工程完工后，原告、被告双方之间是否还存在租赁关系。

2004年10月8日，河南十一处不服聊城市中级人民法院（2004）聊民二初字第99号民事判决，向山东省高级人民法院提起上诉，请求撤销聊城市中级人民法院（2004）聊民二初字第99号民事判决，将本案发回重审或依法改判。

河南十一处上诉称：1. 原判认定事实错误。土方工程完工后，双方并未进行结算，聊城二处提交的结算手续上“王某”的签名并非王某所签，而是聊城二处伪造的结算单据；预支10万元证据，庭审时双方未质证，该款系河南十一处向聊城二处的借款，与该案无关；在土方工程完工后，聊城二处并未将挖掘机归还河南十

一处，而是将挖掘机运至河南省新乡市用于郑滑公路施工，因此双方的《租赁合同》并未履行完毕。2. 河南十一处的报案材料是在特殊背景下产生的，该材料所述聊城二处与河南十一处是分包关系是不属实的，不应作为定案依据。3. 聊城二处提交的《证明》不应作为定案证据。该证明所述事实及公章均不属实，不应认定。河南十一处申请对该《证明》中公章的真伪及加盖时间进行鉴定。4. 关于聊城二处的主体资格问题。聊城二处是聊城工程局下属的非法人单位，原审法院却不查实，应予纠正。综上，请求撤销原判，依法改判或发回重审。

聊城工程局辩称：1. 聊城工程局与河南十一处签订的《租赁合同》虽没有约定具体租赁期间，但约定的内容是东平湖土方工程，东平湖土方工程完工后合同即已履行完毕；双方没有进行实际结算，提交结算单只是为了证明应向河南十一处支付租赁费的数额，河南十一处一审诉讼请求中主张的 87.6 万元是 2002 年 7 月以后的租赁费，对是否结算，该案不应审理；关于 10 万元预支款，2001 年 10 月，双方有意签订协议，因此河南十一处先预支 10 万元借款。2. 河南十一处的报案材料是真实的，应作为证据使用。3.《证明》应作为定案证据使用。请求驳回上诉，维持原判。

阳谷河务局辩称，其与聊城二处没有任何法律关系，其他观点与聊城二处答辩意见一致。

2005 年 5 月 19 日，山东省高级人民法院作出（2005）鲁民二终字第 14 号民事判决。法院认为，原告所主张的东平湖土方工程完工后双方没有实际结算的事实，聊城二处并无异议。但在本案中，原告所诉请的并非土方工程的租赁费，而是土方工程之后的租赁费，双方未实际结算并不能证明在土方工程完工后双方仍存在租赁关系，因此河南十一处所主张的该事实成立，但与该案无关。关于 2001 年 11 月 20 日河南十一处向聊城二处的借款 10 万元，聊城二处虽主张是预支的工程款，但没有提交相应的证据证明，现有证据只能证明是借款关系，因此河南十一处关于该款与该案无关的主张，二审法院予以支持。关于聊城二处的主体资格问题，因聊城二处未进行工商登记，不具有民事行为能力，因此其所进行的民事法律行为应视为其开办单位聊城工程局的行为。

该案争议的焦点问题是东平湖土方工程完工后聊城工程局是否应继续按《租赁合同》向河南十一处支付租赁费，即东平湖土方工程完工后双方是否还存在租赁合同关系。河南十一处主张双方之间仍存在租赁关系,其证明租赁关系的直接证据是双方签订的《租赁合同》及其补充协议,但其向公安局的报案材料中明确说明双方是分包关系,而非租赁关系。河南十一处虽主张报案材料不实,但没有提交相应的证据证明。另外,其负责人李某在延津县法院调查笔录及其当时向法院提交的《公路施工协议书》也均表明该案双方之间是分包关系,河南十一处出具的《证明》更是直接表明"该补充协议只是为起诉范某及应付检查之用,对聊城二处不具有任何法律效力"。因此,河南十一处关于土方工程完工后,其与聊城工程局仍存在租赁合同关系、聊城工程局应继续按《租赁合同》向其支付租赁费的上诉主张没有相应的证据证明,二审法院不予支持。在郑滑公路工程中,该案双方存在分包关系,河南十一处向聊城工程局承包了郑滑公路部分工程施工任务,并以自有挖掘机进行施工,因此在郑滑公路工程中挖掘机已在河南十一处占有控制之下,河南十一处再行主张终止租赁合同并要求聊城工程局返还挖掘机于法无据,二审法院不予支持。

综上,原审法院认定事实基本清楚,适用法律正确。根据《民事诉讼法》第一百五十三条第一款第一项之规定,判决如下:

驳回上诉,维持原判。

二审案件受理费 13,770 元,由河南十一处承担。

本判决为终审判决。

**五、结案评析**

本案中,主要的争议焦点是在东平湖土方工程完工后,租赁双方是否还存在租赁合同关系。

首先,东平湖土方工程完工后,《租赁合同》履行完毕,双方签订补充协议,但补充协议是原、被告双方为应付检查而虚构的,双方并未就补充协议的内容达成合意。也就是说,根据规定,双方签订补充协议是虚假的意思表示,并不是真实有效的法律行为,不产生法律后果,因此补充协议无效。故在东平湖土方工程完工后,双方法律上的租赁合同关系已经终止。

其次,《租赁合同》履行完毕后,双方签订并履行《郑滑公路施工协议》,双方实际为分包人和承包人之间的法律关系。由于其承包关系,在工地上使用的挖掘机已经由分包人聊城二处交付给承包人河南十一处,挖掘机处于河南十一处的占有之下,因此,事实上河南十一处与聊城二处并不存在租赁关系。

## 六、相关法条

**1.《合同法》(1999 年 3 月 15 日公布)**

第二百五十一条[①] 承揽合同是承揽人按照定作人的要求完成工作,交付工作成果,定作人给付报酬的合同。

承揽包括加工、定作、修理、复制、测试、检验等工作。

**2.《民法通则》(1986 年 4 月 12 日公布)**

第四条[②] 民事活动应当遵循自愿、公平、等价有偿、诚实信用的原则。

第五十五条[③] 民事法律行为应当具备下列条件:

(一)行为人具有相应的民事行为能力;

(二)意思表示真实;

(三)不违反法律或者社会公共利益。

第一百零六条[④] 公民、法人违反合同或者不履行其他义务的,应当承担民事责任。

公民、法人由于过错侵害国家的、集体的财产,侵害他人财产、人身的,应当承担民事责任。

没有过错,但法律规定应当承担民事责任的,应当承担民事责任。

---

① 对应《民法典》第七百七十条。

② 对应《民法典》第五条:“民事主体从事民事活动,应当遵循自愿原则,按照自己的意思设立、变更、终止民事法律关系。”第六条:“民事主体从事民事活动,应当遵循公平原则,合理确定各方的权利和义务。”第七条:“民事主体从事民事活动,应当遵循诚信原则,秉持诚实,恪守承诺。”

③ 对应《民法典》第一百四十三条:“具备下列条件的民事法律行为有效:(一)行为人具有相应的民事行为能力;(二)意思表示真实;(三)不违反法律、行政法规的强制性规定,不违背公序良俗。”

④ 对应《民法典》第五百九十二条第一款:“当事人都违反合同的,应当各自承担相应的责任。”

# 案例二十二　济南市沃家居委会租赁合同纠纷案

1998—1999 年，本案历经济南市中级人民法院一审、山东省高级人民法院二审结案。

## 一、焦点问题

1. 双方签订的合同是联营合同还是租赁合同？

2. 合同被确认无效后，一方为另一方未上班职工发放的补偿费是否需要返还？如何补偿房屋装修和增建部分的价值？

## 二、当事人诉求

原告（反诉被告）：山东某家电公司（以下简称家电公司）

被告（反诉原告）：济南市天桥区北园镇沃家居委会（以下简称沃家居委会）

委托代理人：徐贵一，山东法正律师事务所律师

1998 年 8 月 24 日，原告家电公司向济南市中级人民法院提起诉讼。

家电公司诉称，1992 年 7 月 14 日，家电公司与沃家居委会签订联营协议书一份。协议约定：沃家居委会以位于北园路 287 号的房地产（建筑物 5410 平方米，场地面积 2738 平方米）折价 296 万元作为永久股份加入家电公司，该房地产由家电公司支配使用，每年 7 月家电公司按固定年率 15% 支付红利 421,588.56 元，无论是因不可抗力的自然灾害还是经营性亏损造成损失，红利均应照付。协议还约定，沃家居委会在编职工 116 人由家电公司给予安置，35 岁以下的由家电公司吸收并分期分批录用为合同制工人，35 岁以上的（指 1956 年 12 月 31 日前出生的）凡同意退职的，可随时由家电公司办理退职手续，并由家电公司给予一次性经济补偿，按每月 60 元计算，补偿期限为 10 年，共计 7200 元。协议签订后，家电公司

实际安置排置沃家居委会职工 126 人,其中 37 人未上班即办理退职手续,37 人中有 10 人年龄在 36 岁以上,37 人每人得到 13,000 元的补偿款,家电公司为此共支出计 481,000 元,13 人上班后不久也办理了退职手续,补偿人民币 195,000 元;1 人死亡,家电公司为此支出丧葬费 3 万元;在岗合同制职工 56 人(不含联营职工 20 人),支出工资和劳动保险金 2,083,200 元。从 1992 年 8 月到 1997 年年底,家电公司已按每年 421,588.56 元(每月 35,132.38 元)支付沃家居委会 2,508,196.58 元。家电公司依约履行了义务,并多次要求沃家居委会办理房地产过户手续,但是沃家居委会均置之不理。沃家居委会未按协议约定和国家法律规定投资到位,而且无故采取停电措施,其行为严重侵害了家电公司的利益,给其造成了严重的经济损失。被告的上述行为,既违反了双方协议的约定,又违背了《民法通则》《公司法》和国家体改委等于 1992 年 5 月 15 日发布的《股份有限公司规范意见》等国家法律、法规。家电公司请求:1. 判令被告履行协议书规定的义务,将其作价入股的房地产依法过户到家电公司名下;2. 判令被告返还原告为其安置职工的费用 278.92 万元和扩建、改造投资款 308.39 万元;3. 判令被告赔偿无故停电给其造成的经济损失;4. 判令被告承担本案一切诉讼费用。

被告沃家居委会在答辩期间提起反诉,反诉称:家电公司拒付 1998 年红利,违约在先。根据双方协议,家电公司应在 1998 年 7 月支付红利 421,588.56 元,而其于 8 月 4 日书面通知被告拒付,从而引起被告根据其违约行为采取解除合同、限期搬出场地等一系列措施。沃家居委会反诉请求:1. 判令家电公司偿付 1998 年占用房地产的费用,并支付违约金;2. 判令解除双方 1992 年 7 月 14 日签订的联营协议书;3. 家电公司承担一切诉讼费用。

**三、一审辩论和裁判**

本案的争议焦点是:1. 原、被告双方签订的合同是联营合同还是租赁合同? 2. 原告要求返还红利的诉讼请求能否成立? 3. 被告未上班职工的补偿费由谁承担? 4. 涉案房地产的装修改造费用如何处理?

原告家电公司认为:1992 年双方签订的联营协议合法有效,并经公证处公证。原告已按照协议履行了约定义务,而被告没有履行其约定义务,没有将其作价入股的房地产过户到原告名下。原告要求被告承担其相应的违约责任。

被告沃家居委会认为:1. 原、被告所签订的协议,名为联营,实为房地产租赁,并且是无效合同。首先,原告不具备股份有限责任公司的主体资格,不能以股份有限公司名义对外签订招股协议。其次,该协议使用了法律禁用的联营保底条款,违反最高人民法院法(经)发〔1990〕27 号司法解释的保底条款规定;且协议规定“乙方不参加甲方董事会”,违反《公司法》关于股东权利的规定。最后,该协议实质是租赁协议。根据协议内容和几年的履行情况,协议符合房地产租赁合同的特征,即原告用被告的这块地和房产,每年支付被告 445,036.41 元,被告不参与任何事项,包括不参加原告的董事会。2. 关于被告反诉。联营协议约定,原告每年 7 月向被告支付 421,588.56 元,现在是 1998 年 9 月,已逾期两个月,请求法院判令原告立即付款。

法院查明,家电公司在使用沃家居委会房地产过程中,对房屋进行了装饰,并增建了部分建筑物,添置了锅炉、蒸汽锅炉、茶水炉、水龙王各一台,铺设了电缆一宗。法院委托济南审计师事务所鉴定。1999 年 3 月 18 日,审计师事务所作出鉴定报告,鉴定房产装修和建筑物价值为 2,153,968.53 元,设备价值为 267,964.43 元。该鉴定报告送达双方当事人后,家电公司对此结论予以认可。沃家居委会提出异议并申请重新鉴定,认为“法院和审计师事务所联合出具鉴定报告违反程序,评估明细表的第 3 项、第 5 项、第 8 项、第 10 项、第 11 项、第 13 ~ 19 项、第 22 项审计结论严重失实,超过实际价值,第 1 项、第 4 项、第 6 ~ 7 项、第 9 项、第 12 项、第 16 项、第 20 项、第 21 项应由家电公司自行拆除”。审计师事务所于 1999 年 5 月 5 日对其异议作出答复,沃家居委会要求审计师事务所对评估明细表第 2 项提供详细资料。另查明:被告的房产至法院判决时尚未到政府有关部门办理土地使用权及房产所有权证。

1999 年 7 月 29 日,济南市中级人民法院作出(1998)济民初字第 252 号民事判决。法院认为,原、被告签订的协议,名为联营,实为房地产租赁,因被告尚未到政府有关部门办理房地产使用权变更、登记手续,亦未办理房地产所有权证,故该协议无效,不受法律保护。原告主张被告将其作价入股的房地产过户到其名下之诉讼请求,于法无据,不予支持。被告明知其没有房地产证,仍以该房地产作为条件签订入股协议,造成协议无效,应负主要责任,原告对此亦未作认真核查,应负次要责任。原告支付被告未上班职工的一次性补偿金,因原告有过错可适当返还;其为被告安置合同制工人,所发生的争议受《劳动法》调整,与该案非同一法律关系,可另案处理。原告在使用被告房地产期间,对该房屋进行了装修并增建了部分房屋和设施,本着成物不可毁的原则,作价归被告所有,由其向原告支付相应的价款。动产部分由原告自行拆走。原告在使用被告房地产期间每年支付的所谓"红利"实际为房地产租赁费,原告使用了被告的房地产又要求返还租赁费的诉讼请求显失公平,不予支持。原告主张被告支付停电造成的经济损失,因其未提供证据,不予支持。被告反诉原告偿付1998年后使用其房地产费用之请求,事实清楚,证据充分,予以支持。根据《土地管理法》第十二条与《民法通则》第五十八条第一款第五项、第六十一条、第一百三十四条第一款第四项和第七项规定,判决如下:

1. 原、被告1992年7月14日签订的协议无效。

2. 由被告返还原告未上班职工补偿费人民币240,500元。限判决生效后10日内履行。

3. 被告1997年以前的房地产使用费与原告给付的租赁费相抵。

4. 由原告支付被告1998年1月至该判决生效之日的房地产使用费,按每月35,132.28元计算。限判决生效后10日内履行。

5. 原告所装修被告的房地产及在被告院内增建的不动产归被告所有,由被告支付原告2,153,968.53元。限判决生效后10日内履行。

6. 原告自行拆走取暖锅炉、蒸汽锅炉、茶水炉、水龙王各一台,电缆一宗,共折价267,964.43元。限判决生效后10日内履行。

7. 驳回原告其他诉讼请求。案件受理费4.7万元,鉴定费2万元,由原、被告按4:6承担。

如不服该判决,可于该判决书送达之日起15日内上诉于山东省高级人民法院。

**四、二审辩论和裁决**

1999年8月,沃家居委会不服济南市中级人民法院(1998)济民初字第252号民事判决,向山东省高级人民法院提起上诉。

沃家居委会上诉称,一审判决认定事实不清,程序违法。1. 原审判决上诉人沃家居委会返还被上诉人家电公司支付的37名未上班退职职工补偿费的一半即240,500元是错误的,因该款并非被上诉人付给上诉人的,是付给37名退职职工的，且协议约定每人补偿7200元，但被上诉人单方提高到每人13,000元。2.原审委托鉴定程序和结论错误，应重新委托审计。原审法院和鉴定单位联合出具鉴定报告违反程序。评估明细表第8项是上诉人所建，不应评估在内；第2项等评估严重失实；第10项等应将上诉人原物原值扣减；第1项等属违法建筑，应由被上诉人自行拆除，不应补偿。请求二审法院查清事实后依法改判。

被上诉人家电公司辩称，入股协议无效决定了被上诉人安置补偿职工所支付的费用应全部返还。上诉人关于评估鉴定部分提出的上诉请求，无事实和法律依据。请求二审法院依法驳回上诉人的上诉请求。

1999年12月8日，山东省高级人民法院作出（1999）鲁民终字第477号民事判决。法院认为：一审判决关于上诉人与被上诉人签订的联营协议效力、造成合同无效的责任、被上诉人使用上诉人的房地产应支付房屋使用费、被上诉人应自行拆除所添置的动产及被上诉人要求上诉人赔偿停电造成的损失没有证据的认定是正确的；被上诉人支付37名未上班退职职工的补偿费是双方所签订的无效协议造成的，该项损失应按照责任大小由上诉人分担，但被上诉人因违反约定安置了10名35岁以下职工，单方将补偿费提高了5800元，所造成的损失应由被上诉人自负；原审法院在鉴定单位的鉴定结论处加盖司法鉴定章确系不当，但并未影响上诉人的实体权利，上诉人在原审期间收到鉴定结论并提出异议后，鉴定单位给予了书面答复，上诉人收到答复后，未再提出新的异议，其在二审期间再申请重新鉴定，根据审理建筑工程承包合同纠纷案件的有关民事政策，不予支持。据此，原审关于未上班退职职工的年龄未查清，责任分担不合理，对该项的判决应予以变更，上诉人对此项的上诉理由部分成立，但上诉人要求重新鉴定理由不成立。依照《民事诉讼法》第一百五十二条、第一百五十三条第一款第二项和第一百五十八条的规定，判决如下：

1.维持济南市中级人民法院（1998）济民初字第252号民事判决第1项、第3～7项和诉讼费的负担，即上诉人、被上诉人于1992年7月14日签订的协议无效；上诉人1997年以前的房地产使用费与被上诉人给付的租赁费相抵；由被上诉人支付上诉人1998年1月至判决生效之日止的房产使用费，按每月35,132.38元计算，判决生效后10日内履行；被上诉人所装修的上诉人的房产及在上诉人院内增建的不动产归上诉人所有，由上诉人支付被上诉人2,153,968.53元，判决生效后10日内履行;被上诉人自行拆走取暖锅炉、蒸汽锅炉、茶水炉、水龙王各一台,电缆一宗,共折价267,964.43元,判决生效后10日内履行;驳回被上诉人的其他诉讼请求;一审案件受理费4.7万元,鉴定费2万元,由被上诉人、上诉人按4:6负担。

2. 变更济南市中级人民法院(1998)济民初字第252号民事判决第二项为,上诉人沃家居委会于收到该判决之日起10日内返还被上诉人家电公司已付的未上班职工补偿费155,520元。

二审案件受理费47,000元,由上诉人沃家居委会负担37,600元,被上诉人家电公司负担9400元。

该判决为终审判决。

**五、结案评析**

本案中,原、被告签订的合同是名为联营、实为租赁,并且是无效合同。理由是:1. 家电公司不具备股份有限责任公司的资格,不能按照股份有限公司的名义对外签订股份协议。2. 联营协议使用了法律禁用的盈亏保底条款,且协议规定"乙方不参加甲方董事会",违反《公司法》关于股东权利的规定。3. 原、被告的联营协议实质内容是租赁协议。4. 涉案房地产无房地产证,无法投资入股过户。合同双方对造成合同无效都有责任,法院判决对双方责任主次的划分是正确的。

既然原、被告之间的合同是无效合同,所以只能依法采取返还财产、赔偿损失等补救措施。因此,一、二审判决对无效合同的财产处理是正确的,只是对一项返还财产的数额存在自由裁量上的差别。

**六、相关法条**

**1.《土地管理法》(1998年8月29日修订)**

第十二条　依法改变土地权属和用途的,应当办理土地变更登记手续。

**2.《民法通则》(1986年4月12日公布)**

第五十八条①　下列民事行为无效:

……

① 对应《民法典》第一百五十三条:"违反法律、行政法规的强制性规定的民事法律行为无效。但是,该强制性规定不导致该民事法律行为无效的除外。违背公序良俗的民事法律行为无效。"

（五）违反法律或者社会公共利益的；

……

第六十一条[①] 民事行为被确认为无效或者被撤销后，当事人因该行为取得的财产，应当返还给受损失的一方。有过错的一方应当赔偿对方因此所受的损失，双方都有过错的，应当各自承担相应的责任。

第一百三十四条[②] 承担民事责任的方式主要有：

……

（四）返还财产；

……

（七）赔偿损失；

……

**3.《民事诉讼法》（1991 年 4 月 9 日公布）**

第一百五十二条第一款[③] 第二审人民法院对上诉案件，应当组成合议庭，开庭审理。经过阅卷和调查，询问当事人，在事实核对清楚后，合议庭认为不需要开庭审理的，也可以径行判决、裁定。

第一百五十三条[④] 第二审人民法院对上诉案件，经过审理，按照下列情形，分别处理：

---

① 对应《民法典》第一百五十七条："民事法律行为无效、被撤销或者确定不发生效力后，行为人因该行为取得的财产，应当予以返还；不能返还或者没有必要返还的，应当折价补偿。有过错的一方应当赔偿对方由此所受到的损失；各方都有过错的，应当各自承担相应的责任。法律另有规定的，依照其规定。"

② 对应《民法典》第一百七十九条。

③ 对应《民事诉讼法》（2021 年 12 月 24 日修正）第一百七十六条："第二审人民法院对上诉案件应当开庭审理。经过阅卷、调查和询问当事人，对没有提出新的事实、证据或者理由，人民法院认为不需要开庭审理的，可以不开庭审理。第二审人民法院审理上诉案件，可以在本院进行，也可以到案件发生地或者原审人民法院所在地进行。"

④ 对应《民事诉讼法》（2021 年 12 月 24 日修正）第一百七十七条："第二审人民法院对上诉案件，经过审理，按照下列情形，分别处理：（一）原判决、裁定认定事实清楚，适用法律正确的，以判决、裁定方式驳回上诉，维持原判决、裁定；（二）原判决、裁定认定事实错误或者适用法律错误的，以判决、裁定方式依法改判、撤销或者变更；（三）原判决认定基本事实不清的，裁定撤销原判决，发回原审人民法院重审，或者查清事实后改判；（四）原判决遗漏当事人或者违法缺席判决等严重违反法定程序的，裁定撤销原判决，发回原审人民法院重审。原审人民法院对发回重审的案件作出判决后，当事人提起上诉的，第二审人民法院不得再次发回重审。"

……

（二）原判决适用法律错误的，依法改判；

……

第一百五十八条[①] 第二审人民法院的判决、裁定，是终审的判决、裁定。

① 对应《民事诉讼法》（2021年12月24日修正）第一百八十二条。

# 第七编　其他合同案例

## 诉讼指引

本编涉及委托合同,合资、合作开发房地产合同纠纷和因买卖合同纠纷引起的公司出资人补充责任纠纷。

委托合同,是委托人和受托人约定,由受托人处理委托人事务的合同。委托人可以特别委托受托人处理一项或者数项事务,也可以概括委托受托人处理一切事务。

合资、合作开发房地产合同,是指当事人订立的以提供出让土地使用权、资金等作为共同投资、共享利润、共担风险合作开发房地产为基本内容的合同。

处理委托合同或合资、合作开发房地产合同纠纷,应当依法区分案涉合同的性质是委托合同还是合资、合作开发房地产合同,并依此确定合同双方的法律责任。本编案例二十三涉及这一问题。

处理因买卖合同纠纷引起的出资人补充责任纠纷,应当注意以下问题:

1. 审查买卖合同及其欠款金额的真实性。出卖人起诉买受人请求支付欠款,同时请求买受人的出资人在未缴纳出资范围内承担补充责任的,应当审查买卖合同及其欠款金额的真实性,因为这不仅直接影响买受人的经济利益,而且间接影响买受人的出资人的经济利益。

2. 出资人须提供已足额缴纳出资的证据或法律依据,依此请求免除被诉未缴纳出资的补充责任。本编案例二十四涉及这一问题。

# 案例二十三　东营某房地产公司委托合同纠纷案

2009—2011 年，本案历经山东省滨州市中级人民法院一审、山东省高级人民法院发回重审、滨州市中级人民法院重审、山东省高级人民法院二审结案。

## 一、焦点问题

1. 涉案合同是委托合同还是合资、合作开发房地产合同？

2. 单方解除合同是不是违约行为？合同约定的违约金是否合理？

## 二、当事人诉求

原告：东营市某房地产开发有限公司（以下简称东营公司）

委托代理人：徐贵一，山东齐鲁律师事务所律师

委托代理人：朱立菊，山东齐鲁律师事务所律师（代理一审和二审）

委托代理人：张宁宁，山东齐鲁律师事务所律师（代理重审和二审）

被告：滨州市某区交通局（以下简称交通局）

2009 年 10 月 31 日，原告东营公司向滨州市中级人民法院提起诉讼。诉求：1. 判令被告支付解除合同违约金 51 万元；2. 判令被告支付延期付款违约金 6,380,000元；3. 诉讼费用由被告承担。

原告东营公司诉称，2005 年 11 月 28 日，被告交通局与原告东营公司签订《某区交通综合服务楼工程委托建设合同》，约定：东营公司作为交通局的招商投资人，以投资形式参与交通综合服务楼建设工程，交通局委托东营公司确定工程承包人并代被告行使发包人的权利；开工日期为 2005 年 11 月 28 日，竣工日期为 2007 年 5 月 28 日（以双方最后商定的日期为准）；工程资金总投入暂定 2000 万元，东营公司承担 60%，交通局承担 40%，工程设计及监理由交通局负责，相应费

用计入投资额；东营公司履行垫资义务后，交通局自工程竣工验收之日起3年内偿付东营公司垫付的本金和酬金，每半年偿还本金1/6，分6次偿清，每半年偿付酬金一次，每次偿还额度按东营公司垫付本金减去交通局已偿还东营公司垫付本金及酬金之余额的6.2%年息计算，分6次偿清；任何一方不得擅自解除、变更或中止合同，否则，视为违约，违约方应向对方支付工程总造价3%的违约金；任何一方未能按前述约定条款按期支付工程款，由此造成工程不能按期完工的，由违约方负责，并每天按工程总造价的2‰向对方支付违约金。

2006年5月6日，原告以发包方的名义与山东某建筑集团公司签订《建设工程施工合同》，由该公司承建交通综合服务楼。2007年1月，该工程主体封顶、质量合格。

2006年7月26日，原、被告签订《某区交通综合服务楼工程委托建设补充合同》，合同约定：交通局在每次拨付工程款时，将其所供钢筋款扣回并计入交通局在该工程40%的投资款中；交通局指定2006年3月26日为该工程的开工日期；本工程预算造价1700万元，交通局自开工之日起每50天拨款一次，每次拨款为85万元，共拨付8次，如逾期则按原合同执行。

2007年3月9日，被告以原告工程进度严重滞后、工程管理不正常为由通知原告解除合同。原告不同意解除合同，遂向山东省滨州市滨城区人民法院提起诉讼，请求判令交通局单方解除合同无效。2007年7月9日，滨州市滨城区人民法院作出（2007）滨民二初字第88号民事判决，驳回原告的诉讼请求。原告不服一审判决，向滨州市中级人民法院提起上诉。2007年11月7日，滨州市中级人民法院作出（2007）滨中民三终字第172号民事判决，驳回上诉，维持原判。

**三、一审判决**

2010年4月7日、5月21日、5月24日，滨州市中级人民法院分三次开庭审理本案。

双方诉讼代理人围绕以下两个争议焦点展开辩论：

1.涉案合同的性质、效力及交通局单方面解除合同是否需要承担违约责任、支付违约金。

原告东营公司认为，涉案合同名称虽为《某区交通综合服务楼工程委托建设合同》，但就其实质内容来看，除包含委托关系外，也包含合作建设房屋关系，而且这是合同的主要内容,因此,双方的合同是合作建房合同。自原告与被告签订合同之日起,原告严格按合同约定履行,综合服务楼工程进度快、质量合格,原告的行为无任何瑕疵,故被告无权与原告解除合同。另外,如果被告强行接管工地,将会给原告带来无法挽回的损失。故原告主张被告应向其支付解除合同违约金51万元。

被告交通局辩称,无论从形式还是内容看,《某区交通综合服务楼工程委托建设合同》都属于委托合同,根据《合同法》第四百一十条的规定,委托人或者受托人可以随时解除委托合同,且被告解除合同是在原告多次违约且在被告督促后没有改善的情况下,为保障工程正常施工所采取的合法手段。故被告解除合同有法律依据,不存在违约问题。根据《合同法》第一百一十四条和《最高人民法院关于适用〈中华人民共和国合同法〉若干问题的解释(二)》第二十七条、第二十八条、第二十九条的规定,违约金应以实际损失为基础,并以不超过实际损失额为限,但被告的解约行为并没有给原告造成任何实际损失。原告主张被告支付51万元违约金的诉讼请求,不应支持。

2. 交通局是否违反约定延期支付工程款,应当支付违约金的数额。

原告东营公司认为,按照原、被告签订的《某区交通综合服务楼工程委托建设合同》约定,该工程预算造价2000万元,被告在开工之日起每满两个月拨款其总投资额的12.5%,即100万元。按照《某区交通综合服务楼工程委托建设补充合同》第八条约定,该工程预算造价1700万元,被告在开工之日起每50天拨款一次,每次拨款为85万元,整个工程共拨款8次。从合同约定可以看出,被告的拨款日期和拨款金额是确定的,即从2006年3月26日开工为起点,截止到2007年3月9日被告单方解除合同,被告应拨款6次,计540万元。被告实际拨付工程款1,730,300元,被告提供的钢筋折合1,878,480.32元,支付监理费37,600元,以上工程款、钢筋折合款和监理费共计3,646,380.32元。被告欠拨40%总投资款的数额为540万元-3,646,380.32元=1,753,619.68元。因此,按照合同关于逾期支付工程款的约定,每天按工程总造价的2‰计算,被告从2006年3月26日到2006年7月26日逾期违约金为2000万×2‰×507天=2,028,000元;从2006年7月26日至2007年10月15日逾期违约金为2000万×2‰×1088天=4,352,000元,逾期违约金合计2,028,000元+4,352,000元=6,380,000元。

被告交通局辩称,根据合同约定,原告出资占总出资的60%,被告出资占40%,被告方已按工程进度足额拨付。根据双方签订的《委托建设合同》约定,工程总造价包括桩基及主体工程部分造价和设计费、监理费等费用,根据工程造价咨询核定报告书,至双方解除合同,已完工工程核定价格为6,964,936.84元,外加设计费260,000元,监理费37,600元,总造价为7,262,536.84元,原告应承担60%,即4,357,522.10元;被告应承担40%,即2,905,014.74元,至2007年3月9日解除合同,被告共拨款1,730,300元,材料抵款1,878,480.30元,设计费260,000元,监理费37,600元。所以被告实际已承担费用共计3,906,380.30元,已多拨付1,001,365.56元。根据2005年11月28日双方所签《委托建设合同》第二条第二项约定,工程拨款是按工程的项目进度拨付。所以被告认为自己已经按工程的进度足额拨款,并且已经多拨付100多万元。因此,首先,被告的行为并没有对工程的进度造成任何负面影响,也没有对双方合同的实现造成任何负面影响。根据《合同法》第四百一十条的规定,委托合同可以随时解除。故被告通知原告解除合同时间为2007年3月9日,该时间为委托合同解除的生效时间。据此,应以此时间计算截止日期,即使存在逾期拨款行为,其最终逾期计算截止日期也只能计算至2007年3月9日,在此之后继续计算则会因为合同解除而丧失依据。其次,原告主张先后按每天4000元、3400元为基数计算违约金远大于其经济损失,根据《合同法》第一百一十四条和《最高人民法院关于适用〈中华人民共和国合同法〉若干问题的解释(二)》第二十七条至二十九条规定,违约金应以实际损失为基础,并以不超过实际损失额为限,被告即使没有按照补充合同第八条约定付款,但原告亦没有因被告没有按补充合同付款而另行筹措资金进行工程施工的法律事实,并没有给原告造成任何实质损失。

2010年8月4日,滨州市中级人民法院作出(2009)滨中民初字第28号民事判决。法院认为:1.关于合同的法律性质和效力问题。《合同法》第三百九十六条规定,委托合同是委托人和受托人约定,由受托人处理委托人事务的合同。涉案合同无论是在名称上,还是在约定的内容上,均符合委托合同的构成要件,且涉案合同性质已经该院(2007)滨中民三终字第172号生效判决所确认。原告主张涉案合同是合作建设合同而非委托合同的理由不能成立,该院不予采纳。上述合同及补充合同是当事人的真实意思表示,其内容不违背法律、法规的强制性规定,合法有效。双方均应当按约定全面履行各自的义务。2. 关于被告单方面解除委托合同是否构成违约的问题。根据《合同法》第四百一十条的规定:“委托人或者受托人可以随时解除委托合同。因解除合同给对方造成损失的,除不可归责于该当事人的事由以外,应当赔偿损失。”委托合同是建立在双方信任基础上的,当信任基础发生动摇时,任何一方均享有法定的任意解除权。就本案而言,被告享有法定解除权,自原告收到解除委托合同的通知书时,委托合同即解除。合同解除不是随意和无代价的,当一方当事人以可归责于己方的事由解除合同,并给对方造成损失时,应承担相应的赔偿责任,但这种责任不能理解为故意违约情形下的赔偿损失。从被告提交的证据来看,原告组织不力,造成工程进度严重滞后,因此,被告系因不可归责于己方的事由解除合同,不属于擅自解除,不构成违约,故原告要求被告支付解除合同违约金 510,000 元,一审法院不予支持。3. 关于被告是否存在逾期拨款行为以及逾期拨款是否构成违约的问题。《委托建设合同》第七条第四项约定:“任何一方未能按合同约定按期支付工程款,由此造成工程不能按期完工的,由违约方负责,并每天按工程总造价的万分之二向对方支付违约金。”《委托建设合同》第二条第二项对被告的拨款数额及期限作了约定,补充合同第八条对拨款数额及期限作了变更,从解除合同时双方结算的情况来看,被告的拨款总额已经超过合同约定的 40%。在合同履行过程中,虽然被告存在未完全按合同约定的期限、数额拨款的情况,原告也没有提供证据证实逾期付款和未按时完工存在直接的因果关系,相反被告有证据证实原告组织不力,工程进度缓慢,拖延了工期。因此,适用《委托建设合同》第七条第四项违约金条款的条件尚未成就,原告主张逾期拨款违约金,一审法院不予支持。综上,依照《民事诉讼法》第六十四条第一款、《最高人民法院关于民事诉讼证据的若干规定》第二条之规定,判决如下:

驳回原告的诉讼请求。

案件受理费 60,029 元,保全费 5000 元,由原告东营公司负担。

如不服本判决,可在本判决送达之日起 15 日内上诉于山东省高级人民法院。

**四、二审裁定**

2010 年 8 月 8 日,原告东营公司不服滨州市中级人民法院(2009)滨中民四初字第 28 号民事判决,向山东省高级人民法院提出上诉,请求:1. 依法撤销滨州市中级人民法院(2009)滨中民四初字第 28 号民事判决,将本案发回重审或直接改判。2.本案一、二审诉讼费由被上诉人承担。

东营公司上诉称:1.一审判决认定事实不清。双方签订的合同合法有效,被上诉人违反合同约定,依法应当承担违约责任,应当支付解除合同违约金51万元、延期付款违约金6,380,000元。其一,被上诉人违反合同约定单方解除合同,应当支付上诉人违约金51万元。根据双方签订的主合同第七条、补充合同第八条的约定,交通局依法应向上诉人支付工程款总造价3%的违约金,即1700万元×3%=51万元。其二,按照合同约定,被上诉人应向上诉人支付延期付款违约金6,380,000元。主合同第一条第五款、第二条及补充合同第五条、第八条分别约定了投资总额、费用构成、拨付方式等,从2006年3月26日开工到2007年3月9日解除合同,被上诉人应拨款6次,合计540万元,但在实际履行合同中,从2006年3月26日开工到2007年3月9日解除合同,被上诉人共拨付工程款、钢筋折合款和监理费三项共计3,646,380.32元,故被上诉人欠拨40%总投资的工程款为540万元-3,646,380.32元=1,753,619.68元。按照合同关于逾期支付工程款的约定,被上诉人从2006年3月26日到2006年7月26日逾期违约金为507天×4000元=2,028,000元,从2006年7月26日到2007年10月15日逾期违约金为1280天×3400元=4,352,000元,逾期违约金共计2,028,000元+4,352,000元=6,380,000元。如果被上诉人没有欠拨其应出资40%的工程款,为何在合同解除7个月后的2007年10月15日又向上诉人拨付1,440,000元(见双方均认可的证据),而事实也证明1,440,000元是被上诉人欠拨40%出资的余款。

2.一审判决适用法律不当。依照事实和法律,一审法院应当适用合资建房合同相关法律而不是委托合同相关法律。双方主合同和补充合同的主要内容是约定合资建房的相关事项而不是委托事项,而一审判决只根据合同的名称及该院(2007)滨中民三终字第172号生效判决就认定合同性质是委托合同,于法无据,适用法律错误。

3.一审判决程序违法。一审判决没有对上诉人提供的、对案件有利的证据予以认定,反而对被上诉人提供的与该案没有关联性的证据予以全面认定,并且还作为判决的依据,明显属于程序违法。其一,该案中,上诉人只有两项诉讼请求,即判令被上诉人支付解除合同的违约金和延期付款的违约金,上诉人提供的都是与上述诉求密切相关的真实证据,而一审法院却没有认定,明显属于程序违法。

其二，被上诉人提供的证明工程质量问题、进度延期问题、管理混乱问题的证据，都是与施工单位的建设合同相关的，而与上诉人合资建房合同无关联性。在合资建房合同法律关系中，上诉人和被上诉人是一体的，属于共同出资的发包方；在建设工程施工合同中，上诉人和被上诉人共同对应的是建设工程施工合同的另一方山东某建筑集团公司。上诉人不是施工企业也没有施工资质，当然没有义务对工程质量、施工进度等负责。因此，被上诉人提供的证据，能够证明的法律关系只是建设单位与施工单位的关系，而与上诉人起诉的不是同一个法律关系。如果被上诉人对工程质量等有异议，应当向施工企业山东某建筑集团公司另案主张。

4. 一审判决结果显失公平。由于一审判决对本案事实认定不清，适用法律错误，必然导致判决结果显失公平，严重损害上诉人的合法利益。

2010 年 10 月 22 日，山东省高级人民法院开庭审理本案。

2010 年 10 月 26 日，山东省高级人民法院作出（2010）鲁民一终字第 188 号民事裁定。法院认为，原审判决认定事实不清，证据不足。依照《民事诉讼法》第一百五十三条第一款第三项之规定，裁定如下：

1. 撤销滨州市中级人民法院（2009）滨中民四初字第 28 号民事判决；

2. 发回滨州市中级人民法院重审。

**五、重审判决**

2011 年 1 月 26 日，滨州市中级人民法院重新组成合议庭审理本案。

2011 年 5 月 25 日，滨州市中级人民法院作出（2009）滨中民四重字第 1 号民事判决。法院认为，诉讼双方争议有以下三个焦点问题：

1. 关于诉讼双方所签订合同的法律性质问题。《合同法》第三百九十六条规定："委托合同是委托人和受托人约定，由受托人处理委托人事务的合同。"涉案合同无论是在名称上，还是在约定的内容上，均符合委托合同的构成要件，且涉案合同性质已经该院（2007）滨中民三终字第 172 号生效判决确认。原告主张涉案合同是合作建设合同而非委托合同，与事实不符，对其主张不予支持。

2. 关于原告主张解除合同违约金能否成立问题。根据《合同法》第四百一十条的规定："委托人或者受托人可以随时解除委托合同。因解除合同给对方造成损失的，除不可归责于该当事人的事由以外，应当赔偿损失。"委托合同是建立在双方相互信任的基础之上，当信任不存在时，任何一方均可随时解除合同。按照法定权利优于约定权利原则，被告与原告在本案中均享有法定解除权，自原告收到解除委托合同的通知书时，委托合同即自行解除。原告要求被告按照约定支付解除合同违约金51万元的请求，依法不能成立，不予支持。

3. 关于被告是否违反约定延期付款以及违约金如何计算问题。双方签订的《委托建设合同》第七条第四项约定“任何一方未能按合同约定按期支付工程款，由此造成工程不能按期完工的，由违约方负责，并每天按工程总造价的万分之二向对方支付违约金”；补充合同第八条约定：“被告拨款自开工之日起每50天拨付一次，每次拨款为85万元，共拨付八次，如逾期按原合同执行。”双方均认可实际开工日期为2006年3月26日，根据补充合同的约定，被告应拨款（含被告拨付的钢筋折价、设计费、监理费等款项）的时间、金额应为：2006年5月16日前拨款85万元；2006年7月6日前拨款85万元；2006年8月26日前拨款85万元；2006年10月16日前拨款85万元；2006年12月6日前拨款85万元；2007年1月26日前拨款85万元；2007年3月16日前拨款85万元；2007年5月6日前拨款85万元。共计8次，总额为680万元。原告主张按工程总造价的2‱计算违约金，被告辩称数额过高，应予大幅降低。根据相关法律规定，结合中国人民银行同期贷款利率水平，酌情按被告少拨工程款数额的2‱计算违约金，更符合该案实际情况。从被告实际拨款情况看，第一次拨款时间和金额为：2006年5月16日前拨款76,000元，比合同约定的拨款金额少774,000元，根据《合同法》第一百一十四条第二款、《最高人民法院关于适用〈中华人民共和国合同法〉若干问题的解释（二）》第二十九条的规定，被告应当按少拨款数额即774,000元乘以日万分之二，计算至双方解除合同之日（2007年3月9日），向原告支付违约金，金额为774,000元×2‱×292天=45,201.6元。被告第二次拨款时间和金额为：2006年7月6日前拨款1,159,600.94元，超过了合同约定的应拨款金额309,600.94元，故被告第二次没有逾期拨款。被告第三次拨款时间和金额为：2006年8月26日前拨款737,860.5元，虽然该次拨款没有达到约定的85万元，少拨款112,139.5元，但因前次被告已经超拨309,600.94元，实际该次拨款被告也未逾期；反之，应认定被告超拨工程款197,461.44元。第四次拨款时间和金额为：2006年10月16日前拨款909,946.03元，该次被告实际超拨59,946.03元，加上前次超拨的197,461.44元，被告共计超拨257,407.47元。第五次拨款时间和金额为：2006年12月6日前拨款

913,372.85元,被告实际多拨63,372.85元,加上前次超拨的257,407.47元,被告共计超拨320,780.32元。第六次拨款时间和金额为:2007年1月26日前拨款68,600元,虽然该次拨款没有达到约定的85万元,少拨款781,400元,但因前次被告超拨320,780.32元,被告该次少拨款金额实际为460,619.6元。同理,被告应按少拨付款项的日2‱计算至双方解除合同之日(2007年3月9日)向原告支付违约金,金额为460,619.6元×2‱×53天=4882.6元。虽然合同约定2007年3月16日前被告应当拨款85万元,但因双方于2007年3月9日已经解除合同,根据相关法律规定,双方的权利义务已经终止,被告有权拒绝履行合同,停止再行拨付进度款。故被告自2007年3月9日后没有义务再履行合同约定的拨款义务,原告也无权再要求被告按合同约定支付进度款,原告请求被告支付延期付款违约金也就失去了事实依据和法律依据。综上,被告支付原告的延期拨款违约金应为50,084.2元。对原告的其他请求,因无事实依据和法律依据,法院不予支持。

依照《合同法》第一百一十四条、第四百一十条、《最高人民法院关于适用〈中华人民共和国合同法〉若干问题的解释(二)》第二十九条之规定,判决如下:

1.被告交通局于本判决生效后10日内支付给原告东营公司违约金50,084.2元;

2.驳回原告东营公司的其他诉讼请求。

案件受理费60,029元,保全费5000元,共计65,029元,由原告东营公司负担64,556元,由交通局负担473元。

如不服本判决,可在本判决送达之日起15日内上诉于山东省高级人民法院。

**六、终审判决**

2011年6月20日,原告东营公司不服滨州市中级人民法院重审判决,向山东省高级人民法院提起上诉。

东营公司上诉称:1.一审法院对本案合同定性错误,上诉人与被上诉人是合资建房法律关系,而不是委托合同法律关系。双方合同第一条约定:工程总投资2000万元,由上诉人投入60%,被上诉人投入40%,这足以证明该合同是合资建房合同,而非委托合同。委托合同的性质是提供服务,而不进行投资;委托的标的必须是劳务、一种行为,而不是物,不可能是金钱,涉案合同约定双方出资,而资金不是委托合同的标的。因此,该合同是名为委托合同,实为合作合资建房合同,一审判决违背事实,错误地认定涉案合同性质是委托合同,属认定事实和适用法律错误。2. 被上诉人违反合同约定、擅自单方解除合同,应当支付上诉人违约金 51 万元。双方签订的合同是合法有效的,不仅双方当事人认可,一审法院的判决也认可。为此,合同双方当事人有义务按照合同的约定履行权利义务、承担责任。根据合同约定,任何一方解除合同都需向对方支付工程总造价 3% 的违约金,合同约定公平合理。上诉人单方解除合同,而且有可归责于被上诉人的事由(被上诉人多次延期支付工程款、增加上诉人出资,给上诉人造成经济损失),应当承担违约责任,赔偿损失。一审判决错误适用《合同法》中委托合同的任意解除权,以所谓"按照法定权利优于约定权利原则",不支持上诉人要求被上诉人按照约定支付解除合同违约金 51 万元的诉求,于法无据,明显不公。3. 一审法院对被上诉人应支付延期付款违约金的计算依据和方法均是错误的。合同约定:工程造价 1700 万元,被上诉人出资自开工之日起每 50 天拨付一次,每次出资为 85 万元,共拨付 8 次,共计 680 万元。在合同履行中,被上诉人出资共计 3,646,380.32 元,未按约定时间和金额出资,按照合同关于逾期支付工程款的约定,被上诉人从 2006 年 3 月 26 日到 2007 年 10 月 15 日逾期付款违约金为 1860 天 ×3400 元 =6,324,000 元。一审判决无视合同约定,不但对被上诉人出资日期和数额认定均有误,而且计算方式无事实和法律依据,以"根据相关法律规定,结合中国人民银行同期贷款利率水平,酌情按被上诉人少拨款数额的万分之二计算违约金",完全违背民法尊重当事人私权利的原则,与认定双方的合同有效自相矛盾。4. 一审判决的程序违法。一审判决没有认定 2007 年 10 月 15 日被上诉人向上诉人补齐 1,440,000 元出资的证据,这涉及被上诉人违约金计算的截止时间,被上诉人的违约时间应计算到 2007 年 10 月 15 日补齐出资之日。一审判决对经过开庭质证、双方认可的该证据只字未提、不作是否认证的结论,明显属于程序违法。综上所述,请求撤销原判,依法改判。

被上诉人交通局答辩称:1. 该案系委托合同纠纷,已经生效的滨州市中级人民法院(2007)滨中民三终字第 172 号判决确认,而非上诉人所称的合资建房合同。如果是合资建房,双方应共同投资并获取相应的投资收益,工程产权一般应为双方共有,而上诉人实际上并没有该工程的产权,双方也没有按照所谓的投资比例去共享收益,这说明双方并不是合资建房关系。2. 上诉人主张解除合同违约金51万元不能成立。根据《合同法》第410条的规定,委托人和受托人可随时解除合同,委托人享有法定的合同解除权。被上诉人并不是擅自解除合同,不构成违约,故上诉人要求支付解除合同违约金51万元的诉讼请求不能成立。3.上诉人主张延期付款违约金6,324,000元的诉讼请求没有事实依据。截至2007年3月9日,被上诉人向上诉人支付各项费用计款3,906,380.32元,已超过合同约定应承担的40%。涉案工程已完工部分核定价格为6,964,936.84元,而上诉人计算违约金为6,324,000元。2007年3月9日双方合同已经解除,而上诉人计算逾期违约金的时间却算至2007年10月15日,这种计算方式显然违背客观事实。4.一审判决认定证据恰当,程序合法。

2011年9月7日,山东省高级人民法院开庭审理本案。

二审查明,涉案工程已完工部分核定价格为6,964,936.84元。2007年10月15日,交通局向东营公司支付工程款1,440,000元,至此涉案工程已完工部分的工程价款全部支付完毕。

2012年1月31日,山东省高级人民法院作出(2011)鲁民一终字第167号民事判决。法院认为,本案当事人的争议焦点为:

1.关于本案合同性质及解除合同违约金的问题。生效的滨州市中级人民法院(2007)滨中民三终字第172号民事判决已确认,双方合同性质为委托合同;交通局按照法律规定与东营公司解除合同并无不当,合同解除应予确认。因此,交通局与东营公司解除合同符合法律规定,不应承担合同解除的违约责任。东营公司主张该案系合资建房合同、交通局单方解除合同应承担违约责任的上诉理由不能成立,终审法院不予支持。

2.关于交通局延期付款违约金问题及计算依据和计算方法是否正确。终审法院认为,双方合同约定,任何一方未能按约定支付工程款,按工程总造价的2‰支付违约金。从本案查明的情况看,交通局未按合同约定的时间和金额出资构成违约,应承担违约责任。但由于双方在解除合同时,上诉人已完工部分经核定价格为6,964,936.84元,未按合同约定完成涉案工程,如按合同约定工程总造价1700万元的2‰支付违约金显失公平。因此,终审法院认为,考虑到本案的实际情况,结合双方合同约定,按照上诉人已完工部分6,964,936.84元的2‰计算逾期付款的违约金比较合理,即6,964,936.84元×2‰×296天(以协议约定第一次付款截止日2006年5月17日为计算起点，解除合同之日2007年3月9日为终点，共计296天），逾期付款违约金共计412,324.26元，原审法院以交通局欠付工程款数额为基数计算违约金不符合合同约定，应予纠正。

综上所述，原审认定事实清楚，证据充分，但计算交通局逾期付款违约金基数不符合合同约定，上诉人东营公司该部分的上诉理由成立，终审法院予以支持。依照《民事诉讼法》第一百五十二条、第一百五十三条第一款第三项之规定，判决如下：

1. 维持滨州市中级人民法院（2009）滨中民四重字第1号民事判决关于驳回原告东营公司其他诉讼请求的决定。

2. 变更滨州市中级人民法院（2009）滨中民四重字第1号民事判决第1项为交通局于该判决生效后10日内支付东营公司违约金412,324.96元。

一审案件受理费60,029元，保全费5000元，共计65,029元，由东营公司负担60,029元，由交通局负担5000元。二审案件受理费60,029元，由东营公司负担55,029元，由交通局负担5000元。

本判决为终审判决。

## 七、结案评析

### （一）有关委托合同及其解除权的学术观点

关于委托合同，虽然法律规定双方均享有任意解除权，但若双方已经在合同中通过约定限制了这种任意解除权，约定不能擅自变更或中止合同，否则，视为违约，此时一方单方面解除合同是否存在违约问题，学术界主要存在两种观点：

第一种观点认为，委托合同是建立在委托人和受托人相互信任的基础上的，当事人彼此之间的信任发生动摇的时候，合同当初订立的目的便不可能完美地实现，此时，就不应再用合同束缚当事人，而应跳出合同寻求其他的解决途径。正因如此，我国《合同法》第四百一十条规定："委托人或者受托人可以随时解除委托合同……"此条款属于强制性规定，不允许当事人通过约定加以限制；当然，若解除合同造成对方损失，对方可以要求赔偿。王利明、苏号朋、吴合振等学者持此种观点。

第二种观点认为，在商事交易活动中，在委托人和受托人共享收益、共担风险的情况下，可以适当限制当事人的任意解除权。如果当事人在委托合同中预先约定放弃任意解除权,应当确认其效力,以充分尊重当事人的意思自治,贯彻合同自由原则。这种观点认为,《合同法》第四百一十条属于任意性条款,当事人可以通过约定排除其适用。郭明瑞、邢刚等学者认同这种观点。

(二)就案论案

1. 关于合同的性质问题。本案发生的背景是:原告东营公司是被告交通局作为招商投资人引进该地参与被告的工程项目,原告投资该项目曾被当地政府确认为当年被告招商项目并按政府有关招商的政策给予了被告奖励。由此可见,该合同为招商投资合作建设合同。从合同内容来看,该合同约定了原、被告双方的投资比例各占60%、40%,并且以原告投资为主。原告为防范投资风险,约定"任何一方都不得擅自变更或终止合同,否则视为违约,违约方应向对方支付工程总造价百分之三的违约金"。

我们认为,涉案合同名称为委托合同,内容也有委托合同的条款,如约定交通局委托东营公司确定工程承包人并代被告行使发包人的权利,被告享有工程的设计、开工时间等重大问题的决定权,且施工队伍、建材使用等方面也需经被告同意方可确定和使用等。但是,合同同时约定了双方出资比例及出资次数、时间、金额等,显然这又不是委托合同的应有条款,而是合资合同的必备条款。因此,涉案合同不是单一合同,而是同时兼具委托合同和合资合同的性质。为此,本书目录也把本案纳入"其他合同"分类。

本案的两审法院都统一认定涉案合同是委托合同,主要是基于两点:一是本案诉讼前,原、被告双方曾就合同解除问题诉讼至滨州市滨城区人民法院,原告请求判令交通局单方解除合同无效。2007年7月9日,滨州市滨城区人民法院作出(2007)滨民二初字第88号民事判决,驳回原告的诉讼请求。原告不服一审判决提起上诉。2007年11月7日,滨州市中级人民法院作出(2007)滨中民三终字第172号民事判决,驳回上诉,维持原判。本案两审法院均认为,生效的滨州市中级人民法院(2007)滨中民三终字第172号民事判决已确认双方合同性质为委托合同,交通局按照法律规定与东营公司解除合同并无不当,合同解除应予确认。按照尊重生效判决既判力的规则,后判决只能保持与前判决的一致性,除非前判决被撤销。二是涉案合同不仅名称是委托合同,而且合同条款也确实包含一部分委托内容,这给法官的自由裁量权留下了空间。

2. 关于原告主张解除合同的违约金能否成立的问题。虽然法律规定委托合同双方均享有任意解除权，但原、被告已经在合同中通过约定限制了这种任意解除权，约定“不能擅自变更或中止合同，否则视为违约”。针对此问题，编者认为：委托合同是建立在委托人和受托人相互信任的基础上的，当事人彼此之间的信任发生动摇时，当初订立合同的目的便不可能完美实现，此时，就不应再用合同束缚当事人，而应跳出合同寻求其他解决途径。正因如此，我国《合同法》第四百一十条规定“委托人或者受托人可以随时解除委托合同”，此条应属于强制性规定，不能通过当事人之间的合同约定加以排除。尽管原、被告之间约定不得擅自变更、中止合同，但因其限制双方任意解除权的行使与上述法律规定相抵触，根据《合同法》第五十二条关于合同无效的规定，违反法律、行政法规的强制性规定无效，因此，双方的此项约定是无效的，原告主张解除合同违约金的请求很难得到法院的支持。但是，《合同法》第四百一十条规定：“……因解除合同给对方造成损失的，除不可归责于该当事人的事由以外，应当赔偿损失。”这表明，若被解除合同的一方有损失，可以请求解约方赔偿损失。

3. 关于延期拨款违约金的计算方式问题。由于双方签订的主合同及补充合同明确约定了被告拨款的时间、次数和金额，被告实际拨款日期及拨款金额也有相关证据证明，合同又对延期拨款的违约金计算方式作了明确约定，因此，按照《合同法》的意思自治精神，被告应当按照合同约定支付违约金。根据《最高人民法院关于适用〈中华人民共和国合同法〉若干问题的解释（二）》第二十九条规定：“当事人主张约定的违约金过高请求予以适当减少的，人民法院应当以实际损失为基础，兼顾合同的履行情况、当事人的过错程度以及预期利益等综合因素，根据公平原则和诚实信用原则予以衡量，并作出裁决。当事人约定的违约金超过造成损失的百分之三十的，一般可以认定为合同法第一百一十四条第二款规定的‘过分高于造成的损失’。”根据“谁主张，谁举证”的原则，被告交通局若想变更违约金的计算方式，就要举证证明合同约定的违约金超过造成原告损失的30%。从本案的证据来看，被告并没有提出这样的证据，所以，应该按照合同约定的方式计算违约金，法院不能擅自裁量。

（三）涉案问题的预防

综观该案，经历了两次起诉、三次上诉、六次审理，历时四年多，当事人争议巨大、上下级法院裁判意见不一。从法律层面说，当事人之间虽然都具备了签订合同、立字为据的行为习惯，也具备了通过法律维护权利的意识，但在签订合同过程中并没有完全遵循合同的规范格式，明确合同的性质，这容易导致发生纠纷时律师、法官的认定意见不一，对裁判结果预判不准。

要预防类似问题的发生，编者提示如下：规范选择日常生活中签订合同的格式，按照合同性质确定合同格式，如本案合同可分成两个合同签订，一个为委托合同，另一个为合资合同；哪一个合同发生纠纷，就适用哪部法律解决，避免两种合同内容放在一个合同中，导致发生纠纷时，律师和法官对此作出误判，甚至有意择其一有利者而不计其余。

**八、相关法条**

**1.《合同法》(1999 年 3 月 15 日公布)**

第一百一十四条[①] 当事人可以约定一方违约时应当根据违约情况向对方支付一定数额的违约金，也可以约定因违约产生的损失赔偿额的计算方法。

约定的违约金低于造成的损失的，当事人可以请求人民法院或者仲裁机构予以增加；约定的违约金过分高于造成的损失的，当事人可以请求人民法院或者仲裁机构予以适当减少。

当事人就迟延履行约定违约金的，违约方支付违约金后，还应当履行债务。

第三百九十六条[②] 委托合同是委托人和受托人约定，由受托人处理委托人事务的合同。

第四百一十条[③] 委托人或者受托人可以随时解除委托合同。因解除合同给对方造成损失的，除不可归责于该当事人的事由以外，应当赔偿损失。

**2.《最高人民法院关于适用〈中华人民共和国合同法〉若干问题的解释(二)》(2009 年 4 月 24 日公布)**

第二十七条 当事人通过反诉或者抗辩的方式，请求人民法院依照合同法第

① 对应《民法典》第五百八十五条。

② 对应《民法典》第九百一十九条。

③ 对应《民法典》第九百三十三条：“委托人或者受托人可以随时解除委托合同。因解除合同造成对方损失的，除不可归责于该当事人的事由外，无偿委托合同的解除方应当赔偿因解除时间不当造成的直接损失，有偿委托合同的解除方应当赔偿对方的直接损失和合同履行后可以获得的利益。”

一百一十四条第二款的规定调整违约金的,人民法院应予支持。

第二十九条　当事人主张约定的违约金过高请求予以适当减少的,人民法院应当以实际损失为基础,兼顾合同的履行情况、当事人的过错程度以及预期利益等综合因素,根据公平原则和诚实信用原则予以衡量,并作出裁决。

当事人约定的违约金超过造成损失的百分之三十的,一般可以认定为合同法第一百一十四条第二款规定的"过分高于造成的损失"。

**3.《民事诉讼法》(2007 年 10 月 28 日修正)**

第一百三十八条①　判决书应当写明:

(一)案由、诉讼请求、争议的事实和理由;

(二)判决认定的事实、理由和适用的法律依据;

(三)判决结果和诉讼费用的负担;

(四)上诉期间和上诉的法院。

判决书由审判人员、书记员署名,加盖人民法院印章。

第一百五十三条②　第二审人民法院对上诉案件,经过审理,按照下列情形,分别处理:

……

(三)原判决认定事实错误,或者原判决认定事实不清,证据不足,裁定撤销原判决,发回原审人民法院重审,或者查清事实后改判;

……

---

① 对应《民事诉讼法》(2021 年 12 月 24 日修正)第一百五十五条。

② 对应《民事诉讼法》(2021 年 12 月 24 日修正)第一百七十七条:"第二审人民法院对上诉案件,经过审理,按照下列情形,分别处理:……(二)原判决、裁定认定事实错误或者适用法律错误的,以判决、裁定方式依法改判、撤销或者变更;(三)原判决认定基本事实不清的,裁定撤销原判决,发回原审人民法院重审,或者查清事实后改判……"

# 案例二十四　山东某黄河河务局出资补偿责任纠纷案

2016—2020年，本案历经厦门市中级人民法院一审、福建省高级人民法院二审、最高人民法院再审结案。

## 一、焦点问题

1. 国有资产管理部门出具的国有资产产权登记表能否作为事业单位设立全民所有制企业的出资信用证明？

2. 出资人黄河河务局是否已向黄河公司足额出资？是否应该为黄河公司的债务承担补充赔偿责任？若承担补充赔偿责任，是只补偿出资本金还是包括利息？

## 二、当事人诉求

原告：厦门某机械股份有限公司（以下简称厦门公司）

被告：山东黄河物资总公司（以下简称黄河公司）

被告：山东某黄河河务局（以下简称黄河河务局）

委托代理人：徐贵一，山东齐鲁律师事务所律师

2016年5月10日，厦门公司向厦门市中级人民法院提起买卖合同诉讼，请求判令：1. 被告黄河公司向原告支付货款31,231,822.62元及资金占用费（资金占用费以拖欠的货款金额为基数，按日5‱的标准。其中，第一阶段以各期货款应付之日起统一计算至2016年5月10日，为14,543,694.14元；第二阶段应以拖欠的货款总额31,231,822.62元为基数，自2016年5月11日起计算至实际付清货款之日止。以上暂合计45,775,516.76元，详见计算说明）；2. 被告黄河河务局在未出资本金700万元及利息（利息以本金700万元为基数，按中国人民银行5年期以

上贷款基准年利率9.72%计算,自1992年9月1日起计算至实际到资之日,暂计至2016年5月10日共8653天,约为16,130,140元,以上暂合计23,130,140元)范围内对被告黄河公司在第1项诉讼请求项下的全部付款义务承担补充赔偿责任;3.该案诉讼费、保全费等全部诉讼费用由被告共同承担。

2016年5月,厦门市中级人民法院裁定准许厦门公司对第一被告的财产进行诉讼保全。

原告厦门公司诉称:黄河公司系厦门公司经销商,长期经销厦门公司机械产品。2014年7月,经厦门公司和黄河公司对账确认,截至2014年6月30日,黄河公司应付厦门公司货款44,138,248.03元,扣除之后偿还的货款3,064,852.55元及双方协议转让给案外人的债务10,686,400元后,黄河公司还应支付厦门公司货款30,386,995.48元。黄河公司系黄河河务局于1992年9月7日投资开办的全民所有制企业,注册资本为720万元,但黄河公司工商登记信息显示,黄河河务局实际仅出资20万元,剩余700万元并未实际出资,故黄河河务局系出资不实,根据法律规定应在未出资本息范围内对黄河公司债务不能清偿的部分承担补充赔偿责任。

**三、一审辩论和法院裁判**

2017年8月17日和2018年3月20日,厦门市中级人民法院分别两次开庭审理本案。

黄河河务局辩称:黄河公司是全民所有制企业,黄河河务局对黄河公司注册资金720万元已出资到位,为此提供以下证据予以证明:

1. 1992年黄河公司的《开办企业国有资产产权初始登记表》和《企业法人申请开业登记注册表》。根据《企业法人登记管理条例施行细则》(1988年12月1日起施行)和《国有资产产权登记管理办法(试行)》(1990年12月5日公布)的规定,1992年黄河公司成立时,黄河河务局对黄河公司的出资已经过山东省国有资产管理局产权登记并出具《开办企业国有资产产权初始登记表》作为资金信用证明,表中显示审定"初始实有资金合计720万元,主管部门拨款20万元,主管部门借款700万元,有偿使用10年"。山东省工商行政管理局在《企业法人申请开业登记注册表》第3页申请开业登记提交文件、证件栏中填写"5.注册资金证明一份",把《开办企业国有资产产权初始登记表》作为注册资金证明,为黄河公司进行了开业登记。

2. 1992年至1995年黄河河务局原始会计账册。证明黄河河务局对黄河公司出资后依规做了财务核转,不存在对出资作为注册资金后归还借款或抽回的情形。

3. 黄河公司《企业国有资产产权登记年度检查表》、《企业注册资本审验证明书》和《审计报告》。1996年黄河水利委员会财务局和国家国有资产管理局审定的1995年度《企业国有资产产权登记年度检查表》,证明黄河公司实收资本669万元。1997年郑州黄河会计师事务所出具的《企业注册资本审验证明书》,证明黄河公司实收资本为719.72万元。2002年山东泰信会计事务所出具的2001年度《审计报告》,证明黄河公司实收资本年年末余额为7,197,213.93元。2003年山东正华会计师事务所出具的2002年度《审计报告》,证明黄河公司实收资本年末余额7,197,213.93元。以上第三方证据,在事后均证明黄河河务局对黄河公司的注册资金出资到位。

因此,有关部门核准黄河公司开业登记和事后审计都是严格按法定程序进行的,根本不存在原告所诉黄河河务局注册资本不到位的问题,黄河河务局请求法院依法驳回原告厦门公司的诉讼请求。

2018年3月30日,福建省厦门市中级人民法院作出(2016)闽02民初505号民事判决书。法院认为:根据黄河公司设立时的登记资料,黄河河务局在黄河公司成立时出资720万元,已经有关部门核准,故厦门公司主张黄河河务局未足额出资的理由不能成立,其据此请求黄河河务局承担补充赔偿责任,法院不予支持。依照《合同法》第一百零七条、第一百五十九条、第一百六十一条和《民事诉讼法》第六十四条第一款之规定,判决如下:

1. 被告黄河公司应于本判决生效之日起10日内支付原告厦门公司货款30,993,822.62元及相应资金占用费(以每笔应付款为基数,自应付之日起,按日5‱计至本判决确定的还款之日止)、保全费5000元;

2. 驳回原告厦门公司的其他诉讼请求。

如未按本判决指定的期间履行给付金钱义务,根据《民事诉讼法》第二百五十三条之规定,应当加倍支付迟延履行期间的债务利息。

如不服本判决,可在判决书送达之日起15日内,向本院递交上诉状,并按对方当事人的人数提出副本，上诉于福建省高级人民法院。

## 四、二审辩论和法院裁决

2018年4月28日，厦门公司不服一审判决，向福建省高级人民法院提起上诉。

2019年5月10日，福建省高级人民法院开庭审理本案。

厦门公司上诉称：一审判决书认定“黄河河务局在黄河公司成立时出资720万元已经有关部门核准”，无事实依据，且极不严谨。第一，一审判决所谓的“有关部门核准”指的是哪个部门、所核准的依据均未查明。第二，纵观黄河河务局出资的相关证据，山东省国有资产管理局先后在1992年《开办企业国有资产产权初始登记表》和《企业国有资产产权登记年度检查表》（1995年度）中“核准”过黄河河务局对黄河公司的出资，但《开办企业国有资产产权初始登记表》中明确载明黄河河务局的出资700万元系借给黄河公司使用且有偿使用10年，而《企业国有资产产权登记年度检查表》（1995年度）中载明黄河河务局的出资金额又变成669万元，且该数据为黄河公司自填。山东省国有资产管理局作为黄河公司国有产权的管理部门，却对黄河河务局的出资存在两种不同版本，且山东省国有资产管理局所谓的出资“核准”并没有诸如转账凭证、验资报告等基础材料相印证。因此，上述“核准”显然不足以证明黄河河务局已完成对黄河公司的出资。第三，黄河河务局辩称部分出资为实物出资，但并无实物交接的清单或实物评估报告，无法有效证明黄河河务局存在实物出资的情形和实物出资的具体金额。综上，请求依法将该案发回重审或撤销原判第二项，改判支持厦门公司对黄河河务局的诉讼请求。

黄河河务局辩称：厦门公司对黄河公司的初始工商登记材料和黄河河务局提供证据的真实性均无异议，这些反映历史的原始证据构成一个完整的证据链，均证明：黄河河务局对黄河公司的出资到位，具体理由如下：

1. 1992年黄河公司成立时，黄河河务局的出资按照规定经过了山东省国有资产管理局的资金核准，注册资金出资到位。

法律依据：该公司1992年成立时适用1988年7月1日起施行的《中华人民共和国企业法人登记管理条例》第十五条规定：“申请企业法人开业登记，应当提交下列文件、证件：（一）组建负责人签署的登记申请书；（二）主管部门或者审批机关的批准文件；（三）组织章程；（四）资金信用证明、验资证明或者资金担保……”

1988 年 12 月 1 日起施行的《中华人民共和国企业法人登记管理条例施行细则》第 34 条规定："申请企业法人登记，应按《条例》第十五条（一）至（七）项规定提交文件、证件……资金信用证明是财政部门证明全民所有制企业资金数额的文件……"国家国有资产管理局、财政部、国家工商局于 1990 年 12 月 5 日联合发布的《国有资产产权登记管理办法（试行）》[国资综字（1990）第 66 号]第二条规定："国有资产产权登记是指国有资产管理部门代表国家对应属国家所有的资产组织产权登记，取得所有权凭证和确认占有、使用单位国有资产经营权的法律行为。"第十三条规定："企业单位不按本规定执行的，财政部门、企业主管部门或财政部门认定的财务管理部门不予开具资金信用证明；工商行政管理机关不予办理企业登记……"

事实依据：黄河公司是全民所有制企业，黄河河务局对黄河公司的出资，依规经过山东省国有资产管理局的产权登记并出具《开办企业国有资产产权初始登记表》作为资金信用证明，表中显示审定"初始实有资金合计 720 万元"。山东省工商行政管理局在《企业法人申请开业登记注册表》第 3 页申请开业登记提交文件、证件栏"5. 注册资金证明一份"，也把附后的《开办企业国有资产产权初始登记表》作为注册资金证明，为黄河公司进行了开业登记。黄河河务局和厦门公司均从山东省工商行政管理局提取了黄河公司初始工商登记材料作为证据提交法庭，一审法院据此认定黄河河务局在黄河公司成立时出资 720 万元已经有关部门核准，有足够的事实及法律依据，体现了一审法院的公正判决。

2. 黄河河务局提供的 1992—1995 年原始会计账册证明黄河河务局对黄河公司出资后依规做了财务核转，对出资作为注册资金后没有抽回，一直由黄河公司使用至今，不存在收回借款的情形。

3. 1997 年《企业注册资本审验证明书》、2001 年度《审计报告》等审计报告也在事后证明黄河公司实收资本与注册资本一致，黄河河务局出资到位。

因此，当时的法规和上述证据特别是第三方证据，均证明作为黄河河务局对黄河公司的出资，依规已经"有关部门"（山东省国有资产管理局）核准，成立时和事后的财务记账凭证以及第三方审计报告都先后印证出资到位这一事实，根本不存在上诉人厦门公司对黄河河务局的无理诉求。请二审法院依法驳回厦门公司对黄河河务局的上诉，维持一审判决。

2020年4月15日，黄河河务局收到福建省高级人民法院于2019年11月30日作出的(2018)闽民终971号民事判决书。二审法院认为，黄河河务局在黄河公司成立时出资的720万元，已经有关部门核准，故厦门公司主张黄河河务局未足额出资的理由不能成立，其请求黄河河务局承担补充赔偿责任，原审不予支持并无不当。判决如下：

驳回厦门公司的上诉，维持原判。本判决为终审判决。

**五、再审辩论和法院裁决**

2020年8月25日，厦门公司不服福建省高级人民法院(2018)闽民终971号民事判决，向最高人民法院申请再审。

2020年10月15日，最高人民法院立案审查，并送达(2020)最高法民申5456号应诉通知书，通知黄河河务局应当自收到再审申请书副本之日起15日内提交书面意见、法定代表人身份证明书、授权委托书和代理人身份证明。不提交，不影响本案审查。

厦门公司申请再审称，请求依法撤销福建省高级人民法院(2018)闽民终971号民事判决书，改判黄河河务局在未出资本金700万元及利息(利息以本金700万元为基数，按中国人民银行5年期以上贷款基准年利率9.72%计算，自1992年9月1日起，计算至实际到资之日)范围内对被告黄河公司全部债务承担补充赔偿责任。事实和理由如下：原审判决书认定"黄河河务局在黄河公司成立时出资720万元已经有关部门核准"缺乏证据证明，属于《民事诉讼法》第二百条规定的"(二)原判决、裁定认定的基本事实缺乏证据证明的"再审情形。申请再审的理由与二审上诉理由完全相同。一审判决书认定"黄河河务局在黄河公司成立时出资720万元已经有关部门核准"无事实依据，且极不严谨。第一，一审判决所谓的"有关部门核准"指的是哪个部门、所核准的依据均未查明。第二，综观黄河河务局出资的相关证据，山东省国有资产管理局先后在1992年《开办企业国有资产产权初始登记表》和《企业国有资产产权登记年度检查表》(1995年度)中"核准"过黄河河务局对黄河公司的出资，但《开办企业国有资产产权初始登记表》中明确载明黄河河务局的出资700万元系借给黄河公司使用且有偿使用10年。《企业国有资产产权登记年度检查表》(1995年度)中载明，黄河河务局的出资金额又变成669万元，且该数据为黄河公司自填。山东省国有资产管理局作为黄河公司国有产权的管理部门,却对黄河河务局的出资存在两种不同版本,且其所谓的出资“核准”并没有诸如转账凭证、验资报告等基础材料相印证。因此,上述“核准”显然不足以证明黄河河务局已完成对黄河公司的出资。第三,黄河河务局辩称部分出资为实物出资,但并无实物交接的清单或实物评估报告,无法有效证明黄河河务局存在实物出资的情形和实物出资的具体金额。综上,请求依法将该案发回重审或撤销原判第二项,改判支持厦门公司对黄河河务局的诉讼请求。

2020 年 10 月 27 日,黄河河务局提交书面答辩状,答辩意见如下:黄河河务局在一审和二审期间提供的黄河公司工商登记材料等一组证据,厦门公司对其真实性均无异议,这些反映历史的原始证据构成一个完整的证据链,结合 1992 年黄河公司成立时的法规规定和事实证据,均证明:黄河河务局对黄河公司的出资到位。法律依据和事实依据如下:

1. 法律依据。1992 年黄河公司成立时,黄河河务局对黄河公司出资 720 万元,严格遵守了当时的法律规定。

(1)1988 年 7 月 1 日施行的《中华人民共和国企业法人登记管理条例》第 15 条规定:申请企业法人开业登记,应当提交下列文件、证件……④资金信用证明、验资证明或者资金担保……

(2)1988 年 11 月 3 日施行的《中华人民共和国企业法人登记管理条例施行细则》第三十四条规定:申请企业法人登记,应按《企业法人登记管理条例》第十五条第一至七项规定提交文件、证件;资金信用证明是财政部门证明全民所有制企业资金数额的文件;验资证明是会计师事务所或者审计事务所及其他具有验资资格的机构出具的证明资金真实性的文件;没有主管部门的企业申请登记时应提交资金担保。

(3)1992 年 5 月 11 日国家国有资产管理局、财政部、国家工商行政管理局颁布的《国有资产产权登记管理试行办法》第三条规定:“国有资产产权登记是国有资产管理部门代表国家对国有资产进行登记,依法确认国家对国有资产的所有权以及企业单位占有、使用国有资产的法律行为。国有资产管理部门核发的《国有资产授权占用证书》是企业单位对授予其经营管理的国有资产享有占有、使用和依法进行处分的权利的法律凭证。”第五条规定:“企业单位办理产权登记,应按期限如实填报《国有资产产权登记表》,并由法定代表人签字。国有资产管理部门审查合格的《国有资产产权登记表》是核发《国有资产授权占用证书》的依据，也是企业单位对国家承担占有、使用国有资产经济责任的依据和国家对该企业单位占有、使用的国有资产拥有所有权的法律凭证。”第七条规定：“国家国有资产管理局负责统一制定《国有资产产权登记表》、《国有资产授权占用证书》。《国有资产产权登记表》一式三份，一份由国有资产管理部门保存，一份由企业单位保存，一份作为企业单位向工商行政管理机关申办企业登记的证明。根据财政部《关于委托国有资产管理部门办理资金信用证明的通知》，原来由财政部门或其认定部门办理资金信用证明的工作委托给国有资产管理部门办理。今后，由国有资产管理部门审核同意的《国有资产产权登记表》作为企业单位占有、使用国有资产的资金信用证明。”第十二条规定：“用国有资产开办企业单位，应在审批机关批准后 30 日内，向国有资产管理部门申办开办产权登记后到工商行政管理机关办理企业登记。”

2. 事实证据。依照当时法律规定，黄河公司是全民所有制企业，黄河河务局对黄河公司出资 720 万元，有一系列确凿的事实依据证明。

（1）1992 年 8 月 31 日，山东省国有资产管理局为黄河公司进行了产权登记，并出具《开办企业国有资产产权初始登记表》作为资金信用证明，该表中显示黄河公司审定“初始实有资金合计 720 万元，主管部门拨款 20 万元，主管部门借款 700 万元，有偿使用 10 年”。

（2）黄河公司初始工商登记档案显示，山东省工商行政管理局在《企业法人申请开业登记注册表》第 3 页申请开业登记提交文件、证件栏写明“5. 注册资金证明一份”，也把《开办企业国有资产产权初始登记表》作为资金信用证明为黄河公司进行了工商登记。黄河河务局和厦门公司均从山东省工商行政管理局提取了黄河公司初始工商登记材料并都提交给法庭，两审法院据此认定黄河河务局在黄河公司成立时出资 720 万元的事实已经有关部门核准，有足够的法律依据和事实依据，体现了两审法院的公正司法。厦门公司一方面提供并认可以上两份证据，另一方面又主张黄河河务局对黄河公司出资 700 万元不到位，这要么是对当时法律的无知，要么是为了恶意多列诉讼当事人、向出资人黄河河务局施压、增加黄河河务局的讼累。

3. 1996 年黄河水利委员会财务局和国家国有资产管理局审定的《企业国有

资产产权登记年度检查表》、1997 年郑州黄河会计师事务所出具的《企业注册资本审验证明书》和 2003 年山东正华会计师事务所出具的《审计报告》这些第三方证据在事后均证明黄河河务局对黄河公司的注册资金出资到位。

综上，当时明确的法律依据和确凿的事实证据，都证明黄河河务局对黄河公司的注册资金出资到位，根本不存在再审申请人对黄河河务局诉求的情况，请求法院依法驳回厦门公司的再审申请。

2020 年 12 月 26 日，最高人民法院作出（2020）最高法民申 5456 号民事裁定书。法院认为，原审法院认定厦门公司与黄河公司之间存在买卖合同关系，合法有据。根据原审查明的事实，1992 年黄河公司成立时，黄河河务局出资 720 万元，已经国有资产管理部门和工商行政管理部门等部门核准，厦门公司并未举示证据证明黄河河务局未实际出资，原审法院对其要求黄河河务局承担出资不足的补充赔偿责任的主张未予以支持，并无不当。厦门公司的再审申请不符合《民事诉讼法》第二百条第一项、第二项、第六项规定的情形，依据《民事诉讼法》第二百零四条第一款、《最高人民法院关于适用〈中华人民共和国民事诉讼法〉的解释》第三百九十五条第二款规定，裁定如下：

驳回厦门公司的再审申请。

**六、结案评析**

1. 在本案中，要证明 1992 年黄河河务局对黄河公司出资是否到位，必须了解、掌握当时的历史发展历程和法律规定。依据当时的法律规定，成立全民所有制企业，须经过国有资产管理局的产权登记并出具《开办企业国有资产产权初始登记表》，然后凭《开办企业国有资产产权初始登记表》到工商行政管理局填写《企业法人申请开业登记注册表》办理开业登记。

2. 黄河河务局和厦门公司均从山东省工商行政管理局提取了黄河公司初始工商登记材料，包括山东省国有资产管理局为黄河公司出具的《开办企业国有资产产权初始登记表》，并都提交给法庭作为主要证据，但证明的目的截然相反：厦门公司以此证明黄河河务局对黄河公司出资不到位、黄河河务局应当承担补充赔偿责任；黄河河务局则以此证明黄河河务局对黄河公司出资到位、黄河河务局不承担补充赔偿责任。结果、一审、二审和再审三级法院均裁判厦门公司败诉、黄河河务局胜诉。

3. 从经验教训上分析，原告要么是缺乏对当年历史和法律的了解，要么是为了多列诉讼当事人、向出资人黄河河务局施压，但客观上确实增加了黄河河务局的讼累。

4. 全面了解我国经济发展和立法的历史进程是解决历史案件的关键一环。有一部分历史案件，只有在了解那一阶段改革开放历史的情况下才能找到解决纠纷的途径。为此，提醒一些年轻律师最好不要办理类似案件，由于对历史缺乏了解，极易导致对案件事实认识不清、法律适用判断不准的后果。如果确需办理类似案件，应当与老律师组成律师团队，多查阅历史资料，多向有阅历、经历的专业人员咨询请教，避免对办案结果的误判。

**七、相关法条**

**1.《民事诉讼法》(2017 年 6 月 27 日修正)**

第六十四条[①]　当事人对自己提出的主张，有责任提供证据。

当事人及其诉讼代理人因客观原因不能自行收集的证据，或者人民法院认为审理案件需要的证据，人民法院应当调查收集。

人民法院应当按照法定程序，全面地、客观地审查核实证据。

**2.《企业法人登记管理条例》(1988 年 6 月 3 日公布)**

第十五条　申请企业法人开业登记，应当提交下列文件、证件：

(一)组建负责人签署的登记申请书；

(二)主管部门或者审批机关的批准文件；

(三)组织章程；

(四)资金信用证明、验资证明或者资金担保；

(五)企业主要负责人的身份证明；

(六)住所和经营场所使用证明；

(七)其他有关文件、证件。

**3.《企业法人登记管理条例施行细则》(1988 年 11 月 3 日公布)**

第三十四条　申请企业法人登记，应按《条例》第十五条(一)至(七)项规定提交文件、证件。

---

① 对应《民事诉讼法》(2021 年 12 月 24 日修正)第六十七条。

……

资金信用证明是财政部门证明全民所有制企业资金数额的文件。

验资证明是会计师事务所或者审计事务所及其他具有验资资格的机构出具的证明资金真实性的文件。

没有主管部门的企业申请登记时应提交资金担保。资金担保是具有法人资格的企业出具的保证被担保人资金真实性的文件。担保的注册资金数额不得超过担保人注册资金数额的百分之五十。担保人承担因不真实的保证而产生的责任。

……

**4.《国有资产产权登记管理试行办法》(1992 年 5 月 11 日公布)**

第三条第一款　国有资产产权登记是国有资产管理部门代表国家对国有资产进行登记,依法确认国家对国有资产的所有权以及企业单位占有、使用国有资产的法律行为。

第七条　国家国有资产管理局负责统一制定《国有资产产权登记表》《国有资产授权占用证书》。《国有资产产权登记表》一式三份,一份由国有资产管理部门保存,一份由企业单位保存,一份作为企业单位向工商行政管理机关申办企业登记的证明。根据财政部《关于委托国有资产管理部门办理资金信用证明的通知》,原来由财政部门或其认定部门办理资金信用证明的工作委托给国有资产管理部门办理。今后,由国有资产管理部门审核同意的《国有资产产权登记表》作为企业单位占有、使用国有资产的信用证明。

**5.《最高人民法院关于适用〈中华人民共和国公司法〉若干问题的规定(三)》(2011 年 1 月 27 日公布)**

第十三条第二款　公司债权人请求未履行或者未全面履行出资义务的股东在未出资本息范围内对公司债务不能清偿的部分承担补充赔偿责任的,人民法院应予支持……